utb 6067

Eine Arbeitsgemeinschaft der Verlage

Brill | Schöningh – Fink · Paderborn
Brill | Vandenhoeck & Ruprecht · Göttingen – Böhlau · Wien · Köln
Verlag Barbara Budrich · Opladen · Toronto
facultas · Wien
Haupt Verlag · Bern
Verlag Julius Klinkhardt · Bad Heilbrunn
Mohr Siebeck · Tübingen
Narr Francke Attempto Verlag – expert verlag · Tübingen
Psychiatrie Verlag · Köln
Ernst Reinhardt Verlag · München
transcript Verlag · Bielefeld
Verlag Eugen Ulmer · Stuttgart
UVK Verlag · München
Waxmann · Münster · New York
wbv Publikation · Bielefeld
Wochenschau Verlag · Frankfurt am Main

Norbert Franck

Wissenschaft gekonnt präsentieren

Vorträge, Diskussionen, Disputationen und Moderationen souverän meistern – Selbstsicher auftreten

BRILL | SCHÖNINGH

Der Autor:
Dr. Norbert Franck studierte Erziehungswissenschaft, Psychologie, Soziologie und Germanistik in Berlin. Er unterrichtet in Deutschland und Österreich in der Fort- und Weiterbildung. Seit über zwei Jahrzehnten leitet er Workshops für Postgraduierte. Er ist Lehrbeauftragter an der Universität Osnabrück und Autor zahlreicher Sachbücher über wissenschaftliches Arbeiten, Kommunikation und Schreiben. Im Verlag Brill Schöningh liegt von ihm vor:
- Das Trainingsbuch *Berufsfeld Presse- und Öffentlichkeitsarbeit*
- Das Übungsbuch *Wissenschaftsdeutsch*
- *Schlüsselqualifikationen für den Beruf*
- Das *Handbuch Kommunikation*
- In der 2. Auflage das *Handbuch wissenschaftliches Schreiben*
- In der 2. Auflage das *Promotionshandbuch*
- In der 3. Auflage das *Handbuch Wissenschaftliches Arbeiten*
- In der 17. Auflage *Die Technik wissenschaftlichen Arbeitens* (zusammen mit J. Stary).

Bücher, elektronische Ausgaben oder Online-Angebote sind erhältlich unter **www.utb.de**

Bibliografische Information der Deutschen Nationalbibliothek

Die Deutsche Nationalbibliothek verzeichnet diese Publikation in der Deutschen Nationalbibliografie; detaillierte bibliografische Daten sind im Internet über https://www.dnb.de abrufbar.

© 2023 Brill Schöningh, Wollmarktstraße 115, D-33098 Paderborn, ein Imprint der Brill-Gruppe
(Koninklijke Brill NV, Leiden, Niederlande; Brill USA Inc., Boston MA, USA; Brill Asia Pte Ltd, Singapore; Brill Deutschland GmbH, Paderborn, Deutschland; Brill Österreich GmbH, Wien, Österreich)
Koninklijke Brill NV umfasst die Imprints Brill, Brill Nijhoff, Brill Schöningh, Brill Fink, Brill mentis, Brill Wageningen Academic, Vandenhoeck & Ruprecht, Böhlau und V&R unipress

www.brill.com

Das Werk, einschließlich aller seiner Teile, ist urheberrechtlich geschützt. Jede Verwertung außerhalb der engen Grenzen des Urheberrechtsgesetzes ist ohne Zustimmung des Verlages unzulässig und strafbar. Das gilt insbesondere für Vervielfältigungen, Mikroverfilmungen und die Einspeicherung und Verarbeitung in elektronischen Systemen.

Printed in Germany.
Herstellung: Brill Deutschland GmbH, Paderborn
Einbandgestaltung: siegel konzeption | gestaltung

UTB-Band-Nr: 6067
ISBN 978-3-8252-6067-5
e-ISBN 978-3-8385-6067-0

Inhalt

EINLEITUNG
Wissenschaft und Kommunikation. Was Sie erwarten können 9
Wissenschaft und Kommunikation: Kompetenzen und Mythen 9
Was Sie erwarten können 11
Was noch vorauszuschicken ist 12

DER GELUNGENE VORTRAG
Informativ, strukturiert, interessant, verständlich. 15
1 Vortrag vorbereiten: Worauf es ankommt 16
   1.1 Ausgangs- und Bezugspunkt: Ziel und Zuhörer*innen 16
   1.2 Das Wohlwollen der Zuhörer*innen gewinnen: Der Anfang 20
   1.3 Zuhören hat gelohnt: Der Schluss 28
   1.4 Zwischen Anfang und Ende: Interesse aufrechterhalten 29
   1.5 Kür: Mit Zitaten und rhetorischen Stilfiguren glänzen und erfreuen .. 33
   1.6 Das unverzichtbare Manuskript 37
   1.7 Die Zuhörer*innen nicht überfordern: Schreiben fürs Reden 40
   1.8 Wer probt, gewinnt 46
2 Vortrag halten: Gekonnt eröffnen und wirkungsstark schließen 49
   2.1 Einstimmen statt verstimmen: Fehlstarts vermeiden, gekonnt anfangen 49
   2.2 Zusammenfassen und abrunden: Einen guten Eindruck hinterlassen 53
   2.3 Gut gehört und richtig gesehen werden: Sprache, Stimme, Körpersprache 53
   2.4 Ein Versprecher ist keine Katastrophe: Kleine Pannen souverän meistern 59
   2.5 Über Ausstrahlung und dem Umgang mit Lampenfieber 62
   2.6 Worauf es wo ankommt: Kongress, Bewerbung und andere Vortragsanlässe 68
3 Medien professionell einsetzen und gestalten 76
   3.1 Den zweiten Schritt nicht vor dem ersten machen: Medien gezielt nutzen 77
   3.2 In der Beschränkung zeigt sich Können: Professionell visualisieren .. 84
   3.3 Mit dem Handout punkten statt nerven 90
   3.4 Auf Sendung: Online-Vortrag 91
   3.5 Der Minivortrag: Posterpräsentation 98
4 Vortrag – Präsentation: Zwei Dutzend Hinweise und Empfehlungen 103

In Diskussionen bestehen
Selbstbestimmt kommunizieren.. 105
5   Fragen souverän beantworten. Interviews meistern................... 106
    5.1   Fragen als Fragen hören. Souverän statt schlagfertig reagieren...... 106
    5.2   Chancen nutzen: Interview.. 109
    5.3   Fragen zur Person selbstsicher beantworten: Bewerbungsgespräch.. 113
6   Gelassen mit Kritik umgehen.. 117
    6.1   Zutreffende und unzutreffende Kritik 117
    6.2   Unklare, einschüchternde Kritik................................ 117
    6.3   Kränkende, verletzende Kritik.................................. 119
    6.4   Scheinstandards und Imperative................................ 120
7   Gehört werden: Selbstsicher an Diskussionen beteiligen............... 122
    7.1   Unsicherheitssignale vermeiden, Verstärker einsetzen 122
    7.2   Souverän mit Störungen und Störer*innen umgehen 126
    7.3   Einschüchterungsversuche gelassen zurückweisen 128
    7.4   Strukturiert argumentieren..................................... 131
8   Diskussion: Ein gutes Dutzend Hinweise und Empfehlungen........... 136

Diskussionen leiten und Talkmastern
Kommunikation ermöglichen... 137
9   Diskussionen bestimmt und zielgerichtet leiten...................... 138
    9.1   Das Thema im Blick haben: Diskussionen vorbereiten, eröffnen,
          in Gang halten, beenden 138
    9.2   Die Teilnehmer*innen im Blick haben und an sich denken:
          Achtsamkeit und Mindfulness.................................. 141
10   Professionell moderieren: Vortrag und Lesung, Podiumsdiskussion und
    Konferenz 145
    10.1   Auf die Personen, den Inhalt und die Rolle vorbereiten........... 145
    10.2   Professionell eröffnen und schließen 147
    10.3   Das Publikum einbeziehen, Störungen beheben 151
11   Diskussionsleitung und Moderation: Ein gutes Dutzend Hinweise und
    Empfehlungen.. 155

Ein Dutzend Kommunikationsweisheiten 156

Zum Vertiefen
3 mal 2 Bücher des Autors... 157

Literatur 158

Verzeichnis der Abbildungen 163

Personenregister 164

Sachregister 166

Einleitung
Wissenschaft und Kommunikation. Was Sie erwarten können

Wer, wenn nicht Sie, sollte Studierende, Expertinnen, Kollegen oder interessierten Laien mit Vorträgen erfreuen, die informativ, verständlich und anschaulich sind?

Wer, wenn nicht Sie, sollte im Anschluss an eine Präsentation Fragen souverän beantworten und gelassen mit Kritik umgehen?

Wer, wenn nicht Sie, sollte eine Lesung oder einer Vortragsreihe professionell eröffnen und Störungen gekonnt beheben?

Wer, wenn nicht Sie, sollte Diskussionen selbstsicher bestreiten?

Wer, wenn nicht Sie, sollte ...

Sehen Sie in diesen Fähigkeiten eher Ziele, zu denen Sie auf dem Weg sind, als eine Beschreibung Ihrer aktuellen Selbstwahrnehmung? Dann haben Sie das richtige Buch vor Augen.

Der letzte Satz ist ein Hinweis darauf, was für den Weg zu diesen Zielen unabdingbar ist: Sie sind auf eine gute Meinung von Ihrer *fachlichen* Kompetenz angewiesen. Mehr dazu vor allem im zweiten Kapitel.

Wie Sie diese Kompetenz(en) *angemessen präsentieren* können, erfahren Sie auf den folgenden Seiten.

Wissenschaft und Kommunikation: Kompetenzen und Mythen

Warum sind für viele Hochschulabsolvent*innen gekonntes Präsentieren, souveränes Diskutieren und Moderieren keine selbstverständlichen Fähigkeiten, sondern eher mit Unbehagen besetzte Anforderungen?

Man kann sich an Hochschulen viel Wissen aneignen – von Ägyptologie bis Zoologie, von Agrarwissenschaft bis Zahnmedizin. Selten allerdings wird vermittelt, *wie* man erworbenes Wissen zielgerichtet und adressatenorientiert kommuniziert. Man weiß im dritten Semester mehr als im ersten. Doch noch im letzten Semester sind viele Studierende unsicher, wie sie Daten und Analysen, Fakten und Befunde oder Paragrafen und Prognosen verständlich und interessant präsentieren können. Und vielen Doktorand*innen und Postdocs geht es nicht anders.

Die Vermittlung von Kommunikationskompetenzen ist kein selbstverständlicher – in den Curricula verankerter – Bestandteil der wissenschaftlichen Ausbildung (Lugger 2020, 40).

Hochschulen sind hierzulande paradoxe Orte: Es wird vorausgesetzt, was gelehrt und geübt werden müsste: die Fähigkeiten und Fertigkeiten ein Referat vorzubereiten, einen Vortrag zu halten, Diskussionen zu bestreiten und zu leiten.

Studieren ist vor allem hören und lesen (von Pauken ganz zu schweigen). Über Kommunikation wird wenig kommuniziert. In der Lehre ist das *Wie* der Kommunikation von Wissenschaft kein Thema.

Daher ist der Wissenschaftsbetrieb vielerorts eine Leidensgemeinschaft: Auf Kongressen, Tagungen und in unzähligen Lehrveranstaltungen wird Tag für Tag lautlos geseufzt, „hoffentlich ist es bald vorbei". Irgendwer hält einen Vortrag. Die Zuhörer*innen halten sich mühsam wach. Die Langeweile hält 30 Minuten und länger an.

An der Tagesordnung sind Vor-*Lesungen,* Zumutungen mit unzähligen „äh" und vielen ermüdenden Folien – statt *Vorträge* mit einem erkennbaren roten Faden und erhellenden Beispielen.

Hartnäckig hält sich die Fiktion, wer ein guter Wissenschaftler oder eine gute Wissenschaftlerin sei, lehre auch gut. Deshalb ist nach wie vor die Chance gering, in Hörsälen gelungene Vorträge zu hören, die als Anregungen und Ansporn für eigene Präsentationen dienen könnten.

Beharrlich halten sich im Wissenschaftsbereich zudem zahlreiche Kommunikationsmythen. Die fünf gravierendsten:

1. Wissenschaft und Verständlichkeit und Anschaulichkeit passen nicht zusammen. Wer vorhat, „die Wahrheit zu beschreiben", soll, so Einstein, „die Eleganz dem Schneider überlassen".
2. Nur Anfängerinnen und Anfänger proben.
3. „Steht" ein Vortrag einmal, dann kann man ihn einige Jahre halten – wie unterschiedlich die Anlässe und Adressat*innen auch sein mögen.
4. Die Masse macht's: Soviel Input wie möglich in einen Vortrag packen, damit deutlich wird, dass man viel weiß.
5. Alles muss auf Folien: „Guten Tag", „Vielen Dank für Ihre Aufmerksamkeit", die Folien-Nummer und der Name.

Jüngere Lehrende sind häufig geneigt, sich auf ein Rennen mit Instagram und TikTok einzulassen, das sie nicht gewinnen können. Peinliche Beispiele produziert die Deutsche Forschungsgemeinschaft mit ihrer „Ausgelotet"-Reihe[1].

Nicht zuletzt verhindern eigene Vorschriften und Vorlieben – vor allem Perfektionismus, ein Vollständigkeitstick, Detailverliebtheit sowie Vorsicht und Sicherheitsdenken – Freude am Auftritt. Ich komme darauf zurück.

---

1 www.dfg.de/dfg_magazin/veranstaltungen/debatte_ausgelotet/ Weitere Beispiele finden Sie auf YouTube, wenn Sie das Stichwort „Wissenschaft" eingeben; s. a. Häusermann (2021, 33).

Was ist notwendig, um erfreuliche Erfahrungen zu machen – bei der nächsten Präsentation, in der kommenden Sitzung des Doktorandencolloquiums oder bei der geplanten Moderation einer Gastvorlesung. Und bei der nächsten Postersession oder bei der anstehenden Disputation?

Was Sie erwarten können

„Die Ungeduld verlangt das Unmögliche, nämlich die Erreichung des Ziels ohne die Mittel", merkt Hegel in der Vorrede zur *Phänomenologie des Geistes* an.

Um Mittel geht es in diesem Buch. Das Ziel: Wissenschaft gekonnt präsentieren können, die Ergebnisse intensiver Forschung in Vorträgen oder Diskussionsbeiträgen so zur Sprache zu bringen, dass die Form der Präsentation die Wirkung des Inhalts nicht beeinträchtigt, sondern dafür sorgt, dass die Zuhörerinnen interessiert zuhören.

Mein Ausgangspunkt: Vorträge, Präsentationen, ich verwende die Termini synonym, Moderationen und Diskussionen sind *soziale* Situationen. In diesen Situationen geht es nie nur um die *Sache*, sondern immer auch um die *Beteiligten* und ihre Beziehung zueinander. Meine Anregungen befähigen zu einem situationsangemessenen Handeln.

Im ersten Teil geht es darum, wie man ein Thema, ein Forschungsprojekt oder Vorhaben verständlich und interessant präsentiert, wie Sie – statt zu langweilen – die Aufmerksamkeit Ihrer Zuhörer*innen gewinnen können. Sie finden unter anderem Antworten auf folgende Fragen:
- Was gehört zu einer professionellen Vorbereitung? Und warum ist die Sprechprobe so wichtig?
- Wie gelingt ein Anfang, der für Aufmerksamkeit sorgt, und wie rundet man einen Vortrag gekonnt ab?
- Wie können Sie sich wohltuend von PowerPoint-Plagegeistern abheben?
- Was tun bei Lampenfieber?
- Was macht Ausstrahlung aus?
- Worauf kommt es bei der Körpersprache an – beim Stehen und Sitzen, bei Gestik und Mimik? Wie Pausen beim Sprechen einsetzen?
- Wie können Sie kleine Pannen souverän meistern?

Und es geht um das funktionale Manuskript und ein Handout, mit dem Sie punkten, statt zu nerven, um Postersessions, Online-Vorträge und den Auftritt in sozialen Medien.

Wenn Sie in einer Lehrveranstaltung oder auf einer Tagung einen Vortrag halten, wenn Sie vor einer Auswahlkommission oder einem Fördergremium ein Projekt vorstellen, schließt sich meist eine Diskussion oder eine Fragerunde an. Im zweiten

Teil erläutere ich, wie Sie solche Situationen souverän bestehen können. Sie erfahren, wie Sie auf (Fang-)Fragen und (unsachliche) Kritik gelassen reagieren, in der Wissenschaft beliebte Bluffs durchschauen und Zumutungen abwehren können. Ich zeige, wie Sie sich mit prägnanten Beiträgen an Diskussionen beteiligen und wie Sie die Wirkung eines Diskussionsbeitrags positiv verstärken können, wie Sie Interviews professionell bestreiten und in Bewerbungsgesprächen Fragen zur Person selbstsicher beantworten.

Im Mittelpunkt des dritten Teils stehen die Leitung von Diskussionen und die Moderation von Lesungen, Vorträgen, Podiumsdiskussionen und Konferenzen.

Was noch vorauszuschicken ist

In diesem Buch ist von der „Redekunst" (rhētoriké) nicht die Rede. Aristoteles, Cicero und Co ging es in erster Linie um die (politische) Überzeugungsrede. Und in dieser Tradition werden in der Rhetorik-Literatur Reden bedeutender Männer (es sind immer nur Männer) als Beispiele bemüht. Doch weder Martin Luther King noch Willy Brandt, weder J. F. Kennedy noch Barack Obama helfen weiter, wenn es darum geht, einen Vortrag über soziale Ungleichheit in Großbritannien, das Phänomen „Femme Fatale" oder die Geschichte der Impfgegnerschaft vorzubereiten. Weder können Sie bekennen, dass Sie ein Berliner (oder eine Bochumerin) sind, noch interessiert, was sie träumen. Der Verweis auf Reden großer Männer ist wenig hilfreich und schüchtert eher ein. In der Wissenschaft geht es um Entwicklungen, Fakten und Tatsachen, die zu erklären und/oder zu beweisen sind. Vorträge, Diskussionsbeiträge sind daher mit anderen Anforderungen verbunden als (politische) Überzeugungsreden.

Es gibt kein wissenschaftlich gesichertes Wissen über den *guten* Vortrag, keinen Königsweg zur *gelungenen* Präsentation und keinen Ariadnefaden durch das Labyrinth kommunikativer Prozesse. Ich mache Ihnen plausible Angebote.[2] In meinen Seminaren in Deutschland und Österreich machen Nachwuchswissenschaftler*innen mit meinen Vorschlägen gute Erfahrungen. In meinen Workshops können diese Vorschläge praktisch erprobt und überprüft werden. Das sollten Sie auch tun – und Folgendes beachten: Universitäten im deutschsprachigen Raum sind Institutionen, die auf gesellschaftliche Entwicklungen mit Verzögerung reagieren.[3] Deshalb hören

---

2 Wenn Ihnen nach Theorie ist, sollten Sie zu den Arbeiten von Friedemann Schulz von Thun greifen. Ein guter Einstieg: Schulz von Thun (2007) und Schulz von Thun u.a. (2015). Siehe auch: The Oxford Handbook of the Science of Science Communication (2017).
3 Der *Stifterverband für die Deutsche Wissenschaft* wirbt seit vielen Jahren für eine verständliche Kommunikation von Wissenschaft – weitgehend vergeblich. Deshalb sind viele Dis-

Sie dort Vorträge, deren Stil noch nicht im 21. Jahrhundert angekommen sind: in unanschaulicher Schriftsprache vorgetragen, frei von anregenden Zusätzen oder gar einem Anflug von Humor oder einer Prise Ironie. Mancherorts ist noch immer „Ich" im Vortrag verpönt. Und in manchen Disziplinen gilt ein Vortrag ohne PowerPoint als „Nacktvortrag". Es mag daher sein, dass sich das, was ich Ihnen auf den folgenden Seiten empfehle, nicht mit dem deckt, was die eine oder der andere Professor*in als gelungen versteht.

Ein Thema kann kompliziert sein. Vorträge sollten verständlich sein. Popper meinte sehr bestimmt: „Wer's nicht einfach und klar sagen kann, der soll schweigen und weiterarbeiten, bis er's kann." (1991, 100). Nicht die „akademische Pose" (C. Wright Mills), nicht Unverständlichkeit sind Ausdruck von Wissenschaftlichkeit, sondern die Zuverlässigkeit, Genauigkeit und analytische Schärfe der Argumentation. Wissenschaftliche Vorträge dürfen – und ich meine: sollten – verständlich und klar strukturiert sein. Wer klar denkt, sollte auch klar reden (können) und das Verständnis komplizierter Sachverhalte nicht durch komplizierte Satzstrukturen und Wortmonster erschweren. Sie schwächen keineswegs Ihre Argumentation, wenn Sie klar und in verständlichen Worten sprechen.

Ich spreche Sie direkt an. Ich gebe Anregungen und mache Vorschläge – und übernehme die Verantwortung für diese Anregungen und Vorschläge, die Ergebnis von mehr als zwei Jahrzehnten Workshoperfahrungen mit Teilnehmer*innen sehr unterschiedlicher Fachrichtungen sind. Deshalb schreibe ich in der ersten Person.

Die direkte Anrede signalisiert: Es geht um *Sie*, um Anregungen und Vorschläge, die Ihnen *praktisch* nützen sollen. Es geht nicht um das, was man weiß oder wissen sollte.

Ich formuliere diese Anregungen und Vorschläge hin und wieder präskriptiv. Ich schreibe zum Beispiel: *Verwenden Sie* für Ihr Vortragsmanuskript die Schriftgröße 16. Das ist eine Empfehlung, die als Vorschrift daherkommt. Die Alternative wäre: *Bei Vortragsmanuskripten ist die Schriftgröße 16 sinnvoll.*

Wenn die Schriftgröße 16 sinnvoll ist, dann kann ich diese Größe empfehlen – und muss nicht auf Hilfsverben zurückgreifen (*ist* sinnvoll, *hat* sich bewährt) oder mit wortreichen Zusätzen den Text strecken (*Ich empfehle Ihnen* für Ihr Vortragsmanuskript die Schriftgröße 16). Sie haben genug zu tun. Es gibt also keinen Grund, Ihnen mit umständlichen Formulierungen das Lesen zu erschweren.

Welches *Sie* hatte ich beim Schreiben vor Augen? Alle, die ihre Handlungskompetenzen erweitern wollen. Das sind nach meinen Erfahrungen in erster Linie Doktoranden und Habilitandinnen, Nachwuchswissenschaftler und angehende

---

kurse für Außenstehende „so rätselhaft wie die Vorgänge auf dem Karpatenschloss des Grafen Dracula" (Käppner, 2020, 14).

Hochschullehrerinnen. Ihre Erfahrungen im Wissenschaftsalltag, ihre Schwierigkeiten und Zwänge waren für mich beim Schreiben der zentrale Bezugspunkt.

In meinen Seminaren bzw. Trainings stelle ich immer wieder fest, dass diese Schwierigkeiten in der Architektur nicht sonderlich anders sind als in der Anglistik, dass die Kunsthistorikerin beim Vortrag oder in der Diskussion mit ähnlichen Problemen zu kämpfen hat wie der Biologe oder die Soziologin – trotz unterschiedlicher Forschungsgegenstände.

Von der einen oder anderen Anregung wird auch profitieren, wer es zur Professur gebracht hat. Nicht zuletzt deshalb, weil kommunikative Kompetenzen für eine erfolgreiche Wahrnehmung von Führungs- und Betreuungsaufgaben zentral sind.

Der gelungene Vortrag
Informativ, strukturiert, interessant, verständlich

Goethe irrte: „Es trägt Verstand und rechter Sinn mit wenig Kunst sich selber vor."
Cato auch: „Beherrsche die Sache, dann folgen die Worte."
   Diesen Irrtum kultivieren viele Rednerinnen und Redner: Sie erschöpfen ihre Zuhörer*innen, wenn sie in ihrem Vortrag einen Sachverhalt *erschöpfend behandeln*. Verliebt in ihr Thema breiten sie Detail um Detail aus. Ohne Rücksicht auf die Zuhörenden kündigen sie an, auf einige „vertiefende Hinweise" nicht verzichten zu können – auf „wichtige Zahlen" oder „geschichtliche Hintergründe". Der Beifall, den die eine oder der andere am Ende des Vortrags erhält, ist Ausdruck der Erleichterung.
   Andere ermüden ihr Publikum mit unzähligen Folien: Auf der ersten Folie steht das Thema, auf der zweiten die Vortragsgliederung und auf Folie 61 „Ich danke Ihnen für Ihre Aufmerksamkeit." Jede Folie ist akkurat nummeriert und auf jeder Folie der Name notiert; die Zuhörer*innen könnten vergessen, wer gerade spricht. Was auf der Folie steht, wird vorgelesen. Der Vortrag ist betreutes Lesen. Interesse kommt nicht auf.[4]
   In vielen Hörsälen, Tagungs- und Seminarräumen wird Tucholskys *Ratschläge für einen schlechten Redner* gefolgt: „Wenn einer spricht, müssen die anderen zuhören – das ist deine Gelegenheit! Mißbrauche sie." (Bd. 8, 292)
   In den folgenden drei Kapitel finden Sie – von A wie Aufmerksamkeitswecker bis Z wie Zusammenfassung – Antworten auf die Frage, wie *Sie* es besser machen können als die Folienschleuder, der Ermüder oder die Exkursverliebte. Der strukturierende Grundgedanke ist, wie in der Einleitung bereits erwähnt, einfach: Vortrag und Präsentation sind soziale Situationen. Meine Anregungen unterstützen ein *situationsangemessenes* Handeln und helfen, Themen so aufzubereiten, dass die Zuhörerinnen und Zuhörer sie aufnehmen *können* und *wollen*.
   Darum geht es:
- Worauf es bei der Vorbereitung eines Vortrags ankommt: Akzente setzen beim Anfang, im Hauptteil und beim Schluss, Schreiben fürs Reden, das funktionale Manuskript und das unerlässliche Proben.
- Einen Vortrag halten: gewinnend eröffnen und wirkungsstark schließen, kleinen Pannen meistern. Was lässt sich gegen Lampenfieber unternehmen? Was macht Ausstrahlung aus?
- Gekonnt visualisieren und Medien professionell einsetzen.
- Neue Medien gekonnt nutzen.

---
4   Siehe auch die amüsante *Typologie der Redner* von Viola Schenz (2016).

1 Vortrag vorbereiten: Worauf es ankommt

In einem Seminar verlassen die Student*innen nicht den Raum, wenn das Referat eines Studenten sie langweilt; sie trauen sich nicht zu gehen, wenn der Vortrag einer Professorin ihnen unverständlich bleibt.

Wer *freiwillig* zu einem Vortrag kommt, geht rasch wieder, ist ein Vortrag langweilig oder unverständlich. Und die meisten Menschen verlassen nur dann ihren Schreibtisch oder ihr Wohnzimmer, wenn sie sich von einem Vortrag etwas erwarten, sei es einen Nutzen oder Unterhaltung.

Es genügt also nicht, „zur Sache" zu reden, wenn Sie zu Menschen sprechen. Bei Vorträgen geht es immer auch darum, Aufmerksamkeit zu wecken, Interesse aufrechtzuerhalten und die Zuhörenden durch den Vortrag zu führen.

Aufmerksamkeit und Interesse stellen sich nicht von selbst ein. Ein Thema ist nicht an sich interessant. Es muss vielmehr *interessant gemacht*, für die Zuhörer*innen *aufbereitet* werden. Damit dies gelingt, ist es erforderlich, Zeit in die Vorbereitung zu investieren. Auch dann, wenn Sie auf Vorarbeiten zurückgreifen können. Selbst der gelungene Aufsatz oder das beste Kapitel der Dissertation ergeben noch keinen guten Vortrag. Vorträge sind zwar nicht das ganz andere, aber etwas Anderes als Aufsätze oder Dissertationen.

Dies sind die entscheidenden Gesichtspunkte der Vorbereitung eines Vortrags:

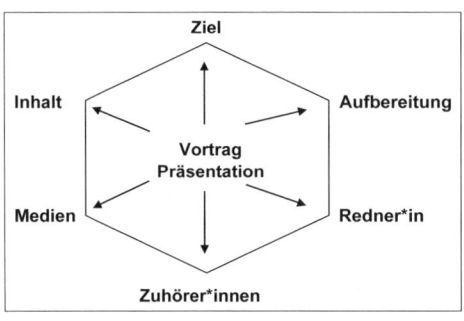

Abbildung 1: Gesichtspunkte, die bei der Vorbereitung von Vorträgen und Präsentation zu berücksichtigen sind

1.1 Ausgangs- und Bezugspunkt: Ziel und Zuhörer*innen

Sie wollen oder sollen einen Vortrag halten über *moderne Unternehmensführung* oder über *Rechtsextremismus*, über *Museumspädagogik* oder *Pornosucht*, über *Frauen und Fotografie* oder *Kunst und Kolonialismus*. Diese Aufgabe kann Lust oder Last sein. Sie ergibt jedoch noch keinen Vortrags*inhalt*. Die inhaltliche Schwerpunktsetzung folgt nicht ausschließlich der „Logik des Gegenstands", sondern ist auch abhängig vom *Ziel*, das Sie verfolgen, und vom *Publikum*, das Sie erreichen wollen.

Vom Ziel ausgehen, um zum Ziel zu kommen

Ein Vortrags*thema* ist etwas anderes als ein Vortrags*ziel*. Ohne Ziel ist nicht sinnvoll zu entscheiden, welche Schwerpunkte gesetzt, wie die Inhalte präsentiert und welche Medien eingesetzt werden sollen. „Wenn man nicht weiß, welchen Hafen man ansteuert, ist kein Wind günstig" (Seneca).

Viele Rednerinnen und Redner wollen *einen guten Eindruck hinterlassen*; sie erreichen dieses Ziel aber nicht, weil sie aus diesem Ziel keine Konsequenzen ziehen.

Wer einen guten Eindruck hinterlassen will, darf nicht langweilen und nicht überfordern oder unterfordern. Klären Sie deshalb stets, wer Ihnen zuhören wird. Erst dann können Sie die Schwerpunkte und das Niveau Ihres Vortrags zielgerecht festlegen.

Einen guten Eindruck hinterlassen, ist ein sehr allgemeines Ziel. Worum kann es noch gehen? Soll etwas *Neues bekannt gemacht*, soll *unterhalten* oder *beraten* werden? Geht es darum, einen Überblick zu geben oder darum, *Klarheit* in eine Auseinandersetzung zu bringen? Soll von einem Vorschlag, einem Lösungsweg überzeugt werden?

Sie werden noch andere Ziele nennen können. In der Regel geht es nie nur um ein Ziel. Worum auch immer es *Ihnen* bei Ihrem nächsten Vortrag geht, wichtig ist: vom Ziel auszugehen, um zum Ziel zu kommen.[5]

An die Zuhörerinnen und Zuhörer denken

Es gibt Redner*innen, das haben Sie zu ihrem Leidwesen des Öfteren erlebt, die *sich* stundenlang zuhören können.[6] Wenn Sie sich auf Ihre Zuhörerinnen einstellen, hören diese *Ihnen* gerne (einige Zeit) zu.

Deshalb schließt sich an die Klärung, welche(s) Ziel(e) *Sie* mit einem Vortrag verfolgen, die Frage nach den Interessen und Erwartungen der Zuhörer an.

Drei Fragen helfen, eine Präsentation adressatenorientiert vorzubereiten:

1. Wer sind die Zuhörerinnen?
    - Studierende, Kollegen, Expertinnen, Prüfer*innen?
    - Welche Funktion haben sie am Ort meines Vortrags?

---

5 Wenn Sie Ihre Dissertation oder einen Projektantrag vorstellen: Machen Sie vor allem deutlich, *was* an Ihrer Arbeit neu, relevant, originell ist, zur Lösung welchen (fachspezifischen) Problems die Arbeit oder das Projekt beiträgt. *Dass* Sie Altersarmut oder das Paarungsverhalten von Zebras untersuchen, ist weder neu noch originell. Interessant könnte sein: Warum hat dies noch *niemand* unter Ihrer *Fragestellung* getan, die *neue Erkenntnisse* verspricht? Nicht, *dass* Sie das Frauenbild von Martin Walter analysieren, ist interessant, sondern dass Ihr (theoretischer, methodischer) Zugang den Autor in ganz *neuem Licht* erscheinen lässt und die *bisherige* Walser-Rezeption als *unzulänglich* ausweist.
6 „Das ist die große glitschige Verlockung des Vortrags: jetzt aber nur ich." (Geimer, Groebner 2006, 17)

- Welche Vorkenntnisse über das Thema, welche Erfahrungen mit meinem methodischen Ansatz haben sie?

Antworten auf diese Fragen ermöglichen unter anderem folgende Entscheidungen:
- Wie ausführlich muss der (theoretische) Bezugsrahmen oder der methodische Ansatz erläutert werden?
- Was kann vorausgesetzt und daher weggelassen, was muss nur erwähnt oder gestreift werden?
- An welche Kenntnisse, Erfahrungen und Interessen kann mit Beispielen angeknüpft werden?

Je mehr Sie Expertin oder Experte auf einem Gebiet sind, umso stärker sollten Sie darauf achten, den Wissensstand und die Informationsbedürfnisse von Nicht-Experten richtig einzuschätzen. Prüfen Sie, welche Vorkenntnisse Sie voraussetzen können und welche nicht. Sonst besteht die Gefahr, die Zuhörerinnen mit längst Bekanntem zu langweilen oder mit zu viel Neuem zu überfordern.

Setzen Sie bei einem Fachpublikum nicht voraus, Sie würden zu einer Versammlung von Universalgelehrten sprechen. Prüfen Sie, ob zum Beispiel
- *qualitative Methoden* der Sozialforschung zum allgemeinen Know-how gehören,
- *feministische Ansätze* in der Erziehungs-, Literatur-, Wirtschafts- oder Naturwissenschaft hinlänglich bekannt sind,
- *Diskurs, Dekonstruktivismus* oder *Nachhaltigkeit* für ihre Zuhörer*innen geläufige Fachbegriffe sind.

Nach meiner Erfahrung lautet die Antwort häufig: *Nein*. Hochschulen sind vielerorts Ansammlungen von (Instituts-)Parzellen, die Spezialistinnen und Spezialisten durch hohe Hecken schützen. Nicht zuletzt deshalb, weil die eng getakteten staatlichen Forschungsprogramme dazu anhalten, an bekannten Stellen tiefer zu bohren, statt über die Grenzen des Fachs zu schauen. „Der Raum für Kreativität ist", so der Forschungsmanager Krull, „geschrumpft" (Spiewak 2023, 35).

2. Was erwarten die Zuhörer*innen von meinem Vortrag?
   - An welchen Inhalten, Methoden, Ergebnissen, Konsequenzen sind sie besonders interessiert?
   - Haben sie ein Faible für Methodenfragen, Daten oder Fallbeispiele?
   - Welche Ansprüche haben sie an das Niveau des Vortrags?

Die Antworten auf diese Fragen sind vor allen für die Entscheidung wichtig, welche Referenzen den Zuhörenden erwiesen werden sollen durch
- die Schwerpunktsetzung,
- die Auswahl von Beispielen,

- den Verzicht auf oder die ausführliche Präsentation von Daten und Fakten oder methodischen Überlegungen.

Alle hören gerne das, was sie interessiert. Vorträge *können* dazu dienen, neue Interessen zu wecken. *Sie* entscheiden, ob Sie auf Nummer sicher gehen oder auf Risiko setzen.

3. Welche Auffassungen und Haltungen haben die Zuhörer*innen?
   - Welchen theoretischen oder methodischen Ansatz bevorzugen sie?
   - Welche Meinung haben sie von der Bedeutung meines Themas bzw. der Relevanz meines Gegenstands?
   - Reiten sie ein Steckenpferd in meinem Themenfeld? Sind sie Expert*innen, die ein Eisen im Feuer haben?

Die Antworten auf diese Fragen ermöglichen Entscheidungen, wie Sie
- die Ablehnung Ihres theoretischen oder methodischen Zugangs aufgreifen können – zum Beispiel durch die Betonung gemeinsamer Standards und Ansprüche;
- Desinteresse gegenüber Ihrem Gegenstand begegnen können – zum Beispiel durch Fakten oder den Nachweis der Erklärungs- bzw. Problemlösungskapazität Ihres theoretischen oder methodischen Zugangs;
- Zustimmung zu Ihrem Ansatz nutzen können – zum Beispiel durch den Hinweis auf ungelöste Probleme, neue Ziele.

Und wenn das Publikum heterogen ist? Dann gilt es zu entscheiden, auf wen es Ihnen ankommt. Und was Ihnen für Ihr Selbstwertgefühl wichtig ist.

Es ist zum Beispiel schön, wenn alle fünfzig Studierenden von Ihrem Vortrag begeistert sind. Weniger schön ist es, wenn die vier Professoren, auf die es aus irgendeinem Grunde ankommt, den Vortrag *etwas populistisch* finden oder *ein wenig mehr Tiefgang* erwartet hätten.

Umgekehrt ist es erfreulich, wenn Fachhochschulprofessorinnen Ihre Probevorlesung *brillant* finden. Während es unerfreulich ist, wenn die Studierenden, deren Urteil zählt, sich beklagen, alles sei *viel zu theoretisch und abgehoben* gewesen.

Das sind verzwickte Situationen, für die es eine bewährte Regel gibt: Man kann es nicht allen recht machen. Wer nach allen Seiten lächelt, bekommt Falten – aber kein Profil.

„Alles, was uns imponieren soll, muss Charakter haben", meinte Goethe (Bd. 22: 501). *Nicht langweilen* ist Voraussetzung für einen Vortrag, der imponieren soll.[7]

---

7 Das gilt auch und in besonderem Maße für (Eröffnungs-)Reden und Grußworte. Siehe dazu die zehn Tipps von Klaus Wingen (2019) und Franck (2020).

Sachkenntnis und eine *interessante Fragestellung* sind seine Hauptbestandteile. Ein *gelungener Einstieg, klare Strukturen* und ein *rundes Ende* geben die notwendige Würze. Damit sind die Anforderungen an den Anfang, den Hauptteil und Schluss eines Vortrags angesprochen. Diese Anforderungen sind Themen der nächsten Abschnitte.

Diesen Abschnitt schließe ich mit der Verdichtung dessen, was ich Ihnen auf den letzten Seiten an Herz gelegt habe: Fragen Sie, *wozu* halte ich diesen Vortrag, *wozu* dient diese Präsentation? Ihre Antwort liefert Ihnen eine zuverlässige Orientierung, worauf es ankommt.

1.2 Das Wohlwollen der Zuhörer*innen gewinnen: Der Anfang

Kurt Tucholsky empfiehlt in seinen *Ratschlägen für einen schlechten Redner*:

> „Fange nie mit dem Anfang an, sondern immer drei Meilen vor dem Anfang! Etwa so: ‚Meine Damen und meine Herren! Bevor ich zum Thema des heutigen Abends komme, lassen Sie mich Ihnen kurz ...‘ Hier hast Du schon so ziemlich alles, was einen schönen Anfang ausmacht: eine steife Anrede; der Anfang vor dem Anfang; die Ankündigung, daß und was du zu sprechen beabsichtigst, und das Wörtchen kurz. So gewinnst Du im Nu die Herzen und die Ohren der Zuhörer." (Bd. 8, 290)

Wie können Sie die „Herzen und Ohren" der Zuhörerinnen gewinnen? Durch einen Anfang, der *Interesse weckt* und *orientiert*. Das ist ein Anfang, der nicht der Struktur des *Scientific Papers* folgt, der nicht mit dem Stand der Forschung beginnt, aus dem Fragestellung, Ziel und Design der Untersuchung abgeleitet werden. In der Familie der Vorträge und Präsentationen ist die Chronologie die Schwester der Langeweile.

Der erste Eindruck ist zwar nicht, wie vielfach behauptet wird, der entscheidende. Aber in den ersten zwei oder drei Minuten entscheidet sich, welche Erwartungshaltung bei den Zuhörern entsteht. Auf die folgenden drei Schritte kommt es an:
1. Interesse wecken
2. den Nutzen des Vortrags hervorheben
3. einen Überblick geben.

Interesse wecken: Ein gutes Dutzend Aufmerksamkeitswecker
Die ersten Sätze sind wichtig, denn sie eröffnen einen Erwartungshorizont. Deshalb sollten sie nicht verpatzt werden. Deshalb gilt es, statt sich mit dem Anfang vor dem Anfang erst verbal warmlaufen, sofort durchzustarten, um die Aufmerksamkeit der Zuhörerinnen und Zuhörer auf sich zu lenken. Das kann Ihnen mit einem gekonnten Aufmerksamkeitswecker gelingen. Ein gutes Dutzend stelle ich vor.

Ein originelles *Zitat* oder *Motto*
- Die „Furcht zu irren (ist) schon der Irrtum selbst" (Hegel).
- „Wenn das menschliche Gehirn so simpel wäre, dass wir es verstehen könnten, dannen wären wir so simpel, dass wir es nicht könnten." (Emerson W. Pugh).
- „Ich kann freilich nicht sagen, ob es besser wird, wenn es anders wird; aber so viel kann ich sagen, es muss anders werden, wenn es gut werden soll." (Georg Christoph Lichtenberg)
- „Unsere Welt droht in einer Flutwelle von Anweisungen zum Glücklichsein zu ertrinken". (Paul Watzlawick)
- „Wenn Deutschland dem Klimawandel so entschlossen entgegenträte wie den Menschen, die vor ihm warnen, wäre vielleicht noch etwas zu retten." (Jan Böhmermann)

Zitate sind Gedanken aus zweiter Hand. Prüfen Sie deshalb, wenn Sie mit einem Zitat starten wollen, ob es verständlich, griffig und passend ist. Prüfen Sie zudem, ob Sie das Zitat gut „rüberbringen" können (s. a. Seite 33).

Als Langweiler*in gibt sich zu erkennen, wer mit „einmal" beginnt: „Adorno hat einmal gesagt ..." „Als Hannah Arendt einmal gefragt wurde, ob ihr das Schreiben schwerfalle ..."

Eine *Allegorie*, die alle verstehen
- „Nicht überall, wo Wasser ist, sind Frösche; aber wo man Frösche hört, ist Wasser." Ich übertrage diese Bemerkung von Goethe auf das Feld der Politik: Nicht überall, wo Rechtsextremisten sind, ist die AfD; aber wo man auf die AfD trifft, sind Rechtsextremisten.
- Der Igel hat den Wettlauf mit dem Hasen gewonnen. Das Rennen mit dem Menschen wird er verlieren, wenn wir die Natur weiter mit rasanter Geschwindigkeit dem Straßenbau opfern.

Eine *Parabel*
- „Schwimmen zwei junge Fisch des Wegs und treffen zufällig einen älteren Fisch, der in die Gegenrichtung unterwegs ist. Er nickt ihnen zu und sagt: ‚Morgen, Jungs. Wie ist das Wasser?' Die zwei jungen Fisch schwimmen eine Weile weiter, und schließlich wirft der eine dem anderen einen Blick zu und sagt: ‚Was zum Teufel ist Wasser?'"[8]

Eine *einfache Feststellung*, in der *anklingt: Die Sache ist nicht so einfach*
- „Ich hatte schlechte Lehrer. Das war eine gute Schule." (Arnfried Astel)

---

8 Der Beginn einer Rede von David Foster Wallace vor US-amerikanischen Uni-Absolvent*innen (2017, 9).

- Ob aus der Retorte oder aus Pflanzen: Vor dem Gesetz sind alle Medikamente gleich.
- Man kann die Uhr umstellen, aber nicht die Zeit.

Eine *Feststellung*, die zwar kurios erscheint oder zunächst irritiert, aber auf ein relevantes Problem hinweist.
- Zehn Prozent der US-Bürger*innen sollen beim Sex schon einmal ihr Smartphone kontrolliert haben.
- „Alles sollte so einfach wie möglich gemacht werden, aber nicht einfacher." (Albert Einstein)[9]
- Für viele Europäer ist es in sehnlicher Wunsch. Für bengalische Bauern der Albtraum: ein Haus am Meer.
- Die Klimakrise verbindet: In Deutschland müssen Menschen dem Kohleabbau weichen, in Ruanda der Dürre.
- „Es gibt genügend Zeit. Und täglich komme neue dazu." (Karlheinz Geißler)

Fragen
- Lässt sich die These zuverlässig belegen, dass die schlechteste Literatur immer die sei, die mit den besten Absichten geschrieben wird?
- Warum nimmt in Deutschland die Armut zu, obwohl das Volksvermögen wächst?
- Kann man ein *Haus*tier haben, wenn man kein Zuhause hat?
- Wie viel Semester Jura muss man studiert haben, um als Richter*in während des Corona-Lockdowns die Forderungen von Hartz-IV-Empfänger*innen nach Erhöhung der Unterstützungsleistungen mit dem Hinweis abzulehnen, sie würden doch Geld sparen, da sie die 5,39 Euro für Sport- und Freizeitveranstaltungen nicht ausgeben könnten und die Kosten für das Haareschneiden entfielen?

Sie können Fragen zur Premiumklasse der Eröffnung ausbauen, dem Mehrfachanfang.

Die Frage nach dem geeigneten Anfang
Sie leiten drei oder mehrere kurze Anfangsmöglichkeiten mit der Frage ein: „Wo beginne ich am besten, meine Damen und Herren?" Und skizzieren dann als gesicherte geltende Auffassungen, Forschungsergebnisse oder Ereignisse, mit denen Sie beginnen könnten, um zum Thema (dem Problem, der Fragestellung oder These) hinzuleiten.

---

9 Das Original: „It can scarcely be denied that the supreme goal of all theory is to make the irreducible basic elements as simple and as few as possible without having to surrender the adequate representation of a single datum of experience." (1934, 165)

Ich habe einen solchen Anfang noch nie gehört. Ein grandioses Beispiel ist bei Julian Barnes nachzulesen (2021, 7). Ich versuche eine Verdeutlichung:
- Mit welchem Ereignis lassen sich die Ursachen und Folgen fremdenfeindlicher Einstellungen in Deutschland veranschaulichen, meine Damen und Herren? Mit dem Mord an dem Kasseler Regierungspräsidenten Walter Lübcke 2019?

Sind es die NSU-Morde zwischen 2000 und 2007, deren Täter die Ermittler lange Zeit unter den Angehörigen der Opfer, alle Migrant*innen, suchten?

Sind es die Brandanschläge von 1992? In Mölln auf zwei Wohnhäuser, in denen türkische Familien wohnten, in Rostock-Lichtenhagen auf die Zentrale Aufnahmestelle für Asylbewerber und ein Wohnheim für ehemalige vietnamesische Vertragsarbeiter.

Oder ist es notwendig, auf die viel zitierte Mitte der Gesellschaft zu schauen. Zum Beispiel auf die Kampagne des hessischen Ministerpräsidenten Roland Koch gegen die doppelte Staatsbürgerschaft im Jahre 1999? Die Aktion fand große Resonanz: Viele Bürger*Innen kamen mit der Frage an die CDU-Stände, „wo kann ich hier gegen Ausländer unterschreiben?"

Ich will nicht Dramatik dieser Ereignisse bewerten, sondern darauf hinweisen, dass ...

Ein kurzer, *anschaulicher (Erfahrungs-) Bericht,* der zum Thema führt
- Dieser Tage lag in meiner Tageszeitung wieder einmal ein Shop-Prospekt. Im Shop-Angebot sind: Uhren, Wein und Lampen, Kunstdrucke, Bücher und Edelsenf, Reisen, Wolldecken und Holzspielzeug. Sind Zeitungen nur noch Nebenerwerbsquellen für Verlagshäuser? Oder die Shops Mittel, um die Tageszeitungen am Leben zu erhalten? Und wenn ja, gäbe es Alternativen zur Parmesan-Reibe und Kreuzfahrten? Können Zeitungen in Deutschland mit Online-Informationen Geld verdienen? Oder sind staatliche Subventionen notwendig?
- Die Tochter meiner Nichte, sie ist fünf, stand letzten Samstag vor dem Fernseher und wollte den Nachrichtensprecher wegwischen. Sie versuchte es wiederholt, mit dem Zeigefinger, mit dem Daumen, mit der ganzen Hand. Verständnislos gab sie nach einiger Zeit auf.

Ein (scheinbarer) *Widerspruch*
- Während die Zahl der Morde in Deutschland sinkt, steigt die Zahl der Toten in den Krimis von ARD und ZDF.
- Menschen gehen ins Krankenhaus, um gesund zu werden. In Deutschland bezahlen jährlich 15 000 bis 20 000 Menschen diesen Gang mit dem Leben.
- Wir wissen immer mehr und werden immer dümmer.
- In Deutschland werden die am schlechtesten bezahlt, die am dringendsten gebraucht werden.

Die ungewöhnliche Definition
Auf der Seite 50 rate ich davon ab, einen Vortrag mit einer Definition zu beginnen. Die Ausnahme: Sie starten mit einer originellen oder verblüffenden themenbezogenen Definition. Zwei Beispiele:
- *Gewissheiten* sind Anker, die in die Tiefe ziehen und festhalten.
- *Noten* sind Misstrauen in Zahlen gefasst.

Die Definition kann auch ein Zitat sein:
- „*Anger* is an acid that can do more harm to the vessel in which it is stored than to anything on which it is poured." (Mark Twain)
- „*Bildung* ist das Gegenprogramm zu einer Mentalität, die satt und träge um sich selbst kreist. Zum geistigen und seelischen Daumenlutschertum. Zum Narzissmus." (Jan Roß)
- „*Glücklich sein* heißt ohne Schrecken seiner selbst innewerden können." (Walther Benjamin)

Einsichten, die man nicht täglich hört oder liest
- Wer nicht weiß, wohin er geht, erreicht mit jedem Schritt sein Ziel (Sprichwort der Fulbe aus Westafrika).
- Was die Deutschen am meisten am Grafen Dracula irritiert, meint Jochen Schmidt in seiner *Gebrauchsanweisung für Rumänien*, sei, dass er *tagsüber* schlafe.
- Es ist besser, sich auf niedrigem Niveau zu bewegen, als dort zu verharren.
- „Man kann niemanden überholen, wenn man in seine Fußstapfen tritt." (Francois Truffaut)

Eine *ironische oder provokante These oder Frage*
- Im Wirtschaftsministerium handelt man nach der Maxime: Wir beschließen eine Maßnahme und prüfen dann, ob sie umsetzbar ist.
- „Die Aufklärung hat nicht nur Kolonialismus und Sklaverei hervorgebracht, sondern auch Auschwitz." (Omri Boehm)
- „Als Gott am sechsten Schöpfungstag alles ansah, was er gemacht hatte, war zwar alles gut, aber dafür war auch die Familie noch nicht da." (Tucholsky)

Diese Einstiegsvariante will wohlüberlegt sein. Ist das Publikum offen für Ironie? Erhöht ein provokativer Einstieg die Aufmerksamkeit? Oder schreckt er ab?

Personalisieren
Starten Sie mit einem thematischen Bezug auf bekannte Persönlichkeiten. Zum Beispiel einen Vortrag über die Chancen von Frauen in der Politik mit folgenden Fragen: Wie wurden Giorgia Miloni, Liz Truss und Annalena Baerbock Spitzenpolitikerinnen? Sind diese drei Frauen repräsentativ für die Rekrutierung politischer Eliten in Europa?

Ein Ereignis, das zum Thema passt
Der Buchpreisträger 2022 rasierte sich während seiner Dankesrede die Haare ab. Sein Haarschnitt, der Solidarität mit dem Kampf der Frauen im Iran zum Ausdruck bringen sollte, dauerte acht Minuten. Acht Minuten, in denen alle Aufmerksamkeit auf Kim de l'Horizon gerichtet war.

Das kann man Solidarität nennen oder eine moderne Art, sich Aufmerksamkeit zu verschaffen. Es gab Zeiten, da hätte man einen Spendenaufruf gemacht, Fotos der Leidenden oder Kämpfenden gezeigt, ihre Namen genannt. Heute zeigt man das eigene Gesicht.

Ist das Gerangel um Aufmerksamkeit, um neue Follower logische Konsequenz des allgegenwärtigen Influencer*innen-Hypes? Gibt es im Social Media Zeitalter ein Recht auf Aufmerksamkeit?

Ein Gedankenspiel
Was wäre, hätte es zuerst die digitalen Computernetzwerke gegeben und dann erst gedruckte Wissensspeicher auf Papier? In der digitalen Zeit war alles gut. Die Welt war effizient sortiert. Man konnte blitzschnell durch alle Texte scrollen und blieb trotzdem Herr seiner selbst, denn die absorbierten einen nicht. Dann aber kamen die jungen Revoluzzer, die Texte auf Papier druckten. Immer mehr solcher „Bücher" wurden produziert. Die Jugendlichen entfremdeten sich von ihren Eltern und entwickelten ihre eigene Sprache. Experten warnten: Die neuen Informationsspeicher seien gefährlich. Sie könnten einem auf den Fuß fallen, manche enthielten sogar gefährliche Schimmelsporen. Zudem isolierten sich die Bücherleser aus der Gemeinschaft. (Nach Groebner 2014, 39f.)

Wie können Sie sicher sein, einen guten Aufmerksamkeitswecker gefunden zu haben? Prüfen Sie: Baut der Aufmerksamkeitswecker Brücken zum Vorwissen, den Erfahrungen und Interessen des Publikums? Sie können zum Beispiel einen Vortrag über die effektive Organisation von Unternehmen mit dem Satz eröffnen, im Zeitalter der Globalisierung sei die „Restrukturierung der Unternehmensorganisation ein Gebot der Stunde". Brücken bauen Sie mit dem Hinweis, dass Hierarchien krank machen oder hohe Kosten verursachen. Gesundheit und Geld interessieren fast alle.

Es ist meist eine gute Wahl, mit Alltagsbeobachtungen oder Alltagserfahrungen (umgangssprachlich) zu beginnen. Einen Vortrag über *Oral History* zum Beispiel so: „Erinnerungen sind, genau wie das Wetter, stets wechselhaft. Diese Feststellung in Kai Wielands Roman *Amerika* weist auf ein zentrales Problem …". Um dann mit (begrifflich exakten) Überlegungen zur Forschungsmethode fortzusetzen.

Es ist keine gute Wahl, mit der Tür ins Haus zu fallen. Es ist vielmehr einfallslos, im ersten Satz wörtlich oder sinngemäß den Titel des Vortrags zu nennen oder auf eine Folie zu packen.

Den Nutzen hervorheben

Sie sind auf eine gute Meinung von Ihrem Vortrag angewiesen, soll er gut ankommen. Ihnen gelingt nur das, wovon Sie überzeugt sind. Sie sollten wissen, warum es lohnt, Ihnen zuzuhören. Bieten Sie neue Informationen, einen kompetenten Überblick, eine aufschlussreiche Interpretation, eine originelle Problemlösung?

Heben Sie den Nutzen Ihres Vortrags oder Ihrer Präsentation ausdrücklich hervor.[10] Die meisten Menschen gehen, sofern sie von einer Anwesenheitspflicht befreit sind, vor allem aus einem Grund zu einem Vortrag: Sie erwarten einen Nutzen.

Betonen Sie diesen Nutzen am Anfang. Machen Sie deutlich, was Sie zu welchem Zweck in den Mittelpunkt stellen. Hat Ihr Publikum den Eindruck, es lohnt, Ihnen zuzuhören, haben Sie seine Aufmerksamkeit und Vorschusslorbeeren. Sie beugen zudem falschen Erwartungen vor, wenn Sie den Nutzen präzise herausstellen.

Einen Überblick geben

Eine Orientierung über den Aufbau Ihres Vortrags erleichtert es den Zuhörenden, Ihnen zu folgen. Deshalb sollten Sie sagen, dass sich Ihr Vortrag – zum Beispiel – in drei Teile gliedert: „Ich untersuche zunächst die Theorie von ABC. Dann beleuchte ich den Ansatz von XYZ. Abschließend arbeite ich Differenzen und Gemeinsamkeiten beider Konzepte heraus."

Der nächste Satz kann den Hauptteil eröffnen: „Zunächst zur Analyse des Ansatzes von ABC."[11]

Sollte dieser Überblick auf einer Folie präsentiert werden? In den Natur- und Wirtschaftswissenschaften ist das zwar die Regel, aber meist nicht sinnvoll. Vor allem dann nicht, wenn diese Folie als Ersatz für einen begründenden Überblick (*warum* gehe ich *wie* vor?) dient.

Zusammenhänge herstellen

Ist der Vortrag Teil eines Kolloquiums oder einer Vortragsreihe, sollten Sie darauf hinweisen,
- wie sich Ihr Vortrag in diesen Zusammenhang einordnet,
- in welcher Hinsicht Ihr Vortrag einen Sachverhalt vertieft oder im Widerspruch zu dem steht, was zuvor vorgetragen wurde,
- worauf Sie nicht eingehen, weil dieser oder jener Aspekt in einem der folgenden oder vorangegangenen Beiträge behandelt wird bzw. wurde.

---

10 In der Werbung heißt dieser Grundsatz: *den Nutzen für die Verbraucher*innen herausstellen* bzw. – in dieser Branche sind Anglizismen beliebt – *die Benefits kommunizieren*.

11 Verzichten Sie auf das „Futurum procrastinatum" (Adair 2000, 194) – auf *werde* (analysieren) und *will* (zeigen); *analysieren* oder *zeigen* Sie. Und das ohne die Einschränkung *versuchen*.

Es gibt zwei Möglichkeiten, auf Zusammenhänge hinzuweisen: Nachdem Sie Interesse für Ihr Thema geweckt oder nachdem Sie die Ziele Ihres Vortrags erläutert haben. Für jede Variante ein Beispiel:

> Das Volkseinkommen steigt und die Armut nimmt zu *(Interesse wecken)*.
> Diese Feststellung widerspricht den Aussagen über den Zusammenhang von wachsendem Volkseinkommen und individuellem Wohlstand, die in der letzten Woche vorgetragen wurden *(Zusammenhänge herstellen)*.
> Ich will zeigen, dass steigendes Volkseinkommen, die Zunahme des Geldvermögens privater Haushalte und wachsende Armut keine Gegensätze sind. Im Mittelpunkt steht dabei der Nachweis, dass ... *(Nutzen hervorheben)*.
> Zunächst werde ich ... *(Überblick geben)*.

Das Volkseinkommen steigt und die Armut nimmt zu *(Interesse wecken)*.
Ich will zeigen, dass steigendes Volkseinkommen, die Zunahme des Geldvermögens privater Haushalte und wachsende Armut keine Gegensätze sind. Im Mittelpunkt steht dabei der Nachweis, dass ... *(Nutzen hervorheben)*.
Ich widerspreche damit der These über den Zusammenhang von wachsendem Volkseinkommen und individuellem Wohlstand, die wir am Vormittag gehört haben *(Zusammenhänge herstellen)*.
Ich werde zunächst ... *(Überblick geben)*.

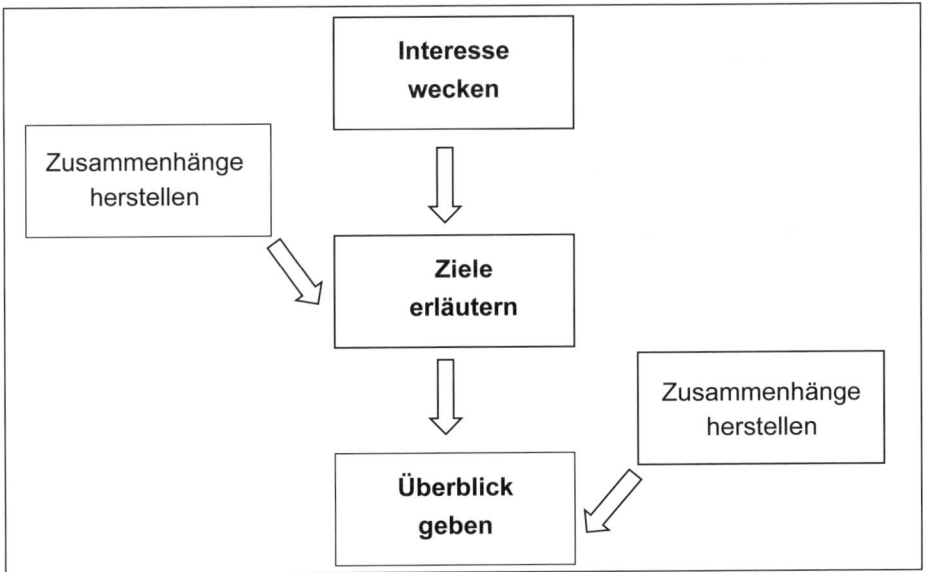

Abbildung 2: Einleitung eines Vortrags, einer Präsentation

1.3 Zuhören hat gelohnt: Der Schluss

Der Anfang prägt. Das Ende haftet. Was zuletzt gesagt wird, wirkt in der Regel am längsten nach. Auch deshalb ist der Schluss so wichtig.

Am Ende des Vortrags sollte zunächst eine kurze Zusammenfassung der Hauptgedanken stehen: „Ich fasse zusammen. Mir ging es erstens um ..., zweitens um ... und drittens um ..." Oder: „Zusammengefasst: Ich habe gezeigt, dass erstens ..., dass zweitens ... und dass schließlich ..."

Schließen Sie an diese Zusammenfassung eine *Take-Home-Message* an, die den Vortrag auf den Punkt bringt. Das kann eine Schlussfolgerung, ein Ausblick, ein einprägsames Bild, ein Leitgedanke oder Motto sein.

Ein Beispiel, das an die Einleitung anknüpft (Seite 23): „Während in Deutschland immer weniger gemordet wird, boomt die Lust am Mord in Büchern und auf allen TV-Kanälen. Das lässt nur einen Schluss zu: Es muss eine Faszination für Grauen geben."

Ist nach Ihrem Vortrag eine Diskussion vorgesehen, können Sie dezent versuchen, Einfluss auf den Inhalt der Diskussion zu nehmen – zum Beispiel mit einem Hinweis auf offene Fragen: „Woher kommt diese Faszination? Was fasziniert am Grauen?"

Und der Dank für die Aufmerksamkeit? Ist nicht notwendig – schließlich haben Sie etwas geboten – und einfallslos. „Ich danke Ihnen für Ihre Aufmerksamkeit" signalisiert: Zu einem runden Schluss hat es nicht gereicht (bitte applaudieren Sie trotzdem).

Befürchten Sie, die Zuhörer*innen würden ohne das obligatorische „Vielen Dank für Ihre Aufmerksamkeit" nicht merken, dass Ihr Vortrag zu Ende ist, kündigen Sie das Vortragsende an: „... und damit komme ich zum letzten Satz" (oder „mit dieser Feststellung schließe ich").

Ich schließe diesen Abschnitt mit einer Bedeutungsskala, die unterstreichen soll, wie wichtig Einleitung und Schluss für den Gesamteindruck sind, den Sie hinterlassen.

Vortrag	Anteil am Vortrag	Anteil an der Gesamtbewertung
Einleitung	1/10 (max. 2/10)	1/3
Hauptteil	8/10 (7/10)	1/3
Schluss	1/10	1/3

Abbildung 3: Umfang und Bedeutung von Einleitung, Hauptteil und Schluss

1.4 Zwischen Anfang und Ende: Interesse aufrechterhalten

Ein guter Vortrag hat einen interessanten Anfang und einen gelungenen Schluss. Mark Twain empfahl, er hatte vermutlich viele langweilige Vorträge gehört, Anfang und Schluss sollten möglichst dicht beieinanderliegen.

Stimmt Ihre Einleitung, erhalten Sie von den Zuhörerinnen einen Vorschuss. Den sollten Sie nicht verspielen, indem Sie zum Beispiel zu viel in einen Vortrag packen. Versuchen Sie nicht, in einer (knappen) halben Stunde die Welt zu erklären oder Ihre Disziplin umzuwälzen.

Wer viel redet, bringt oft wenig auf den Punkt – und der Nutzen für die Zuhörer bleibt unklar. Es kommt darauf an, den roten Faden im Blick zu haben und zu streichen, was gestrichen werden kann. Weniger ist oft mehr: weniger Details, mehr Klarheit. „Was gestrichen ist, kann nicht durchfallen." (Tucholsky Bd. 8, 292)

Klar strukturieren

Ein Vortrag ist kein Wissensnachweis. Verzichten Sie deshalb auf Rand- und Klammerbemerkungen: „Lassen Sie mich an dieser Stelle in Klammern hinzufügen, dass ..." „Gestatten Sie mir in diesem Zusammenhang folgende Randbemerkung: ..."

Sowohl viele Doktorandinnen als auch gestandene Wissenschaftler können sich häufig nicht von dem lösen, was für die *Erarbeitung* ihres Themas wichtig war, aber für die *Darstellung* des Themas unwichtig ist. Die Folge: Der Hauptteil ist, Vegetarierinnen und Veganer mögen mir das Bild verzeihen, kein *Beef in the Burger*, kein saftiges Mittelstück zwischen Anfang und Schluss, sondern unverdauliche Kost, die auf wenig Begeisterung stößt.

Ob Sie informieren, analysieren, interpretieren oder vergleichen: Es kommt darauf an, das Wesentliche in den Mittelpunkt zu stellen. Prüfen Sie deshalb:
- Ist diese Information neue für die Zuhörerinnen und Zuhörer?
- Ist diese Information notwendig, weil sie zum Verständnis der Sache beiträgt?
- Ist ein historischer Exkurs wirklich notwendig?
- Stützen diese Beispiele Ihre Argumentation?
- Machen diese Daten und jene Fakten den Ertrag Ihrer Ausführungen und den Nutzen für die Zuhörer*innen deutlich?
- Und vor allem: Tragen diese Daten und Fakten dazu bei, dass *Ihre* Leistungen erkennbar werden?

Auch wenn es schwerfällt, sich von Formulierungen zu trennen, um die Sie hart gerungen haben: Meistens gewinnen Vorträge, wenn sie gekürzt werden. „Kill your darlings" – lautet diese Empfehlung in Anleitungen zum literarischen Schreiben, die ich um einen Hinweis von Ludwig Marcuse ergänze: „Aufwendige Formulierungen helfen nicht gegen abgedroschene Begriffe."

Wegweiser aufstellen[12]

Streichungen schaffen Platz für Wegweiser, die informieren, wo Sie gerade sind, wie es weitergeht und wohin es geht. Nicht genügend Informationen enthält folgender Wegweiser: „Ich komme zum zweiten Punkt" (zur dritten Frage, zum vierten Teil). Wenn Sie wandern, reicht es Ihnen nicht, wenn auf einem Wegweiser steht: „Hier geht es weiter". Sie erwarten den Hinweis, „Hier geht es nach ABC". Zuhörer*innen erwarten bei Vorträgen Hinweise wie diese:

Was kennzeichnet diesen Vorschlag? Zum einen ein verkürztes Verständnis von Klimaschutz und zum anderen ein Mangel an perspektivischem Denken. Was meine ich mit verkürztem Verständnis von Klimaschutz?

Ich komme zur dritten Frage, zum Zusammenhang von sozialer Herkunft und Lernerfolg. Ich untersuche zwei Aspekte: 1. Warum ... 2. Wie ... Zunächst zur Frage nach dem Warum.

Der These, ein starkes Europa sei in erster Linie ein national orientiertes Europa, wird vor allem von ... widersprochen. Auf seine Argumente gehe ich nun näher ein.

Cliffhanger und Publikumslieblinge

Im Hauptteil kommt es besonders darauf an, die Aufmerksamkeit der Zuhörerinnen aufrechtzuerhalten. Mit Analogien, Beispielen, Bildern und Vergleichen kann dies Ihnen gelingen. Und mit einer Anleihe bei TV-Serien.

Die Anleihe: Um die Zuschauer zu animieren, sechs und mehr Folgen einer Serie anzuschauen, ist der Cliffhänger am Ende einer Folge ein entscheidendes dramaturgisches Mittel: Wie geht es weiter? Rettet sie ihn? Verlässt er sie? Versöhnen sie sich?

So lässt sich dieses Mittel bei einem wissenschaftlichen Vortrag nutzen: „Ich habe gezeigt" – Höhepunkt des ersten Teils des Vortrags –, „dass die Renaissance der Sexualisierung des weiblichen Körpers bei jungen Frauen aus der Unterschicht weiterverbreitet ist als in anderen sozialen Schichten."

Cliffhanger: „Warum ist das so? Um Beantwortung dieser Frage geht es im zweiten Teil meines Vortrags."

Der zweite Teil des Vortrags schließt mit einem Teaser an: „Dafür ist es notwendig, drei Faktoren in den Blick zu nehmen: 1. Das soziale Umfeld, 2. die gelernten Perspektiven und 3. Den Medienkonsum.

Zunächst zum sozialen Umfeld."

Analogien

Mit Analogien lassen sich Sachverhalte veranschaulichen. Sie ermöglichen es, Zahlen und Zeiträume vorstellbar zu machen, deren Größe unseren Erfahrungshori-

---

12 Siehe auch meine Hinweise zur Leseführung bei wissenschaftlichen Texten (Franck 2022, 105f.).

zont überschreitet: Setzt man das Alter der Erde mit einer Woche gleich, dann wäre das Universum etwa zwei bis drei Wochen alt. Der Mensch wäre während der letzten zehn Sekunden aufgetreten. Das „Computerzeitalter" wäre noch keine Sekunde alt.

Zudem lässt sich mit Analogien ein Sachverhalt ironisch kommentieren:

> Was ist Sinn und Zweck der Fußnote? Eine Frage, „die jeden Studienanfänger quält, wenn er zum ersten Mal in jene Unterwelt von Kurztexten eintaucht, aus der jeder wissenschaftliche Großtext wie durch ein Kanalisationssystem zugleich mit Belegen versorgt und von den abweichenden Lehrmeinungen unfähiger Kollegen entsorgt wird. Fußnoten sind also beiden: Nahrungszufuhr und Verdauung, Bankett und Toilette, Gastmahl und Vomitorium" (Schwanitz 2002, 461).

Beispiele
Mit Beispielen können Sie Aussagen veranschaulichen – mit *konkreten und verständlichen* Beispielen, die einen erkennbaren Bezug zum Thema haben. Alle mögen solche Veranschaulichungen. Aktuelle und Beispiele aus der Praxis oder dem Alltag sind besonders beliebt. Ein Beispiel:

> Als Pontius Pilatus sich nach dem Urteilsspruch über Jesus demonstrativ in der Öffentlichkeit die Hände wusch, um symbolisch seine Unschuld zu signalisieren, war das eine gekonnte und wohlkalkulierte politische Inszenierung.
> Die Inszenierung von Politik hat Tradition. Die Inszenierung von Politik ist keine Erfindung des Medienzeitalters. Nicht erst Ricarda Lang oder Christian Lindner versuchen, sich durch Inszenierungen ins rechte Licht zu setzen.

Beispiele sind wie Medikamente nur in der richtigen Dosierung hilfreich. Deshalb sollten sie angemessen eingesetzt werden.

Bilder, Metaphern
Die *Alterspyramide* und ein *Computervirus* sind nicht nur ein Problem, sondern auch Metaphern. Bilder und Metaphern können Leben in einen Vortrag bringen – wenn sie verständlich, treffend und originell sind. Wenn es in einem Vortrag um die Retouren-Quote im Onlinehandel geht, die bis zu fünfzig Prozent erreicht, kann die Metapher *Achillesferse* des Online-Versandhandels eine Aussage pointieren.
Bilder verblassen, und Metaphern sind nicht mehr originell, wenn wir sie hundertmal gelesen oder gehört haben. Sie werden zu Klischees. Zum Beispiel: *Auge des Gesetzes, das Kind mit dem Bade ausschütten, Öl ins Feuer gießen, auf Augenhöhe, Licht am Ende des Tunnels* und *über den Tellerrand hinaussehen*.

Auf bekannte Bilder oder Metaphern sollte nur dann zurückgegriffen werden, wenn sie originell fortgesetzt werden können.[13] Ein Beispiel aus einem Vortrag über die Politik der Bundesregierung während der Finanzkrise Griechenlands: Dem Finanzminister genügte es nicht, das Kind mit dem Bade auszuschütten; er musste dem Kinde auch noch Seife in die Augen reiben.

Michael Maar empfiehlt für den Umgang mit Bildern: „Nimm Bilder ernst; vermische sie möglichst nicht. Vermeide die überfrequentierten. Denk und sieh neu." (2020, 121)

Vergleiche
- Schule in Deutschland ist wie ein Fahrrad, das auf den Felgen fährt.
- Die CDU ist „das Bayern München der Politik".[14]

Mit Vergleichen können Sie Sachverhalte verdeutlichen – zum Beispiel die Tatsache, dass es in vielen Zusammenhängen auf Qualität ankommt und nicht auf Quantität: „Mit einem Tropfen Honig fängt man mehr Fliegen als mit einem Fass Essig".

Vergleiche sind zudem geeignet, einen Vortrag mit etwas Ironie oder einem Schuss Polemik zu würzen: „Viele Wissenschaftler sind wie fahrende Ritter, die im Mittelalter von Turnier zu Turnier reisten, um ihren Ruhm zu mehren. Heute ziehen Wissenschaftler von Kongress zu Kongress, um sich mit ihren wissenschaftlichen Gegnern zu messen." (Lodge 1996, 82)

Vergleiche können hinken oder geschmacklos sein – etwa, wenn man aus vielen E-Mails einen E-Mail-*Tsunami* macht. Sie können schiefgehen (und Politikerinnen und Politiker die Karriere kosten), aber auch viel Kreativität freisetzen. Vergleiche müssen konkret und verständlich sein. Vielen sagen zum Beispiel Sportvergleiche nichts. Es interessieren sich nun einmal nicht alle dafür, wer aus der Pole- oder einer anderen *Position* startet, wie man den *Ball flach hält* oder wo *Abseits* liegt.

Fragen
Fragen sind ein Mittel, Vorträge aufmerksamkeitsstark zu beginnen (vgl. Seite 22), und sie können als Cliffhänger dienen (vgl. Seite 30). Fragen können zudem dazu beitragen, eine Beziehung zu den Zuhörerinnen und Zuhörern herzustellen. Sie erhöhen die Aufmerksamkeit und erleichtern das Verständnis. Leiten Sie deshalb ab und zu Erläuterungen mit einer Frage ein.

---

13 Vermeiden sollten Sie die in der Rhetorik-Literatur empfohlenen Trivialisierungen. Zum Beispiel: „Das Virus bekommt Junge." (Jankowitsch 2021, 27) Überlassen Sie Anthropomorphismen dem Bestseller-Autor und Förster Peter Wohlleben.

14 Aus einem Glückwunsch der Grünen-Vorsitzenden zum 75. Geburtstag der CDU in der FAZ vom 26.6.2020.

Statt: Die Umweltpolitik der Großen Koalition scheiterte aus drei Gründen. Frage: Aus welchen Gründen scheiterte die Umweltpolitik der Großen Koalition?
Statt: Die Grenzen der Steuerung marktwirtschaftlicher Systeme liegen ... Frage: Wo liegen die Grenzen der Steuerung marktwirtschaftlicher Systeme?
Wenn Sie eine Frage stellen, sollten Sie Ihren Zuhörerinnen (drei bis vier Sekunden) Zeit zum Nachdenken geben.
Ihre Frage kann eine echte oder eine rhetorische sein. Erwarten Sie von Ihren Zuhörern eine Antwort, sollten Sie das durch eine direkte Ansprache deutlich machen: *„Was meinen Sie:* Welche Nachteile haben E-Mails gegenüber Briefen?" Wollen Sie selbst antworten, lautet die rhetorische Frage: „Welche Nachteile haben E-Mails gegenüber Briefen?"

Sie können auch die Zuhörerinnen auffordern, sich einige Minuten mit ihrem Nachbarn über die von Ihnen gestellte Frage zu unterhalten.
Für eine solche Tuschelrunde sind klare Vorgaben notwendig: Wollen Sie die Ergebnisse hören oder lediglich eine Gelegenheit zum Austausch geben? „Was meinen Sie, meine Damen und Herren, warum ist Renaissance der Sexualisierung des weiblichen Körpers bei jungen Frauen aus der Unterschicht weiterverbreitet als in anderen sozialen Schichten? Spekulieren Sie bitte mit ihrer Nachbarin, mit ihrem Nachbarn fünf Minuten, warum das so ist. Machen sie sich gemeinsam eine erste Vorstellung, mit der sie meine Antworten vergleichen können."

1.5 Kür: Mit Zitaten und rhetorischen Stilfiguren glänzen und erfreuen

Im Folgenden geht es um die Kür bei der Vorbereitung eines Vortrags, um Stilmittel, mit denen Sie Abwechslung und Nachdruck in Ihre Ausführungen bringen können. Die Kür folgt der Pflicht; sie wird dann absolviert, wenn die Rohfassung des Manuskripts steht.

Dem Vortrag Glanz verleihen: Zitate
Eigene Gedanken und Worte sind die Grundlage eines gelungenen Vortrags. Mit einem treffenden Zitat lassen sich Gedanken unterstützen: präzisieren, anschaulicher oder eindringlicher machen – und damit einem Vortrag Glanz verleihen.
Zitate runden *eigene* Gedanken ab. Deshalb kommt es bei der Ausarbeitung eines Vortrags darauf an, zunächst die eigenen Gedanken zu skizzieren. Erst dann wählt man Zitate aus, die diese Gedanken stützen und den Vortrag zum Klingen bringen können. Ein Plädoyer für eine umfassende Allgemeinbildung zum Beispiel lässt sich mit einem Eisler-Zitat auf den Punkt bringen: „Wer nur von Musik etwas versteht, versteht auch von Musik nichts."

Damit Zitate ihre Funktion erfüllen, müssen sie *treffend* und *verständlich sein* und *sparsam* eingesetzt werden.

Treffend: Ein Zitat erfüllt seine Funktion nicht, wenn es dem Publikum Rätsel aufgibt. Zitate müssen eindeutig sein, damit sie die Botschaft einer Rede unterstützen.

Verständlich: „Variato delecat." Wer kein Latein kann, steht vor einem Rätsel. Viele Menschen mögen das nicht. Es gibt keinen vernünftigen Grund, ein Zitat im Original zu bringen, kann man nicht sicher sein, dass die Zuhörer*innen lateinisch oder französisch sprechen. – Deshalb: „Abwechslung macht Freude".

Sparsam: Die Wirkung treffender Zitate verpufft, werden sie nicht richtig dosiert. Zu viel der guten Zitate ist schlecht. Wer ständig zitiert, verdeckt die eigenen Gedanken. „Sobald das Zitieren das Denken" ersetzt, verkommt der Gedanke „zu einer Form des Gebets" (Wildenhain 2017, 75).

Zitat-Häufungen sind kein Gütekriterium für Wissenschaftlichkeit. Viele Zitate können vielmehr als Unsicherheit wahrgenommen werden, als Ausdruck dafür, dass es nicht gelingt, sich in eigenen Worten kurz und treffend auszudrücken. Als Faustregel formuliert: in fünf Minuten nicht mehr als ein Zitat.

> **Am Rande:**
>
> **Humor und Ironie**
> Sie haben sich sicher schon einmal fremdgeschämt für eine Rednerin, die verkrampft versucht, humorvoll zu sein, oder für einen Redner, der peinliche Witze erzählt.
>
> Humor ist bei Vorträgen und Präsentationen kein Muss, Ironie riskante Meister*innenklasse. Gleichwohl: Wenn es zu Ihnen, Ihren Zuhörer*innen und zu Ihrem Thema passt, kann Humor ein „bezauberndes Stilmittel" (Winkler, Commichau 2005, 182) sein. Wenn mit Humor oder Selbstironie „ein schweres Thema etwas leichter wird, ist das ein Geschenk an die Zuhörer. Tiefe und Leichtigkeit sind kein Widerspruch" (ebd.) Das belegt auch die Studie von Niemann u.a. (2020).
>
> Siehe ferner: „Humor in der Lehre" (2018).

Wenn Sie zitieren: Führen Sie das Zitat ein, damit seine Wirkung nicht verpufft. Formulieren Sie zunächst den Kerngedanken, der durch das Zitat anschaulich oder pointiert auf den Punkt gebracht werden soll:

Ich habe deutlich gemacht, dass wir im letzten Jahr über viele Konzepte diskutiert und sehr wenig praktisch für die Verbesserung der Kommunikation zwischen den Forschungsgruppen getan haben. Mit Goethes Faust lässt sich dieses Jahr so bilanzieren: „Grau, teurer Freund, ist alle Theorie."

Noch hängt das Zitat in der Luft. Es muss fortgeführt werden, soll es nicht lediglich ein Ausdruck von Bildung sein. Zum Beispiel mit der Aufforderung, künftig Taten statt Konzepte in den Mittelpunkt zu stellen. Oder mit dem Appell, die Verbesserung der Kommunikation praktisch anzupacken.

Zur Nachbereitung gehört der Hinweis auf die Quelle. Geben Sie Ihrem

Publikum keine Rätsel auf. Zitieren Sie beispielsweise Ian McEwan, sollten Sie ergänzen, dass er britischer Schriftsteller ist. Das genügt. Hinweise auf das Geburtsdatum oder seine Romane sind nicht notwendig. Sprechen Sie auf einem Anglisten-Kongress, ist dieser Zusatz überflüssig. Und wer Goethe war, dürfen Sie als bekannt voraussetzen.

Würden Sie einwenden, das Goethe-Zitat wenige Zeilen zuvor sei ein Griff in die Zitaten-Mottenkiste, widerspräche ich nicht: Ja, den Satz haben viele schon häufig gehört oder gelesen. Er ist deshalb nicht erste Wahl. Versuchen Sie mit Zitaten zu überraschen, die die Zuhörer*innen noch nicht kennen:

> Ich habe deutlich gemacht, dass wir im letzten Jahr über viele Konzepte diskutiert und sehr wenig praktisch für die Verbesserung der Kommunikation zwischen den Forschungsgruppen getan haben. Reden macht, würde man in China sagen, den Reis nicht weich.

Zitieren Sie eine geschätzte Philosophin oder einen renommierten Soziologen, nennen Sie die Person vor dem Zitat: Das erhöht den Aufmerksamkeitswert. Zwei Beispiele:

> Bei Hannah Arendt findet man eine Erklärung für den Erfolg von Lügnern. Ich zitiere: „Lügen erscheinen dem Verstand häufig viel einleuchtender und anziehender als die Wahrheit, weil der Lügner den großen Vorteil hat, im Voraus zu wissen, was das Publikum zu hören wünscht." (1972, 10)

> Allen, die an der Endfassung eines wissenschaftlichen Textes arbeiten, empfahl Adorno in *Minima Moralia*: „Keine Verbesserung ist zu klein oder geringfügig, als daß man sie nicht durchführen sollte. Von hundert Änderungen mag jede einzelne läppisch und pedantisch erscheinen; zusammen können sie ein neues Niveau des Textes ausmachen." (2022, 95)

Rhetorische Stilfiguren
Wenn Sie meiner Empfehlung auf Seite 37f. folgen, mit einem ausformulierten Manuskript zu arbeiten, eröffnet sich Ihnen die Möglichkeit, gekonnt rhetorische Stilfiguren einzusetzen, die Ihre Sätze zum Klingen bringen. Zehn Vorschläge.

Kontakt-Stellung
Dieses Stilmittel hilft, die Aufmerksamkeit auf einen zentralen Begriff zu lenken: „Eine Hauptursache für den Erfolg rechter Parteien in vielen europäischen Staaten war die neoliberale Politik der letzten Jahrzehnte. *Neoliberale* Politik bedeutete, ..."

Mit dieser Stilfigur lässt sich – leicht abgewandelt – auch Ironie in die Schilderung oder Bewertung eines Sachverhalts bringen: Daher gilt die Pflicht zur Rechtshilfe. „Recht hilfreich ist eine kommissarische Zeugenvernehmung allerdings nicht, denn ..."

Baugleichheit
Wenn Sie drei oder vier Sätze oder Satzteile auf die gleiche Art und Weise „bauen", können Sie Rhythmus in eine Rede bringen: „Sie können Gesetze umgehen. Sie können Steuergelder verschwenden. Sie können bei der Dissertation schummeln. Ihre Karriere ist gefährdet, wenn Sie ein Kind bekommen."

Über Kreuz 1
Ein weiteres Rhythmusinstrument sind Satzfolgen, bei denen der zweite Satz(-teil) in der umgekehrten Reihenfolge konstruiert ist: „Während sich die Erde erwärmt, erkaltet das soziale Klima unserer Gesellschaft."
„Wer nur von Musik etwas versteht, versteht auch von Musik nichts." (Hans Eisler)

Über Kreuz 2
In dieser Variante kehrt der erste Satzteil in umgekehrter Reihenfolge wieder: „Sie meinte, was sie sage, und sie sagte, was sie meinte."
„Die Waffe der Kritik kann allerdings die Kritik der Waffen nicht ersetzen." (Karl Marx)

Verkürzung
In (Zwischen-)Zusammenfassungen oder Einleitungen können Sie mit verkürzten Sätzen ein Ergebnis oder eine These pointieren: „Am Anfang Aufmerksamkeit wecken" – statt: Am Anfang eines Vortrags kommen es darauf an, Aufmerksamkeit zu wecken.

Klimax
Sie können die Bedeutung einer Aussage unterstreichen, indem Sie diese Aussage variieren und dabei immer stärkere Worte gebrauchen oder auf dramatischere Fakten hinweisen: „Deutschlands Straßen: Alle 12 Sekunden erfasst die Polizei einen Unfall. Alle 81 Sekunden wird ein Verkehrsteilnehmer verletzt. Alle 18 Minuten verunglückt ein Kind. Alle 2,8 Stunden ein Verkehrstoter."

Antiklimax
Den gleichen Effekt erzielt man, kehrt man die Steigerung um: „Man kann sich auf Tatsachen verlassen, auf die Wettervorhersage oder auf die Prognosen der fünf Wirtschaftsweisen."

Wortwiederholung
Sie verstärken die Wirkung einer Aussage, wenn Sie das erste Wort oder die ersten Worte eines Satzes wiederholen. Greta Thunbergs „How dare you!" auf dem UN-

Klimagipfel 2019 ging um die Welt. (Es gibt sogar eine Dance-Version auf YouTube.)

Sie verachten Homosexuelle. Sie verachten „Bürohengste". Sie verachten Mitschüler, die sich ernsthaft am Unterricht beteiligen. Der Grund: Homosexualität, Büroarbeit und Lernen liegt für sie auf einer Bedeutungsebene – es ist unmännlich.

Schließlich: Sie können auch mit *Adverbien* für Aufmerksamkeit sorgen, die im Gegensatz zu Verb stehen oder mit einem *Akkusativobjekt*, das man nicht erwartet: „Nach Berichten von Zeitzeugen lächelte Reichskanzler Ebert *eisig* über den Vorschlag des Außenministers."

„Die neoliberale Kritik am Sozialstaat lässt sich in dem Satz zusammenfassen: Der Staat war *erbarmungslos* großzügig."[15]

1.6 Das unverzichtbare Manuskript

Der gelungene freie Vortrag, die professionelle Präsentation sind Ergebnis intensiver Vorbereitung. Zur Vorbereitung gehört die *schriftliche* Ausarbeitung dessen, was *frei* vorgetragen (und bei einer Präsentation visuell unterstützt) werden soll.

Ein Manuskript ist ein wichtiges Hilfsmittel – und Ausdruck von Höflichkeit: Man spricht über das, worüber man sich *vorher* Gedanken gemacht hat.

Ein Manuskript eröffnet Ihnen die Möglichkeit, präzise und eloquent zu formulieren, pointierte Zitate zu platzieren und effektvolle rhetorische Pausen zu planen.

Erst dann, wenn ein Vortrag schriftlich ausgearbeitet ist, stellt sich die Frage, ausgearbeitetes Manuskript oder Stichworte? Das ist keine Glaubensfrage. Vielmehr kommt es darauf an, ein Manuskript nach den eigenen Voraussetzungen zu gestalten.

Ausgearbeitetes Manuskript
Vielen gibt ein ausformuliertes Manuskript Sicherheit. Das ist ein wichtiges Argument für diese Form. Wer mit dieser Manuskriptform an den Vortragsstart geht, muss der Versuchung widerstehen, abzulesen. Und beachten, dass es ein „widriges Gebrechen" ist, „wenn Menschen wie die Bücher sprechen." Deshalb muss im ausformulierten Manuskript ein „Hörtext" stehen (mehr dazu im nächsten Abschnitt).

---

15 In politischen, in Überzeugungsreden ist die bewusste Korrektur eine beliebte rhetorische Stilfigur: „Ich hoffe, dass unser neuer Forschungsansatz das Problem der Nebenwirkungen lösen wird. Nein, ich bin sicher: Unser neuer Forschungsansatz löst das Problem der Nebenwirkungen."

Damit das ausformulierte Manuskript seine Zwecke erfüllt, ist eine funktionale Gestaltung wichtig. Auf 5 Punkte kommt es an:
1. Groß schreiben, damit Sie den Text ohne Mühe lesen können und nach Blickkontakt mit dem Publikum ohne Schwierigkeiten wieder den Anschluss finden: 16 Punkt, Zeilenabstand 1,5. Lassen Sie zudem einen breiten Rand, um jede Zeile mit einem Blick erfassen zu können.
2. Einzelne Gedanken deutlich voneinander abheben.
3. Hervorhebungen richtig dosieren. Sehr viele Hervorhebungen (fett, kursiv und unterstrichen), strukturieren nicht, sondern verwirren.
4. Handlungsanweisungen in das Manuskript aufnehmen (z.B.: ⇨ Unterlagen verteilen) und mit Farben oder anderen Signalen Hinweise zum Sprechen einbauen (z.B.: _ = betonen, // = Pause).
5. Aus unterschiedlichen Gründen kann die Zeit knapp werden. Für diesen Fall ist es nützlich, Passagen markiert zu haben, die man überspringen kann: Von einem hektischen Durchziehen des gesamten Vortrags hat niemand etwas.

Das Manuskript-Papier sollte mindestens 90 Gramm stark sein. Nehmen Sie DIN-A5-Karten, sollten Sie das Manuskript in der Hand halten müssen. (Beim Drucken müssen Sie für diese Karten nur eine Einstellung ändern: den unteren Rand auf 17 cm vergrößern.)

Karteikarten dieses Formats haben einen weiteren Vorzug: Ihre Hände wissen, wohin. Nehmen Sie sich ausnahmsweise ein Beispiel an TV-Moderator*innen: beide Hände unten an die Karte. Das führt auch zu einer guten Schulterhaltung.

Stichwort-Manuskript
Diese Manuskriptform schließt nicht aus, bestimmte Passagen auszuformulieren. Es sind also auch *Mischformen* zwischen ausgearbeitetem Manuskript und Stichwortkonzept möglich.

Wenn Sie nach Stichworten reden wollen und noch unsicher sind, ob das klappt, kommen Sie mit einem „Doppel-Manuskript" weiter: Sie arbeiten den Vortrag Wort für Wort aus und lassen dabei auf der rechten Seite des Blattes einen breiten Rand, auf dem Stichworte notiert werden. Der Vortrag wird auf der Grundlage von Stichworten gehalten; zur Sicherheit haben Sie den ausformulierten Text vor sich.

Gedanken-Landkarte
Eine Gedanken-Landkarte als Vorlage hat den Vorteil, dass man das gesamte Thema auf einen Blick vor sich hat. Zudem enthält ein Bild sprachliche Hilfestellungen. Ein Beispiel: Abbildung 4 gibt mir bei Vorträgen optisch die Formulierungshilfe: „Ich gehe auf vier Aspekte ein." Ich „sehe": Bei der Struktur liegt der Schwerpunkt meiner Erläuterungen. Meine Augenbewegung „sagt" mir, dass ich „zunächst auf die Planungsgrößen *Zuhörer* und *Ziel* eingehe". Komme ich während des Vortrages

1. Vortrag vorbereiten 39

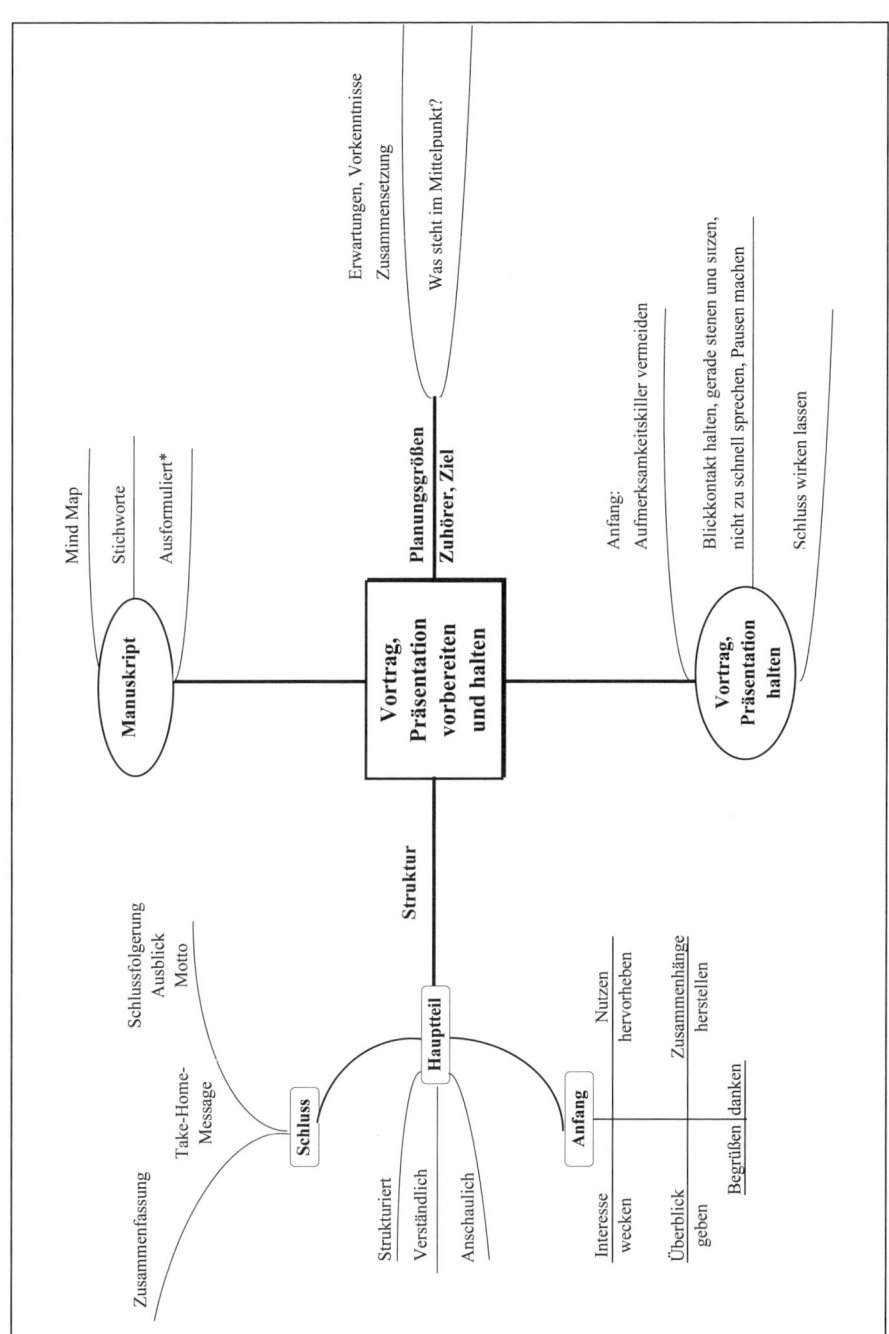

Abbildung 4: Mindmap: Einen Vortrag vorbereiten und halten

in Zeitnot und muss deshalb einige Gesichtspunkte weglassen, sehe ich auf einen Blick, was ich auslasse und zu welchem Punkt ich springe.

Zahlen, Daten und Zitate können auf gesonderten Blättern notiert werden, und die Abfolge des Vortrags lässt sich durch Zahlen kennzeichnen.

Höre ich in meinen Workshops: „Als Beispiel möchte ich folgendes Beispiel bringen ..." Oder: „Genau (Pause). Wie oben gezeigt ist ..." – empfehle ich dem oder der Teilnehmer*in, sich auf ein ausformuliertes Manuskript zu stützen.

Höre ich: „Zur Umsetzung der aus parteipolitischen Gründen lange verzögerten Schieneninfrastrukturausbaubeschleunigung müssen drei Voraussetzungen, die miteinander verknüpft sind, gegeben sein" – weise ich darauf hin, dass ein Vortrag kein Aufsatz ist und empfehle, die Chancen eines ausgearbeiteten Manuskripts zu nutzen: Prägnante und anschauliche Sätze vorzubereiten und pointiert zu formulieren.

1.7 Die Zuhörer*innen nicht überfordern: Schreiben fürs Reden

Viele Vorträge kommen nicht deshalb schlecht an, weil sich die oder der Vortragende auf ein ausformuliertes Manuskript stützt. Viele Vorträge werden vielmehr deshalb als Zumutung empfunden, weil sie leblos wirken. Leblos wirken sie, weil sie auf Schriftsprache beruhen – sie sind lautgemachte Schrift.[16]

Die Folge: gelangweilte Zuhörerinnen. Zuhörer erwarten *Hör-Texte,* deren Regisseurin die Rhetorik ist. Alle verzichten gerne auf Vorträge, in denen die Grammatik Regie führt, die oberste Instanz der Schriftsprache.

Halten Sie es deshalb mit Lessing, der seiner Schwester empfahl: „Schreibe wie Du redest, so schreibst Du schön." Orientieren Sie sich an der gesprochenen Sprache. Formulieren Sie verständlich, konkret und so anschaulich wie möglich. *Orientieren* meint: Nicht die Unzulänglichkeiten der Umgangssprache übernehmen – zum Beispiel Füllwörter oder Sätze, die nicht korrekt zu Ende gebracht werden.

Was ist, neben dem Verzicht auf Exkurse und viele Anmerkungen oder Verweise, notwendig, damit im Manuskript kein Lese-, sondern ein Redetext steht? Wie müssen Texte formuliert werden, damit sie *verstanden* und gut *gesprochen* werden können? Antworten auf diese Fragen finden Sie auf den nächsten Seiten.

---

16 Vielleicht gefällt Ihnen zweimal „Viele Vorträge" am Satzanfang nicht. Vielleicht mögen Sie die Wiederholung von „leblos wirken" nicht. Was Ihnen im geschriebenen Text als pure Wiederholung missfallen mag, empfehle ich Ihnen im Abschnitt 1.5 für Vorträge: die *Anapher* und die *Kontakt-Stellung*. Mit diesen rhetorischen Mitteln können Sie die Bedeutung einer Aussage wirkungsvoll unterstreichen. Allgemeiner formuliert: Derselbe Satz hat nicht immer die gleiche Wirkung.

Wenn Sie in einem wissenschaftlichen Aufsatz komplizierte Sätze formulieren, können die Leser*innen einen Satz zwei- oder dreimal lesen. Niemand macht das gerne. Deshalb sollten Sie verständlich schreiben.[17]

Bei einem Vortrag kann man einen Satz nicht mehrfach hören. Deshalb sollten Sie sich besonders um Verständlichkeit bemühen – auch sich selbst zuliebe: Sie erleichtern sich das Reden, vor allem fällt freies Sprechen entschieden leichter.

Sie erleichtern den Zuhörer*innen das Verständnis, wenn Sie
- schlanke Sätze formulieren,
- rückbezügliche Fürwörter vermeiden,
- fachjargonfrei sprechen,
- Anglizismen sparsam verwenden,
- die Zuhörenden nicht mit Abkürzungen ärgern,
- mit Zahlen und Statistiken zurückhaltend sind.

Schlanke Sätze formulieren
Das Verständnis eines Vortrags wird erschwert, wenn Informationen stark verdichtet werden, wenn zu viel in einen Satz gepackt und in Bandwurm- und Schachtelsätzen gesprochen wird.

Ich illustriere an einem Satz, wie umständliche und verschachtelte Sätze verschlankt und entwirrt werden können und sollten:

> „Ich erinnere mich, dass mir einer derer, die über Politik so viel nachgedacht haben wie wenige sonst, nämlich Carl Schmitt, erklärt hat, wenn er noch einmal eine Vorlesung über das Staatsrecht und seine Geschichte zu halten hätte, würde er mit den Primaten beginnen."

Der Satz wurde nach dem Motto formuliert: Warum einfach, wenn es auch umständlich geht? Bei einem Satzbau nach diesem Muster riskiert man, sich im Gestrüpp der eigenen Worte zu verlaufen und das Publikum zu verlieren. Tucholsky karikiert solche Sätze in den *Ratschlägen für einen schlechten Redner*:

> „Sprich mit langen, langen Sätzen – solchen, bei denen du, der du dich zu Hause, wo du ja die Ruhe, deren du so benötigst, deiner Kinder ungeachtet, vorbereitest, genau weißt, wie das Ende ist, die Nebensätze schön ineinandergeschachtelt, so dass der Hörer ungeduldig auf seinem Sitz hin und her träumend, sich in einem Kolleg wähnend, in dem er früher so gern geschlummert hat, auf das Ende solcher Perioden wartet …

---

17 Mehr dazu in *Wissenschaftsdeutsch* (Franck 2022a) und im *Handbuch Wissenschaftliches Schreiben* (Franck 2022).

> Du musst alles in die Nebensätze legen. Sag nie: ‚Die Steuern sind zu hoch.' Das ist zu einfach. Sag: ‚Ich möchte zu dem, was ich soeben gesagt habe, noch kurz bemerken, dass mir die Steuern bei weitem...' So heißt das!" (Bd. 8, S. 291)

So kann der zitierte Satz entwirrt und entschlackt werden: „Einer derer, die" wird gestrichen. „Ich erinnere mich" auch.

Der Satz ist schon ein wenig akzeptabler: Carl Schmitt, der über Politik so viel nachgedacht hat wie wenige sonst, hat mir einmal erklärt, wenn er noch einmal eine Vorlesung über das Staatsrecht und seine Geschichte zu halten hätte, würde er mit den Primaten beginnen.

Mit zwei weiteren Korrekturen wird daraus ein verständlicher und anschaulicher Satz für einen Vortrag.

Korrektur 1: Gestrichen wird „der über Politik so viel nachgedacht hat wie wenige sonst". Begründung: Wissen die Zuhörer, wer Schmitt war, wissen sie auch, dass er „viel über Politik nachgedacht hat". Kennen die Zuhörerinnen Schmitt nicht, nutzt dieser Hinweis nichts. Allgemeiner: Wer Überflüssiges streicht, muss nicht befürchten, Wichtiges zu verdecken. Robert Louis Stevenson, Autor der *Schatzinsel*, meinte: „Es gibt nur eine Kunst: das Weglassen!"

Korrektur 2: Die Aussage von Schmitt wird als wörtliche Aussage formuliert. Begründung: Das erhöht die Authentizität und macht den Satz anschaulicher.

Das Ergebnis: Carl Schmitt erklärte mir einmal: Ich würde bei den Primaten beginnen, sollte ich nochmals eine Vorlesung über das Staatsrecht und seine Geschichte halten.

Informationen Schritt für Schritt zu Papier bringen

Die Länge eines Satzes ist dann kein Problem, wenn der Satz klar gegliedert ist. Zentrales Problem vieler Vorträge ist die Verdichtung von Informationen. Häufig wird zu viel in einen Satz gepackt. Ein Beispiel:

> Der Verkauf von Arzneimitteln im Internet soll nach einer Entscheidung des Gesundheitsministers abweichend von den bisherigen Erklärungen aus seinem Ministerium künftig gestattet werden, während bislang vorgesehen war, über das Internet lediglich den Verkauf von Medikamenten zuzulassen, die nicht rezeptpflichtig sind.

Dieser Satz ist schwer mit angemessener Betonung zu sprechen. Und es ist schwierig, die Hauptaussage zu entdecken. Wer fürs Hören schreibt, sollte Informationen Schritt für Schritt zu Papier bringen. Das heißt für das zitierte Beispiel: aus einem langen drei überschaubare Sätze machen:

> Der Verkauf von Arzneimitteln im Internet soll künftig erlaubt sein. Das hat der Gesundheitsminister entschieden. Ursprünglich wollte sein Ministerium nur den Verkauf von rezeptfreien Medikamenten gestatten.

Erhält jeder Gedanke einen eigenen Satz, werden die Aussagen verständlicher. Und man kommt mit weniger Worten aus: Der lange Satz mit den Informationshäufungen hat 40 Wörter. Die drei Sätze haben zusammen nur 26.

Argumente durch den Satzbau unterstützen
Unterstützen Sie zudem Ihre Argumentation syntaktisch. Verstecken Sie die Hauptaussage nicht nach folgendem Muster im Nebensatz:

„Neue Steuerungsmodelle, übergreifende Managementansätze, Effizienz steigernde Organisationsprozesse sind Themen, mit denen sich öffentliche Verwaltungen angesichts des Kostendrucks und der erforderlichen Haushaltssanierungen zunehmend beschäftigen."

Der Hauptsatz lautet: „Neue Steuerungsmodelle ... sind Themen". Was ist wirklich wichtig? Dass sich die öffentlichen Verwaltungen mit neuen Steuerungsmodellen beschäftigen. Warum tun sie das? Weil sie unter Druck stehen.
Aussagen sind verständlicher und prägnanter, wenn die Argumentation durch den Satzbau gestützt. Der Ort für die Hauptaussage ist, wie der Name sagt, der Hauptsatz, an den sich die Begründung im Nebensatz anschließt:

Öffentliche Verwaltungen beschäftigen sich zunehmend mit neuen Steuerungsmodellen, übergreifenden Managementansätzen und Effizienz steigernden Organisationsprozessen [Aussage], weil der Kostendruck gestiegen ist und die Haushalte saniert werden müssen. [Begründung]

Besser sind zwei Sätze, die durch eine orientierende Frage verbunden werden:

Öffentliche Verwaltungen beschäftigen sich zunehmend
- mit neuen Steuerungsmodellen,
- mit übergreifenden Managementansätzen und
- mit Effizienz steigernden Organisationsprozessen. [Aussage]

Warum tun sie das? [Orientierung auf Begründung]
Aus zwei Gründen:
1. weil der Kostendruck gestiegen ist und
2. weil die Haushalte saniert werden müssen.

Die Wiederholung von *mit* bzw. *weil* erleichtert es, die Aufzählung bzw. Begründung deutlich hervorzuheben.

Rückbezügliche Fürwörter vermeiden

„Wer seinen Hund liebt, muss nicht auch seine Flöhe lieben", sagte ein prominenter CDU-Politiker einmal in einem *Zeit*-Interview. Wessen Flöhe meinte er? Wenn er die Flöhe des Hundes meinte, wäre korrekt gewesen: „Wer seinen Hund liebt, muss nicht auch *dessen* Flöhe lieben."

Nicht nur CDU-Politiker tun sich schwer mit *seine* und *dessen, dieser* und *jene*, mit Personal- und anderen Pronomen – beim Schreiben, Reden und beim Lesen: „Von Drogen abhängige Menschen halten sich meist dort auf, wo *sie* gespritzt oder geraucht werden." Wer wird gespritzt? Die Menschen oder die Drogen?

Fürwörter führen leicht zu Rätseln. Vorträge sollten informativ sein – nicht rätselhaft.

In der Schule haben Sie vielleicht gelernt: Wer Wörter wiederholt, hat einen „schlechten Stil". Das ist richtig, denn wir langweilen uns, wenn wir zum Beispiel dreimal hintereinander *machen* oder *schön* hören. Bei Verben und Adjektiven sollte man sich, wie es in der Schule hieß, um einen „Wechsel im Ausdruck" bemühen. (Am Rande bemerkt: *machen* und *schön* sind nichtssagend. Wenn ich Hausarbeit *mache*, dann backe, koche, putze, bügle ich. Und ich wünsche mir keinen *schönen* Urlaub, sondern einen aufregenden, abwechslungsreichen oder einen entspannenden, erholsamen.)

Die Empfehlung aus dem Deutschunterricht gilt für Substantive und Personen nur eingeschränkt. Im Johannesevangelium heißt es: „Im Anfang war das Wort, und das Wort war bei Gott, und Gott war das Wort." Dreimal *Wort* und zweimal *Gott* in einem Satz. Jeder Deutschlehrer würde den Rotstift zücken. Doch dieser Satz ist verständlich und eindringlich. Das lässt sich über die folgende „Übersetzung" nicht sagen: „Am Anfang war das Wort. Es befand sich bei Gott, und letzterer war identisch mit ersterem."

Letzterer und *ersterem* machen Sätze holprig und häufig schwer verständlich, weil gerätselt werden muss, für wen oder was ein Pronomen steht. Deshalb: Wer seinen Hund liebt, muss nicht auch die Flöhe seines Hundes lieben."

Fachjargonfrei sprechen und Anglizismen sparsam verwenden

In der Welt der Wissenschaft leben Fachbegriffe zusammen mit Fach*jargon*. Sie haben jedoch nichts gemein. Fachtermini sind in der Wissenschaft unverzichtbar. Fachjargon nicht. Fachjargon funktioniert als Ein- und Ausschlussmechanismus. Er erschwert denen das Verständnis, die nicht zur „Fachfamilie" gehören – und signalisiert: Du gehörst nicht dazu. Wer dieses Signal nicht senden möchte, sollte auch Fachjargon verzichten.

Mit Anglizismen lassen sich Vorgänge pointiert ausdrücken. Für *Pinkification* gibt kein deutsches Wort, um prägnant auf die geschlechtsspezifische Ausrichtung der Spielwarenproduktion hinzuweisen. Man sollte allerdings nicht voraussetzen, dass *Pinkification* allgemein bekannt ist.

Upcycling und *Containern* ist schlanker als Abfallveredelung und Lebensmittel aus der Mülltonne eines Supermarkts holen. Aber nicht geläufig. Das gilt auch für *Doomscrolling* und *Staycation*. Und für *Lifehack* und *Live-Hack*.

Mit *Luftsack* und *Bergfahrrad* würde man Erstaunen hervorrufen. Gegen *Lean Production* und *Outsourcing* oder *Zero-Base-Budgeting* ist bei einem Vortrag vor Expert*innen nichts einzuwenden.

Viele Anglizismen sind allerdings nicht notwendig, weil es treffende und verständliche deutsche Wörter gibt. Für *Sustainability* oder *Social Corporate Responsibility* zum Beispiel: Nachhaltigkeit und Unternehmensverantwortung.

Häufen sich Anglizismen in einem Vortrag, entsteht der Eindruck, man wolle imponieren, aber nicht verstanden werden.

Meine Empfehlung: Folgen Sie bei der Verwendung von Anglizismen der Maxime, so viel wie nötig, so wenig wie möglich. Und erläutern Sie Fachbegriffe, die Sie nicht als bekannt voraussetzen können.

Die Zuhörenden nicht mit Abkürzungen ärgern
Sind Fachbegriffe wahre Zungenbrecher, sind Organisationsnamen sehr lang – zum Beispiel Aufmerksamkeits-Defizit-Hyperaktivitäts-Störung oder Konferenz der Vereinten Nationen für Handel und Entwicklung –, wird niemand etwas gegen ADHS oder UNCTAD einwenden. Allerdings: Kommen in einem Vortrag viele Abkürzungen vor, die für die Zuhörer*innen neu sind, wird es schwerer, zu folgen. Deshalb: Verwenden Sie Abkürzungen sparsam.

Mit Zahlen und Statistiken zurückhaltend sein
Zahlen und Statistiken sind ohne schriftliche Vorlage häufig schwer zu verstehen und zu behalten. Vermeiden Sie deshalb Zahlenhäufungen und veranschaulichen Sie Zahlen, denn viele – auch gebildete – Menschen können sich unter einem qm oder ha nichts vorstellen: „Mit den eingegangenen Spenden konnten im vergangenen Jahr 250.000 qm Wald aufgeforstet werden. Das ist die Fläche von 30 Fußballplätzen."

Zahlen sind nicht immer selbstredend. Ist eine Gewinnsteigerung von sechs Prozent viel oder wenig? Ist ein Wirtschaftswachstum von einem Prozent ausreichend? Das wollen die Zuhörer*innen wissen. Bewerten Sie deshalb Zahlen: „Eine Gewinnsteigerung von vier Prozent ist angesichts der aktuellen Wirtschaftslage ein großer Erfolg."

Seien Sie schließlich nicht pingelig: Verzichten Sie auf Komma-Angaben, runden Sie auf: „1289 Fragebogen wurden aufgefüllt. Das ist ein Rücklauf von knapp 34 Prozent" (statt 33,79).

Wenn Ihr Publikum es wirklich ganz genau wissen will, nennen Sie zunächst eine runde Zahl: Das ist ein Plus von fast vierzehn Milliarden Euro – um genau zu sein, von 13,988 Milliarden Euro.[18]

---

18 Funfact am Rande. Bitte immer – anders als Joe Biden – richtig zählen. Der US-Präsident eröffnete eine Rede in einem Volvo-Werk in Maryland mit folgenden Worten: „Let me start off with two words: Made in America." (Johnson 2022).

Signale setzen
Bemühen Sie sich um anschauliche Vorträge, um die „Herzen und Ohren" Ihres Publikums zu gewinnen, und setzen Sie die richtigen Signale, um die Bedeutung Ihres Vortrags zu unterstreichen. Ihr Vortrag beruht – zum Beispiel – auf einer *Analyse*, die zu neuen *Hypothesen* über einen *Gegenstandsbereich* führt, deren Bestätigung eine *Synthese* bislang widersprüchlicher *Ergebnisse* verspricht. Wenn dem so ist, dann verwenden Sie die Begriffe *Analyse, Hypothesen, Gegenstandsbereich, Synthese, Ergebnisse*. Allgemeiner formuliert: Wählen Sie die Termini, die angemessen wiedergeben, womit Sie sich in Ihrer wissenschaftlichen Arbeit auseinandersetzen – mit *Determinanten* und *Bedingungen, Kategorien* und *Strukturen, Genese* und *Entwicklung, Theorie* und *Methode, Ansätze* und *Anfänge, Grundlagen* und *Zusammenhänge* usw.

„Erzählen" Sie – ich zitiere Formulierungen, die ich in meinen Rhetorik-Seminaren immer wieder höre – nicht über vier „Dinge", von denen Sie „denken" oder „meinen", sondern *untersuchen* (*interpretieren* oder *analysieren*) Sie vier *Faktoren* (*Probleme* oder *Zusammenhänge*) und kommen Sie zu dem *Schluss* (*Ergebnis* oder der *These*). Das sind die *sprachlichen* Signale für Wissenschaft. Das sind die Termini, mit denen Sie verhindern, dass Sie Ihr Licht unter den Scheffel stellen.

1.8 Wer probt, gewinnt

Ist der Vortrag ausgearbeitet, geht die Vorbereitung weiter: Auch wenn Sie Vortragsprofi sind, sollten Sie proben. Nicht zuletzt, um sich Situationen wie diese zu ersparen:

> „With five minutes left in the session, the speaker suddenly looks at his/her watch. S/he announces – in apparent surprise – that s/he'll have to omit the most important points because time is running out. S/he shuffles papers, becoming flustered and confused. ... S/he drones on. Fifteen minutes after the scheduled end of the talk, the host reminds the speaker to finish for the third time. The speaker trails off inconclusively and asks for questions." (Edwards 2014)

Rehearsal ist das englische Wort für die Probe im Theater. Streichen Sie die letzten drei Buchstaben, und Sie haben eine Probeanleitung. *Rehear*: Sprechen Sie den Vortrag viermal laut – und er „sitzt".

Die Sprechprobe ist Voraussetzung, um gezielt am Vortrag feilen zu können. Und sie dient dazu, sich mit dem Manuskript vertraut zu machen: Pausen zu „sehen", Anschlüsse mühelos zu „finden".

Sprechen Sie den Vortrag viermal laut vor, entstehen im Kopf „Klangbilder": Für viele Formulierungen brauchen Sie nicht ins Manuskript zu schauen, über bestimmte Übergänge müssen Sie nicht mehr nachdenken, sie entstehen „wie von selbst".

Rehear ermöglicht Ihnen zu prüfen:
- Halte ich die vorgegebene Zeit ein? Wer das nicht tut, macht sich unbeliebt. Und es stresst enorm, wenn man wiederholt aufgefordert wird, zum Ende zu kommen, aber noch mitten im Vortrag steckt.
- Verunglücken mir an bestimmten Stellen Formulierungen? Klingen manche Sätze geschraubt?
- Vermeide ich Fachjargon und andere Verständnisblocker?
- Kann ich Beispiele, den Anfang und das Ende frei sprechen?
- Stimmen die Übergänge? Sind sie verständlich?

Wer nicht probt, ist unzureichend vorbereitet. Geschliffene Vorträge sind wohltuend, weil das Geräusch des Schleifens bereits verklungen ist.

Frische Luft und mehr: Vorbereiten, was vorzubereiten ist
Werde ich gebeten, einen Vortrag zu halten, erkundige ich mich, wo genau ich wann erwartet werde und mit wie vielen Zuhörer*innen zu rechnen ist. Da ich angenehme Überraschungen nicht ausschließe, gebe ich bei der Zahl der Kopien meines Handouts zehn Prozent zu.

Und ich stelle sicher, dass der Raum mit allem ausgestattet ist, was ich brauche.

Das akademische Viertel drehe ich um: Ich bin fünfzehn Minuten vor Beginn am Vortragsort, um in aller Ruhe Notebook und Beamer zu starten. Und zu prüfen: muss gelüftet werden, sind genügend Flipchart-Blätter und

Am Rande:

Dresscode
Kleidung und Kompetenz haben nur eins gemeinsam: den ersten Buchstaben.

Trotzdem ist es nicht irrelevant zu überlegen: Was ist bei dieser Konferenz oder jener Tagung, was beim Rigorosum, einer Defensio die angemessene Bekleidung?

Was für einen Vortrag vor Juristen angemessen sein mag, kann auf einer Tagung von Geisteswissenschaftlerinnen als overdressed angesehen werden. Und die Kleidung, die für einen Vortrag vor Sozialwissenschaftler*innen angemessen ist, kann für eine Rede bei einer Preisverleihung als zu leger registriert werden.

Sie sollten daher den Dresscode kennen, der für den jeweiligen Anlass gilt. Auch dann, wenn sie ihn nicht befolgen wollen: Nur wer die Regeln kennt, kann gekonnt gegen sie verstoßen.

Was immer Sie anziehen: Sie sollten den Rock oder die Hose schon einmal getragen haben und sicher sein, dass Sie sich in dem Jackett wohlfühlen. Und wenn Sie 30 Minuten und länger stehen, sollten Sie bequeme Schuhe anziehen.

Nicht zweckdienlich sind Kleidung, Frisuren und Accessoires, die die Bewegungsfreiheit einschränken oder das Publikum ablenken: die Haare, die ständig ins Gesicht fallen, die Ohrringe, die sich auffällig hin und her bewegen.

Siehe auch die Empfehlungen in *Wissen*[3] (2020). Ferner: Berzbach (2016, 136).

Stifte vorhanden, funktioniert das Mikrofon? Und ich habe Adapter dabei, um sicherzustellen, dass ich meinen Laptop auch an ältere Beamer-Modelle anschließen kann.

Zudem kann es notwendig sein, sich mit dem Smartboard und der Beleuchtung vertraut zu machen oder das Flipchart umzustellen.

Sie sollten in jedem Falle in aller Ruhe Ihre Unterlagen zurechtlegen können und nicht vor Publikum durch Ihre Dateiordner klicken oder die Handoutkopien sortieren.

Und wie lange darf ein Vortrag dauern?
Lieber kurz und interessant als langweilig: Wenige können 90 Minuten fesseln. Viele in wenigen Minuten langweilen. (Alle, so Ludwig Marcuse, langweilen sich lieber allein als in Gesellschaft: „Man kann ungenierter gähnen.")

Packen Sie nicht alles, was Sie wissen, in einen Vortrag. „Alles sagen zu wollen, ist das Geheimnis der Langeweile" (Voltaire). Überlegen Sie vielmehr, was die Zuhörerinnen interessieren könnte oder die Zuhörer erstaunen mag (und an der einen oder anderen Stelle vielleicht amüsiert).

Tucholsky empfahl in seinen *Ratschlägen für einen guten Redner*, nicht länger als 40 Minuten zu sprechen.

Eine dreiviertel Stunde ist in der Regel das Maximum dessen, was wohlwollende Zuhörer*innen ertragen – falls der Vortrag informativ und verständlich ist.[19] Meist genügt eine halbe Stunde.

An Vorgaben – zum Beispiel in der Promotionsordnung – sollten Sie sich halten. Sie machen sich sonst unbeliebt. Beim Lehr- oder Probevortrag wird es als Ausdruck von Professionalität gewertet, sich an die Zeitvorgabe zu halten.

---

19 „Time flies when you are having fun", besagt ein im englischen Sprachraum bekanntes Sprichwort. Zur Zeitwahrnehmung siehe Isabell Winkler (2019).

2 Vortrag halten: Gekonnt eröffnen und wirkungsstark schließen

Wie anfangen und wie aufhören? Was tun, wenn zwischen Anfang und Ende ein Satz verunglückt oder ein Wort fehlt? Darum geht es im Folgenden. Und um diese Themen: Ausstrahlung und Lampenfieber, Körpersprache, Sprechtempo und Pausen.

2.1 Einstimmen statt verstimmen: Fehlstarts vermeiden, gekonnt anfangen

Wenigen wissenschaftlichen Vorträgen wohnt ein Zauber inne, der – um die Zeilen des viel zitierten Gedichts von Hesse leicht zu variieren – vor Fehleinstiegen schützt und hilft, sich auf einen Vortrag zu freuen.

Der Anfang ist zwar nicht, wie Aristoteles meinte, die Hälfte vom Ganzen, aber ein eindrucksbildender Teil jedes Vortrags. Er ist die Eintrittskarte zur Gunst der Zuhörer*innen.

Deshalb: Vermeiden Sie Hektik. Es gibt keinen Grund zur Eile. Verschenken Sie nicht die Möglichkeit, mit den Zuhörerinnen Kontakt aufzunehmen. Stimmen Sie die Zuhörer auf Ihren Vortrag ein. Legen Sie sich Ihr Manuskript zurecht. Nehmen Sie Blickkontakt auf. Warten Sie, bis Ruhe eingetreten ist. Unterhalten sich noch einige Zuhörer*innen: Schauen Sie stumm und freundlich ins Publikum. Es wird Ruhe einkehren. – Beginnen Sie langsam, laut und deutlich.

Im vorangegangenen Kapitel habe ich Hinweise für einen guten Einstieg gegeben. Ich ergänze sie um eine Warnung vor Fehleinstiegen. Einige dieser „Fehltritte" sind vorbereitet: Kopien schlechter Beispiele. Die meisten passieren aus Verlegenheit. Halten Sie sich deshalb an folgenden Dreischritt: Die ersten und die letzten Sätze intensiv vorbereiten. Diese Sätze Wort für Wort aufschreiben. Genau das *frei* vortragen, was notiert wurde. So stellen Sie sicher, nicht mit einem der folgenden Handicaps an den Vortragsstart zu gehen:

*Folie statt Redner*in*
Zunächst geht es um Sie: *Sie* begrüßen, *Sie* leiten ein. *Sie* ziehen die Aufmerksamkeit auf sich und stimmen das Publikum ein – statt den Eindruck zu vermitteln, Sie wollten die Zuhörer*innen auf einen *Highway to* PowerPoint-*Hell* schicken: Zeigen Sie keine Begrüßungs- oder Titelfolie, zeigen Sie nichts. Nur *Sie* sollen zu sehen und zu hören sein (mehr dazu im nächsten Kapitel). Als Regel formuliert: Die erste Folie darf frühestens nach drei Minuten zu sehen sein.

Entschuldigungen, Geständnisse
- „Meine Vorbereitungszeit war so kurz, dass ich nur ..."
- „Ich kann Ihnen leider einige Ausführungen über ... nicht ersparen."
- „Mir war es bedauerlicherweise nicht möglich, ..."

Machen Sie sich und Ihren Vortrag nicht vorab schlecht. Das schafft kein Wohlwollen, sondern führt zu einer negativen Erwartungshaltung.

Auch das Versprechen, sich kurzzufassen, hat nicht den gewünschten Effekt, sich bei den Zuhörenden beliebt zu machen. „Wie würden Sie auf einen Komponisten reagieren", fragt Tilmann Spengler, der zu Beginn seines Konzerts sagt: „Nur ein paar Töne, meine Damen und Herren, ich werde mich ganz kurz fassen"? Und was würden Sie von dem Liebhaber halten, „der zum Auftakt eines Treffens, wir blicken auf ein aufgeschlagenes, frisch bezogenes Bett, Kerzen ..., sagt: ‚Keine Angst, ich werde mich ganz kurz fassen'"? (2009, 33f.)

Die Zuhörer*innen wollen wissen, ob das, was geboten wird, interessant zu werden verspricht, einen Unterhaltungs- oder Nutzwert hat. Machen Sie den unbedingt deutlich (siehe auch S. 26).

Drohungen
- „Mein Thema ist zwar außerordentlich kompliziert, dennoch ..."
- „Ich kann Ihnen einige Details nicht ersparen, weil ..."

„Das hat der Zuhörer gern: daß er deine Rede wie ein schweres Schulpensum aufbekommt; daß du mit dem drohst, was du sagen wirst" (Tucholsky Bd. 8, 290).

Einfallslosigkeit
- „Mein Vortrag behandelt die hexagonalen Bauten des Architekten ..."
- „Thema meines Vortrags sind die inhaltlichen und stilistischen Kriterien der Glaubhaftigkeitsdiagnostik."
- „Mein Thema lautet Personal- und Organisationsaspekte im Geschäftsprozessmanagement. Im Vordergrund steht dabei die Modularisierung von Organisationsstrukturen, wobei Modularisierung ..."

Lesen Sie bitte einmal laut: „Mein Thema lautet ..."

Das klingt steif und dröge. Wer mit der Tür ins Haus fällt, verzichtet auf einen gelungenen Einstieg. Deshalb: Führen Sie zu Ihrem Thema mit einigen Sätzen hin, die Interesse wecken.

Definitionismus
„Mein Thema lautet Personal- und Organisationsaspekte im Geschäftsprozessmanagement. Im Vordergrund steht dabei die Modularisierung von Organisationsstrukturen, wobei Modularisierung mit Picot, Reichwald und Wigand verstanden wird als, ich zitiere, eine Restrukturierung der Unternehmensorganisation auf der Basis integrierter ..."

Warum sollte ich mich dafür interessieren, was dieser unter jenem versteht, solange ich nicht erfahren habe, warum und wofür eine Definition oder Begriffsbestimmung notwendig ist? Kurz: Beginnen Sie nie mit einer Definition (zur Ausnahme von der Regel siehe Seite 24).

2. Vortrag halten

Die geschichtlichen Hintergründe
Viele Phänomene lassen sich nur mit Blick auf ihre historische Entwicklung erklären. Meist jedoch bieten ausführliche historische Erläuterungen wenig Chancen auf einen gelungenen Vortrags*anfang*. Tucholsky:

> „Fang immer bei den alten Römern an und gib stets, wovon du auch sprichst, die geschichtlichen Hintergründe der Sache. Das ist nicht nur deutsch – das tun alle Brillenmenschen. Ich habe einmal in der Sorbonne einen chinesischen Studenten sprechen hören, der sprach ... gut französisch, aber er begann zu allgemeiner Freude so: ‚Lassen Sie mich Ihnen in aller Kürze die Entwicklungsgeschichte meiner chinesischen Heimat seit dem Jahre 2000 vor Christi Geburt ...' Er blickte ganz erstaunt auf, weil die Leute so lachten. So mußt du das auch machen. Du hast ganz recht: man versteht ja sonst nicht, wer kann denn das alles verstehen ohne die geschichtlichen Hintergründe ... sehr richtig!" (Bd. 8, 291)

Vulgär-Rhetorik
- „Wir alle sind an der Frage interessiert, ob die Globalisierung der Märkte dazu führen wird, ..."
- „Alle fordern heute eine Schule, die ..."

Von Verallgemeinerungen und Wir-Floskeln rate ich aus zwei Gründen ab: (1.) Sie wecken Assoziationen zu geschraubten Reden von Politiker*innen. (2.) Ein „Nein" aus dem Publikum kann Sie aus dem Konzept bringen. Und selbst eine stille Ablehnung bedeutet: Sie haben Widerspruch geweckt.

Witzigkeit
Humor und Ironie zählen zur Königsklasse der Rhetorik. Ich erlebe oft, was der Satz meint, „Humor ist, wenn man trotzdem lacht": Zuhörer lachen aus Höflichkeit, weil sie erkennen, das ist als humorvoller Einstieg gedacht. Deshalb: Wollen Sie eine humoristische Eröffnung wagen, machen Sie einen Test, fragen Sie Kolleginnen oder Freunde, ob die Pointe sitzt und der Witz keinen schalen Beigeschmack hat.

Schließlich: Verbreiten Sie nie schlechte Stimmung („Leider sind nur wenige gekommen"). Und denken Sie daran: Niemand erscheint *zahlreich*. „Ich freue mich, dass Sie sich so viele Menschen für die Geschichte der ersten Wiener Fotografinnen interessieren" (statt: „Ich freue mich, dass sie so zahlreich erschienen sind.")

Freundlich stimmen: Die Anrede
In Seminaren grüßen Sie *Hallo* oder *guten Morgen*. Wie begrüßen Sie die Teilnehmerinnen, wenn Sie einen Vortrag halten? Wie reden Sie Ihnen unbekannte Teilnehmer eines Kolloquiums an? Die Anrede ist, heißt es in Günter de Bruyns *Preisverleihung*, „dem Fluch der Freiheit ausgesetzt" (1982, 98).

Meine Empfehlung: Begrüßen Sie schlicht. *Guten Morgen, guten Tag* oder *guten Abend*. Das muss nicht immer der erste Satz sein (mehr dazu auf S. 69f.). Moderieren Sie eine Veranstaltung, Lesung oder eine Teamsitzung, stimmt ein zusätzliches *Herzlich willkommen* freundlich ein.

Die richtige, die verbindliche Anrede gibt es nicht, sondern nur Gepflogenheiten, Traditionen und regionale Unterschiede. Auf der sicheren Seite sind Sie, wenn Sie nach der Funktion der Anrede fragen: Was soll eine Anrede? Für eine gute Atmosphäre sorgen, die Zuhörer*innen freundlich stimmen. Das Gegenteil erreichen Sie mit Anrede-Ketten: „Sehr verehrte Frau Kultusministerin, meine Damen und Herren, liebe Kolleginnen und Kollegen und liebe Studentinnen und Studenten."

Das langweilt. Halten Sie die Anrede kurz. Sollte es unumgänglich sein, bestimmte Personen zu erwähnen, versuchen Sie, die Anrede in die Einleitung zu integrieren:

„Es ist ein gutes Zeichen, wenn die Politik in die Hochschule kommt, um zu hören, was Studierende und Lehrende meinen. Herzlich willkommen, Frau Ministerin Struck-Zimmermeyr.

In den vergangenen Jahren haben wir wiederholt vor ihrem Ministerium demonstriert, um auf unsere Forderungen aufmerksam zu machen. Ich freue mich, dass *Sie* zu uns gekommen sind.

Ich freue mich auch darüber, dass viele Lehrende gekommen sind. Ich werte das als Interesse an unseren Anliegen.

Und natürlich freue ich mich, dass so viele Studentinnen und Studenten gekommen sind. Hallo und guten Abend."

Am Rande:

Anrede: Wenn die Etikette zählt

Geht es auf einer Veranstaltung formell zu, sollten Sie folgende Gepflogenheiten beachten:
- *Akademische Grade* sind Bestandteil des Namens. Der wichtigste Titel genügt: „Sehr geehrte Frau Professorin Roth" (Professorin *Dr.* Roth ist überflüssig).
- *Adelstitel* sind ebenfalls Teil des Namens. Hat eine Gräfin einen akademischen Grad erworben: Dr. Gräfin von Wedel (bei niederem Adel: Frau Dr. von Wedel).
- Wer den *höchsten Rang* hat, wird zuerst genannt. Ausnahme: Gäste aus dem Ausland haben Vorrang.
- Bei *Ranggleichheit* bestimmt das Alter die Reihenfolge.
- Bei Reden zu *privaten Anlässen* wird nicht von der üblichen Anrede abgewichen: Duzfreunde werden geduzt. Bei offiziellen Veranstaltungen geht dem Du eine förmliche Anrede voraus: „Sehr geehrte Frau Ministerpräsidentin, liebe Marie-Luise."

2.2 Zusammenfassen und abrunden: Einen guten Eindruck hinterlassen

Alles hat ein Ende. So mancher Vortrag hat zwei: Nach der Ankündigung, „ich komme zum Schluss" – wird munter eine Viertelstunde weitergeredet.

> „Kündige den Schluß deiner Rede lange vorher an, damit die Hörer vor Freude nicht einen Schlaganfall bekommen ... Kündige den Schluß an, und dann beginne deine Rede von vorn und rede noch eine halbe Stunde. Dies kann man mehrere Male wiederholen."
> (Tucholsky Bd. 8, 292)

Der Schluss muss wirklich der Schluss sein und wirken – inhaltlich (siehe auch Seite 28) und atmosphärisch.

Inhaltlich
Halten Sie die Schlussformulierungen schriftlich fest. Verlassen Sie sich nicht darauf, dass Ihnen ein guter Schluss spontan einfällt. Oft kommt dann nicht mehr heraus als Entschuldigungen oder Hoffnungsfloskeln:
- „Ich danke Ihnen für Ihre Aufmerksamkeit."
- „Ja, das war eigentlich schon das Wichtigste. Vielen Dank für Ihre Aufmerksamkeit."
- „Ich hoffe, dass ich keine Frage offengelassen habe."
- „Ich habe leider vieles nur anreißen können."

Nehmen wir an, Sie schließen mit dem Hinweis des italienischen Philosophen und Politikers Antonio Gramsci, dass die Geschichte zwar ein Lehrer sei, aber keine Schüler*innen habe. Ergänzen Sie diesen Satz um eine Entschuldigung oder eine Floskel, verpufft seine Wirkung. Und damit die Wirkung Ihres Schlusses. Schieben Sie deshalb nichts nach. Lassen Sie den Schlusssatz wirken.

Atmosphärisch
Sie haben den Vortrag „über die Bühne gebracht". Sie sind erleichtert. Das ist kein Grund, hörbar zu seufzen, laut durchzuatmen oder fluchtartig das Redepult zu verlassen.

Vermitteln Sie nicht den Eindruck, Sie hätten etwas überstanden, von Ihnen sei eine Last gefallen. Signalisieren Sie: Es hat gelohnt, mir zuzuhören. Legen Sie nach dem letzten Satz eine Wirkungspause ein. Schauen Sie die Zuhörer*innen freundlich an. Lassen Sie Ihrem Publikum Zeit für Applaus.

2.3 Gut gehört und richtig gesehen werden: Sprache, Stimme, Körpersprache

Es gibt Abertausende Bücher über die Bedeutung nonverbaler Kommunikation. In vielen steht viel Unsinn. Nur ein Beispiel:

„Wir nehmen innerhalb von Sekundenbruchteilen die Körpersprache einer Person wahr, bevor diese überhaupt angefangen hat, zu sprechen. Das hängt mit unserem Stammhirn, dem sogenannten Reptilienhirn, zusammen. Wie unsere weit entfernten Vorfahren, die Urmenschen, scannen wir nach wie vor unbewusst und kontinuierlich die Umwelt nach Gefahren ab, nach potenziellen, besonders aufmerksamkeitsträchtigen Einflüssen um uns." (Held 2019)

Diese Auffassung wird popularisiert in folgenden Aussagen: „Der erste Eindruck zählt." „Für den ersten Eindruck bekommen Sie keine zweite Chance."

Seit über fünfzig Jahren hält sich die Mär, der Inhalt des gesprochenen Wortes mache nur sieben Prozent der Wirkung eines Vortrags aus.[20] Die restlichen 93 Prozent verteilten sich auf die Körpersprache (55 Prozent) und die Stimme (38 Prozent). – Abstruse Verallgemeinerungen einer Veröffentlichung von Mehrabian aus dem Jahr 1971, die das Drauflosplappern anstelle klarer Gedanken und Worte legitimieren.

Wenn Sie jemanden nach dem Weg fragen, interessiert Sie dann die Wegbeschreibung fast überhaupt nicht? Achten Sie vor allem auf die Körpersprache? Wenn Ihre Ärztin ihre Diagnose erläutert, hören Sie dann vor auf den Klang der Stimme und das Sprechtempo? Wohl kaum: *Es kommt auf den Inhalt an.*

Wer den Empfehlungen folgt, die aus solchen Zahlen abgeleitet werden, setzt auf Verpackung, auf Marketing statt Kommunikation. Ich meine: *Was* man sagt (und was nicht), ist wichtig. Wichtig ist, *dass* man etwas zu sagen hat.

Körpersprache: Interpretation und Training[21]

Körpersprache signalisiert keineswegs immer eindeutig das, was ein Mensch denkt oder fühlt. Wir können bluffen, uns verstellen. Zudem sind Gestik und Mimik, Lautstärke und Tonfall kultur- und geschlechtsspezifisch geprägt.

Seien Sie deshalb zurückhaltend bei der Interpretation von Gestik und Mimik. Im eigenen Interesse. Ein Beispiel: Sie halten einen Vortrag und gewinnen den Eindruck, die Frau in der ersten Reihe rechts würde unter Ihren Ausführungen leiden. Tatsächlich, so erfahren Sie später zufällig, quälten sie Kopfschmerzen. Trotzdem kam sie zu Ihrem Vortrag!

Körpersprache ist geschlechtsspezifisch geprägt. Es gibt (gelernte) weibliche und männliche Muster zu sitzen, zu stehen, zu gehen und zu sprechen.

Männer sitzen mit breiten oder ausgestreckten Beinen, beanspruchen Platz. Bei Frauen ist das eine selten anzutreffende Sitzhaltung. Männer sprechen meist lauter als Frauen. Frauen signalisieren in Gesprächen viel häufiger als Männer Zuwendung – durch Blickkontakt, ein Lächeln oder Kopfnicken.

---

20 Ein aktuelles Beispiel: Krieger (2022, 48).
21 Zur Körpersprache bei Online-Vorträgen und Videokonferenzen siehe Seite 93.

Frauen laufen noch immer Gefahr, in eine Bewertungsfalle zu geraten: Nickt eine Frau zum Beispiel freundlich, kann das als Zustimmung statt als Ausdruck von Aufmerksamkeit interpretiert werden. Spricht eine Frau in der Lautstärke eines Mannes, kann das als *unweiblich* oder *zickig* ausgelegt werden.

Schließlich: Sie haben sicher schon die Erfahrung gemacht, dass der erste Eindruck täuschen kann. Oder Sie haben erlebt, dass der *Halo-Effekt,* ein Merkmal einer Person überstrahlt alle anderen und bestimmt wesentlich den (ersten) Gesamteindruck, zu Fehleinschätzungen führt.

Gleichwohl: Man muss damit umgehen, dass gängige Interpretationen nonverbaler Kommunikation existieren. Nonverbales Verhalten beeinflusst den Eindruck, den man sich von der oder dem Vortragenden macht: Zuckt zum Beispiel jemand während eines Vortrags oft mit der Schulter, wird das gewöhnlich als Unsicherheit interpretiert. Und zupfen Sie während eines Vortrags häufig an Ihrer Bluse oder Ihrem Hemd, sind Sie am Ende des Vortrags ein wenig derangiert und die Zuhörenden vielleicht irritiert.

Mit ein wenig Training lassen sich diese und ähnliche Verhaltensmuster abstellen.

Blickkontakt, Gestik, Mimik, Lautstärke und mehr – 7 Empfehlungen
Komplizierter ist das Trainieren von Körpersprache. Der Grund: Es geht nicht in erster Linie um Können, sondern um *Trauen* und *Selbstvertrauen*: Wenn Sie sich gestatten, ihre Worte mit Gesten zu unterstreichen, die Lautstärke zu variieren, sich Raum zu nehmen, dann brauchen Sie kein Körpersprache-Training, dann stellen sich Gestik und die richtige Lautstärke meist von alleine ein. Dieses Trauen ist an zwei Voraussetzungen geknüpft: Sie nehmen ernst und wichtig, was Sie sagen. Und Sie Sie setzen nicht darauf, gut *anzukommen,* sondern konzentrieren sich darauf, *inhaltlich* etwas zu bieten. – 7 Empfehlungen:

Blickkontakt
Halten Sie Blickkontakt. Schauen Sie nicht an die Decke oder über die Köpfe der Zuhörenden hinweg: Sie riskieren, den Eindruck zu erwecken, Sie seien überheblich, weil Sie die Zuhörer keines Blicks würdigen, oder unsicher, weil Sie den Zuhörerinnen nicht in die Augen schauen können.

Es ist hilfreich, zu Beginn eines Vortrags Blickkontakt zu freundlichen Menschen zu suchen: Es gibt nie nur grimmige Zuhörer*innen, sondern immer die eine oder den anderen, die oder der Sie freundlich anschaut oder zustimmend nickt.[22]

---

22 Die Körpersprache signalisiert *nicht* immer eindeutig, was ein Mensch denkt oder fühlt – auch wenn das in der Alltagspsychologie hartnäckig behauptet wird. Wenn Sie Männer im Publikum anschauen, können Sie den Eindruck gewinnen, skeptische, reservierte oder gelangweilte Mienen oder Körperhaltungen zu sehen. Das ist bei vielen Männern eine Geschlechtsrollen-Haltung, die sich in dem Maße verfestigt, in dem Männer Karriere machen.

Schauen Sie die Zuhörer*innen einzeln an. Aber fixieren Sie niemanden, sonst fühlt sich die oder der Angeschaute unwohl.

Wenn Sie zitieren: Zitate müssen nicht frei vorgetragen werden. Kündigen Sie das Zitat mit Blickkontakt zum Publikum an. Tragen Sie das Zitat langsam vor. Und weisen Sie mit Blickkontakt auf das Ende des Zitats hin.

Wer bei Vorträgen eine Lesebrille trägt, sollte beachten: Der Blick mit gesenktem Kopf über die Brille auf der Nasenspitze hinweg wirkt nicht sympathieheischend.

Gestik
Viele bewegen bei ihren Vorträgen nicht mehr als ihren Mund und vergeben so die Chance, den Inhalt ihres Vortrags nonverbal zu verstärken.

Unterstreichen Sie das, was Sie sagen, *sparsam* mit den Händen. Studieren Sie jedoch keine Gesten ein. „Suche keine Effekte zu erzielen, die nicht in deinem Wesen liegen." (Tucholsky Bd. 8, 292) Das geht in der Regel schief. Das Publikum spürt, wenn Gestik nicht echt ist. Wenn *Sie* für wichtig halten, was Sie vortragen, wenn *Sie* von dem überzeugt sind, was Sie sagen – dann stellt sich die richtige Gestik meist von selbst ein.

Wohin mit Armen und Händen? Auf den Tisch, wenn Sie sitzen. Wenn Sie stehen: Winkeln Sie einen Arm an, und lassen Sie den anderen locker herunterhängen. Sie werden die Erfahrung machen: Nach einiger Zeit beginnen Sie automatisch, Ihre Rede mit Gesten zu unterstreichen. Wenn Sie in der Hand des angewinkelten Arms eine Redevorlage halten, wird der andere Arm diese Funktion übernehmen.

Stehen Sie hinter einem Pult, kann es schwieriger werden. Oft sind Redepulte so hoch, dass gerade noch der Oberkörper zu sehen ist. Verzichten Sie auf Gestik, wenn Sie dafür die Arme sehr weit nach oben nehmen

> **Am Rande:**
>
> **Körpersprache: Kulturelle Unterschiede beachten**
> Auf internationalen Kongressen und Tagungen sollten Sie kulturelle Unterschiede in der Körpersprache beachten: In der westlichen Ländern wird zum Beispiel direkter Blickkontakt positiv bewertet, in asiatischen Ländern dagegen als unhöflich empfunden. In der Türkei hält man den Blick eher gesenkt, um dem Gegenüber Respekt zu zollen.
>
> Südeuropäer beanspruchen einen kleineren persönlichen Raum als Nordeuropäer und Nordamerikanerinnen: Man kommt sich in Italien bei Gesprächen *räumlich* näher als in Schweden. Und die Spanierin und der Spanier gestikulieren erheblich lebhafter als der Finne oder die Dänin.

Lassen Sie sich davon nicht irritieren: Der skeptische Gesichtsausdruck oder die gelangweilte Haltung bedeutet bei Männern nicht notwendig, Skepsis oder Langweile, sondern ist einfach nur eine Männer-Haltung.

müssten. Ist das Pult nicht zu hoch, empfehle ich die gleiche Armhaltung wie beim freien Stehen. In jedem Falle sollten Sie nicht zu nahe am Pult stehen.

Schließlich sollten Sie vermeiden, Haarsträhnen zu drehen, sich durch die Haare oder über das Gesicht zu fahren, den Kopf in die Hand zu stützen.

Körperhaltung
Wenn Sie sitzen: Rutschen Sie mit dem Hintern bis an die Rückenlehne und lehnen Sie sich an. Stellen Sie beide Füße auf den Boden. Wenn Sie klein sind, rutschen Sie so weit nach vorn, dass Sie Ihre Füße fest auf den Boden stellen können. Rücken Sie den Stuhl so nahe an den Tisch ran, dass Sie die Unterarme auf den Tisch legen und Ihre Ausführungen problemlos mit Gesten unterstreichen können. Bleiben die Hände unter dem Tisch, sinken Ihre Schultern nach vorne. Die Folge: Sie machen sich kleiner und sitzen nicht mehr gerade.

Stehen: Machen Sie nicht Schillers *Glocke* („Festgemauert in der Erde") und nicht den Tiger, der ständig am Gitter hin und her streift. Das schafft Unruhe. John Wayne (breitbeinig, das Becken noch vorne gekippt) ist ein Männerideal des letzten Jahrhunderts. Die Haltung, die Frauen-Statuen des vorletzten Jahrtausends auszeichnet (die Arme dicht beim Körper, die Hüfte verdreht, ein Fuß schräg hinter dem anderen) ist unbequem und wirkt wenig selbstbewusst.

Die Alternative: Stehen Sie mit beiden Beinen fest auf dem Boden, das Körpergewicht gleichmäßig verteilt. Nehmen Sie die Schultern nach hinten, ziehen Sie die Schultern nicht hoch, halten Sie den Rücken gerade und den Kopf erhoben.

Seien Sie zu Beginn eines Vortrags standfest: Bewegen Sie sich in den ersten zwei Minuten nicht, um den Eindruck von Unruhe zu vermeiden. Bewegen Sie sich – moderat – erst dann, wenn sich Ihr Publikum auf Sie eingestellt hat.

Stehen Sie hinter einem Redepult, halten Sie sich nicht daran fest. Beugen Sie sich nicht über das Pult und schlagen Sie nicht das Pult. Schläge sind keine angemessene Form, um eine These zu unterstreichen.

Seit einiger Zeit verzichten zahlreiche (jüngere) Politikerinnen und Spitzenmanager auf ein Redepult. Das gilt als „offen", als weniger „distanziert". Verzichten Sie auf ein Pult, wenn Sie solche Signale senden möchten.

Sie schmälern die Bedeutung Ihres Vortrags, zucken Sie mit den Schultern oder halten Sie den Kopf schräg. Das kann interpretiert werden als: Ich habe es nicht wirklich ernst gemeint; ich weiß es selbst nicht genau; ich bin auf Zustimmung angewiesen; ich bin unsicher.

Mimik
Sind Sie während einer Rede mit sich und der Situation zufrieden: Lächeln Sie. Erzählen Sie einen Witz: Lachen Sie (aber nicht schon vor der Pointe). Berichten Sie über ein lustiges Thema: Bringen Sie Heiterkeit zum Ausdruck. Aber nur dann! Lächeln Sie nicht, wenn Ihnen nicht danach zumute ist. Es kommt nur ein Verle-

genheitslächeln dabei heraus. Sie schmälern damit die Wirkung Ihrer Aussage (*ist wohl nicht so ernst gemeint*).

Lautstärke
In der Wissenschaft gibt es keine billigen Plätze. Auch die Zuhörer*innen in der letzten Reihe haben Anspruch, Sie gut hören zu können. Deshalb muss die Lautstärke der Raumgröße angemessen sein.

An unserer Stimm*lage* lässt sich nur wenig ändern. An unserer *Lautstärke* können wir arbeiten: Wir können üben, lauter zu reden. Zu leises Sprechen ist ebenso unangemessen wie zu lautes. „Mit einer sehr lauten Stimme im Hals" ist man „außerstande, feine Sachen zu denken" (Nietzsche). Zudem verbaut man die Möglichkeit einer Steigerung zur Betonung wichtiger Passagen. In jedem Falle ist es besser deutlich als laut zu sprechen.

Der Wechsel von einer angemessenen Lautstärke zum leiseren Sprechen kann eindringlich wirken und die Aufmerksamkeit des Publikums erhöhen. Lauter werden ist kein Mittel gegen Unruhe im Raum; eine kurze Pause ist meist wirksamer.[23]

Wenn Sie nicht am Burgtheater auftreten wollen, müssen Sie nicht das Ideal des Hochdeutschen anstreben. Meist wirkt eine Dialektfärbung sympathisch. Sie stört nur dann, wenn die Verständlichkeit beeinträchtigt wird. Allerdings spielen noch andere Bewertungskriterien eine Rolle: Hochdeutsch wird vielfach mit Bildung verbunden. Deshalb die Empfehlung: Sprechen Sie die Sprache Ihrer Zuhörerinnen und Zuhörer.

Sprechtempo
Angenehm für die Zuhörenden ist ein Wechsel im Sprechtempo. Ein gleichmäßig schnelles Tempo nervt die Hörerinnen und Hörer, ein kontinuierlich ruhiges Tempo ermüdet sie. Tragen Sie die entscheidenden Passagen mit Nachdruck vor: mit Betonung und Pausen. Legen Sie bei Beispielen und leicht verständlichen Sachverhalten im Tempo etwas zu.

Pausen
Selten wird zu langsam gesprochen. Häufig ist das Sprechtempo zu hoch. Das strengt die Zuhörerinnen an. Die Redner auch: Meist stellt sich nach einiger Zeit Atemnot ein.

Deshalb nicht *ohne Punkt und Komma* reden, Pausen machen. Pausen sind
- ein rhetorisches Mittel: Lassen Sie eine wichtige Aussage oder Frage wirken, indem Sie eine kurze Pause anschließen;

---

[23] Gehen Sie pfleglich mit Ihren Stimmbändern um. Vor allem dann, wenn Sie längere Zeit in Räumen mit sehr trockener Luft reden, sollten Sie ein Glas Wasser zur Hand haben, um Ihren Stimmbändern Gutes zu tun.

- ein Gliederungsmittel: Signalisieren Sie nach jedem Hauptgedanken durch eine Pause, dass eine neue Überlegung folgt;
- eine Wohltat für Sie und die Zuhörer*innen, denn sie geben Gelegenheit, Luft zu holen und nachzudenken;
- wichtig, um sich zu sammeln und bei Aufregung ruhiger zu werden.

Ein Vortrag ohne Pausen ist wie eine Suppe ohne Salz. Ein wenig poetischer formuliert: „Keine Rede ohne einen guten Anteil Stille." (Nadolny 1990, 336)

2.4 Ein Versprecher ist keine Katastrophe: Kleine Pannen souverän meistern

Zwischen dem Anfang und dem Ende eines Vortrags kann die eine oder andere kleine Panne passieren: Ihnen fällt das passende Wort nicht ein. Oder Sie versprechen sich.

Das ist für Perfektionist*innen ein Problem. Wer frei von diesem Laster ist, erlebt solche kleinen Pannen als Unannehmlichkeiten. Und die können uns täglich passieren. Deshalb: Erlauben Sie sich die kleinen Pannen, um die es im Folgenden geht. Die Frage lautet: *Und was tun, wenn Sie ...*

... mit einem Satz nicht zurechtkommen?
Niemand spricht fehlerfrei. Es ist kein Drama, einen Satz mit kleinen Verstößen gegen die Grammatik zu beenden. Sprechen Sie weiter, sofern problemlos zu verstehen ist, was Sie meinen. Sie können auch (ohne Entschuldigung) das entsprechende Wort verbessern.

Kommen Sie mit Ihrem Satz nicht mehr klar, brechen Sie ihn ab und fangen neu an. Sie können schlicht sagen: „Ich beginne den Satz noch 'mal neu." Oder Sie bluffen ein bisschen:
- „Ich möchte es besser formulieren."
- „Präziser ausgedrückt ..."
- „Genauer gesagt ..."

Der Bluff wird durchschaut, wenn Sie solche Formulierungen häufig verwenden. Beugen Sie vor: Formulieren Sie kurze Sätze.

... sich versprechen?
Gehen Sie über kleine Versprecher hinweg, die den Sinn der Aussage nicht entstellen. Niemand ist perfekt.

Wird der Sinn entstellt, korrigieren Sie sich ohne Entschuldigung: „Ich meine natürlich nicht Emissionswandel, sondern Emissionshandel."

Mit der Größe des Wortschatzes nimmt die Wahrscheinlichkeit zu, sich zu versprechen. Betrachten Sie deshalb einen klassischen Versprecher – *im Fischen trüben* oder: *Reden ist Schweigen, Silber ist Gold* – als Kompliment. Passiert Ihnen das *endliche Amtsergebnis*, merkt es niemand. Oder Sie sorgen mit der *gludernden Lot* (statt *lodernden Glut*) für einen Moment der Heiterkeit. Das ist erfreulich und kein Anlass, sich hektisch zu korrigieren.

... nicht das treffende Wort finden?
Das kommt vor. Setzen Sie mit einer Umschreibung oder einem anderen treffenden Wort Ihre Rede fort. Gelingt das nicht, sagen Sie: „Mir fehlt das treffende Wort." Sie werden Hilfe von den Zuhörenden bekommen – und haben aus der „Not" eine Dialogsituation gemacht.

Sie können es auch „eleganter" sagen: „Wie kann es ich treffend formulieren?" – und sich so eine Denkpause verschaffen.

... rot werden?
Akzeptieren Sie es. Wenn Sie das Rotwerden nicht so wichtig zu nehmen, verringert sich das Problem mit der Zeit deutlich. Zudem täuscht der eigene Eindruck meist: Man meint, der Kopf würde glühen, während die Zuhörer*innen allenfalls ein leichtes Erröten wahrnehmen.

... den roten Faden verlieren?
Das ist keine Katastrophe. Ist der Faden gerissen, entsteht eine kleine Pause. Können Sie Ihren Gedankengang tatsächlich nicht fortsetzen, sagen Sie es: „Ich habe den roten Faden verloren. Ich formuliere meine Überlegung noch einmal neu."

... etwas vergessen haben
Die Zuhörer*innen wissen nicht, was Sie alles sagen wollten. Ihnen fällt daher auch nicht auf, dass Sie etwas weggelassen haben. Wenn Sie ein zentrales Argument, eine wichtige Passage übersprungen haben, tragen Sie diesen Punkt bei passender Gelegenheit – allerdings nicht in der Zusammenfassung – nach:
- „Ein wichtiger Gesichtspunkt fehlt noch ..."
- „In diesem Zusammenhang ist zu ergänzen ..."
- „Dabei ist allerdings zu berücksichtigen, und das habe ich bisher noch nicht getan, dass ..."

Und wenn ...?
Es sind noch mehr Pannen denkbar. Oder Zumutungen: Während Ihres Vortrags klingelt ein Handy.

Konzentrieren Sie sich nicht auf das, was schiefgehen könnte, sondern darauf, *was* Sie sagen möchten und *wie* Sie es sagen wollen.

Sie müssen nicht perfekt sein. Gestatten Sie sich kleine Pannen. Niemand erwartet, dass Sie Ihren Vortrag ohne Versprecher bestreiten, dass Ihnen kein Satz verunglücken darf.

Und wenn ein Handy klingt? Sagen Sie: „Ich warte gerne." Ihre Zuhörer*innen werden schmunzeln und viele stellen umgehend ihr Smartphone auf lautlos.

Exkurs: gendern
Wie halten Sie es mit der Möglichkeit, die so manchen auf die Barrikaden treibt und der CDU in Thüringen so verhasst ist, dass sie mit der AfD gemeinsame Sache macht (Nimz 2022)[24]: Gendern?

Wenige Themen taugen in Deutschland so verlässlich zum Aufreger wie das Ansinnen auf eine geschlechtergerechte Sprache.

Gendern meint, so der *Duden*, „bestimmte sprachliche Mittel verwenden, um Menschen aller Geschlechtsidentitäten sprachlich sichtbar zu machen."

Meine Auffassung macht der rege Gebrauch des Gendersterns deutlich: Sprache konstruiert Wirklichkeit. Die Worte, die wir wählen, machen Menschen sichtbar oder unsichtbar. Das ist für die Wahrnehmung der Geschlechter nicht folgenlos. Deshalb halte ich geschlechtergerechte Sprache für wissenschaftsangemessen.

Sie müssen nicht gendern, sollten jedoch die Wirkung von Sprache bedenken. Gerade selbstbewusste Wissenschaftlerinnen und Studentinnen wollen nicht mitgemeint, sondern angesprochen bzw. genannt werden.

Das macht keine große Mühe: Professorinnen und Professoren ist leichter auszusprechen als Verkehrsinfrastrukturfinanzierungsgesellschaft. Die Genderpause zwischen Doktorand * in (auch gesprochenes Gendersternchen genannt) erfordert keine sprachliche Akrobatik.[25]

Häufig genügt es, auf *der* zu verzichten. Wie in Mozarts Arie *In diesen heil'gen Hallen*: „Wen solche Lehren nicht erfreu'n, verdienet nicht …" Ein zeitgenössisches Beispiel: Wer gegen Rassismus ist, wählt nicht AfD.

Schließlich hilft ein wenig Fantasie immer: *Alle*, die diesen Forschungsansatz kritisieren … (statt: Alle Kritiker); die Projekt*leitung* (statt: der Projekt*leiter*), *Reisende* wollen es bequem haben *(statt: Der Reisende will …)*.[26]

---

24 CDU und AfD sind mit dieser Ablehnung nicht allein: Papst Franziskus sieht in der „Gender-Ideologie" einen „Weltkrieg gegen die Ehe", der Verein Deutsche Sprache im „Gender-Unfug" einen „zerstörerischen Eingriff in die deutsche Sprache".
25 Gleichwohl tut sich der Kanzler schwer. Er „vernuschelt … die Sätze, und alle Silben werden eins, auch die Geschlechter: ‚Liebe Bürger und Bürger … Ingenieure und Ingenieure'". (Brinkbäumer 2022)
26 Mehr zum Thema: Müller-Spitzer (2022), Lind, Nübling (2022), (Franck 2022a) und auf den Seiten des European Institute for Gender Equality: https://eige.europa.eu/publications/gender-sensitive-communication

2.5 Über Ausstrahlung und dem Umgang mit Lampenfieber

In diesem Abschnitt geht es um zwei Begleiterscheinungen von Vorträgen und Präsentationen. Eine lästige und eine erwünschte: Lampenfieber und Ausstrahlung.

Was Sie gegen Lampenfieber tun können
Wer sich mit Lampenfieber herumschlägt, ist in guter Gesellschaft: Meryl Streep und Barbra Streisand sind vor Auftritten nervös; Lampenfieber erschwerte Chopin und John Lennon das Leben. Lampenfieber plagt viele Künstlerinnen und Künstler.

„Das menschliche Gehirn", so Mark Twain, „funktioniert vom Augenblick der Geburt bis zu dem Zeitpunkt, wo Du aufstehst, um eine Rede zu halten." Nervosität vor einem Auftritt ist keine Seltenheit. Lampenfieber haben selbst Vortragsprofis.

Lampenfieber ist ein körperliches Signal: Achtung, wichtig! Anstrengung lohnt! Von einem Vortrag oder einer Präsentation kann viel abhängen. Insofern ist Lampenfieber funktional. Aber unangenehm. Was lässt sich dagegen unternehmen?

Im Angebot ist viel Nonsens. Zum Beispiel: Schneiden Sie Grimassen, atmen Sie tief ein und aus, lächeln Sie, essen Sie einen Apfel, er enthält den angstlösenden Wirkstoff Pektin. Es dürfen auch 2 Esslöffel Buerlecithin sein, gemischt mit 2 Esslöffel Sanddornsaft und 25 Tropfen Zitronenöl.

Ich empfehle,
- sich Lampenfieber zu gestatten, wenn man ins *Rampenlicht* tritt (das im Theater früher *die Lampen* hieß. Man brachte Schillers *Wallenstein* vor *die Lampen*);
- eine nüchterne Bewertung der *Anforderungen* an einen Vortrag;
- eine rationale Bewertung bisheriger *Erfahrungen* mit Vorträgen und Präsentationen;
- Stress-Symptome zuzulassen.

Sich Lampenfieber gestatten
Fehlen Erfahrung und Routine mit Vorträgen und Präsentationen in großer Runde, mit Reden vor dem Mikrofon, sind Aufregung, Anspannung, Nervosität normale Stressreaktionen. Das ist nicht angenehm. Doch man kann durch Übung und aus Erfahrung lernen.

Wer zum ersten Mal auf Skiern steht oder nach einigen Übungsstunden im Fels hängt, ist aufgeregt, nervös, angespannt oder unsicher. Wer Skifahren oder Klettern lernen will, nimmt – mit der *Zuversicht*, die Anforderungen zu meistern – Aufregung, Nervosität, Anspannung oder Unsicherheit auf sich und die *Freude* vorweg, Skifahren oder Klettern zu können.

Mit Vorträgen und Präsentationen ist es nicht anders. Es muss geübt werden, die Ergebnisse wissenschaftlichen Arbeitens in eine für Zuhörer*innen verständliche und interessante Form zu bringen. Diese Fähigkeit ist kein Nebenprodukt der Aneignung von Fachkompetenz.

Je öfter Sie sich der Situation aussetzen, die Ihnen Unbehagen bereitet, desto eher lernen Sie mit ihr umzugehen – Übung macht den Meister und die Meisterin. Doch muss es gleich der *Meister* oder die *Meisterin* sein? Nein.

Die Anforderungen realistisch bewerten
Manche Sozialwissenschaftlerinnen und Geisteswissenschaftler kokettieren damit, von Mathematik überhaupt keine *Ahnung* zu haben. Je weiter die eigene Disziplin von der Mathematik entfernt ist, desto größer ist die Wahrscheinlichkeit, dass sie bekennen, von Mathematik überhaupt keine Ahnung zu haben.

Mir ist es nicht peinlich, dass ich nicht gut kochen kann. Eine ganze Reihe meiner Bekannten würde gerne Klavier oder Saxofon spielen. Es schmälert nicht ihr Selbstwertgefühl, dass sie es nicht können.[27]

Kurz: Mathematische, kulinarische oder musikalische Kompetenzen sind in diesen Beispielen nicht wichtig für das eigene Selbstwertgefühl.

Das ist beim Reden vor (großem) Publikum für viele anders. Das Selbstwertgefühl wird an Perfektion geknüpft: *Ich darf nicht rot werden. Ich muss sicher wirken. Mir darf kein Satz verunglücken. Ich muss meinen Vortrag ohne Versprecher bestreiten.*

> **Am Rande:**
>
> **Feedback holen**
> Wir lernen durch Feedback. Holen Sie sich, wenn Sie dazu die Möglichkeit haben, Feedback von Kolleginnen und Freunden.
>
> Sagen Sie ihnen, warum Sie ein Feedback wollen: „In den Seminaren bekomme ich von den Studierenden kein Feedback." Oder: „Auf Kongressen erhalte ich immer nur eine Rückmeldung zum Inhalt des Vortrags." Und teilen Sie mit, ob Sie etwas besonders interessiert: „Spreche ich zu schnell?" Oder: „Müsste ich mehr Beispiele bringen?"
>
> Feedbacks müssen, sollen Sie Ihnen nutzen, drei Anforderungen erfüllen (mehr dazu bei Winkler 2010 und Franck 2021):
> 1. Wer Feedback gibt, beschreibt konkret das Verhalten, das er oder sie beobachtet hat: „Du hast kontinuierlich an Deinem Jackett gezupft."
> 2. Zu diesen Beobachtungen wird persönlich Stellung genommen, eine Ich-Aussage getroffen:
>   - „Das machte auf mich den Eindruck von Nervosität."
>   - „Ich hatte den Eindruck, Du fühlst Dich nicht wohl."
> 3. Es wird informiert, welche Reaktion das beobachtete Verhalten auslöst:
>   - „Mich stört das nicht, weil ich Dir gut folgen konnte."
>   - „Deshalb habe ich mich auch nicht wohlgefühlt."

---

27 Im Silicon Valley kokettieren viele damit, dass sie ihr Studium abgebrochen haben (Daub 2022).

> Sie können auch die Themen der ersten drei Kapitel nutzen, um einen Beobachtungsbogen zu entwickeln:
> - Wurde das Ziel des Vortrags deutlich?
> - War der Anfang interessant?
> - ...
> - Habe ich deutlich genug gesprochen?
> - Habe ich Blickkontakt gehalten?
> - ...
> - Waren die Folien hilfreich?
> - Waren die Folien professionell gestaltet?
> - ...

Das sind hausgemachte Vorschriften. Und je höher man die Erwartungen an sich selbst schraubt, desto schwerer macht man sich Vorträge und Präsentationen.

Was wird erwartet?
- Eine verständliche Präsentation – kein rhetorisches *Feuerwerk*,
- ein strukturierter Vortrag – kein perfekter *Auftritt*,
- Sachkenntnis – keine Perfektion,
- originelle Gedanken – keine Show,
- eine klare Meinung – kein Glanzstart.

Sie müssen die Zuhörerinnen und Zuhörer nicht, wie in vielen Rhetorik-Ratgebern gefordert wird, in Ihren *Bann ziehen*, sondern verständlich und anschaulich informieren (statt zu langweilen).

Folgen Sie dem Motto, *ich bin nur dann gut, wenn das Publikum mich gut findet*, erhalten andere enorme Macht über Ihr Selbstwertgefühl: Richten Sie Ihre gesamte Energie darauf, einen guten Eindruck zu machen, geht Energie für die Aufbereitung Ihres Themas verloren, Begeisterung für das Thema kommt nicht auf (siehe auch S. 67). Um es mit einem chinesischen Philosophen zu sagen: „Sorge dich um den Beifall der Leute, und du wirst ihr Gefangener sein" (Laotse).

Worin besteht die Alternative zur Konzentration aufs Gut-Dastehen? In vier Punkten:
1. Konzentrieren Sie sich *auf die Aufgabe*, einen Sachverhalt oder ein Anliegen für die Zuhörerinnen interessant aufzubereiten. Fragen Sie: *Wie erreiche ich meine Zuhörer?* Statt: Wie mache ich einen guten Eindruck?
2. *Bereiten Sie sich gut vor.* Das hilft enorm.
3. Der *positive Blick:* Steckt in dem, was *Fieber* auslöst, auch Erfreuliches? Spricht man zum Beispiel über etwas Interessantes, hat man zum ersten Mal die Möglichkeit, vor einem großen oder wichtigen Publikum zu sprechen? Wurde man freundlich und mit wohlwollendem Applaus begrüßt? Blickt man in erwartungsfrohe Gesichter?
4. Die Einsicht, dass Zuhörerinnen (oder Prüfer) keine Raubtiere sind, die Sie zerfleischen, unblutiger: kritisieren wollen. Es hilft, vom *Freundbild* Publikum (oder Prüfungsgremium) auszugehen.

Erfolgszuversichtlich sein
Wenn ich einen Vortrag halte, geht das schief. Wenn es schiefgeht, kann ich mit den Konsequenzen nicht umgehen. Mit solchen und ähnlichen Gedanken machen sich viele Doktorand*innen und Postdocs das Leben schwer.

Eine rationale Betrachtung der Anforderungen, die mit einer Präsentation oder einem Vortrag verbunden sind, und ein selbstbewusster Blick auf die bisherigen Erfahrungen mit Herausforderungen werden zu folgendem Ergebnis führen: Ich war schon häufiger aufgeregt, habe aber noch keine Katastrophe erlebt. Bereite ich mich sorgfältig vor, geht mein Auftritt *nicht* schief. Und die Welt geht *nicht* unter, wenn mir zwei oder drei Sätze verunglücken oder ich an einer Stelle hängen bleibe. Mit diesen kleinen Pannen kann ich umgehen.

Gelingt diese selbstbewusste Betrachtung von Anforderungen und Erfahrungen, ist ein großer Schritt auf dem Weg zum selbstsicheren Auftreten gemacht.

Stress-Symptome zulassen
Stellen sich vor einem Vortrag Stress-Symptome ein, sollten Sie *in der Situation* nicht von verlangen, sich wohlzufühlen. Dieser Zustand lässt sich nicht herbeizaubern. Er ist Ergebnis von Übung und Erfahrung.

Hilfreich ist es hingegen, Ihre Energie auf Ihre Präsentation zu konzentrieren. Und sich bewusst zu machen, dass Ihr Publikum von Ihren Stress-Symptomen gar nichts mitbekommt, weil sie sich in ihrem Inneren abspielen. Und selbst wenn die Zuhörer etwas bemerken: Viele kennen diese Aufregung aus eigener Erfahrung und sind daher nachsichtig.

Rhetorische Glanzleistungen sind rar. Die meisten Zuhörerinnen sind deshalb zufrieden, wenn eine Rede verständlich ist und zum Nachdenken anregt. Wird dann noch gekonnt visualisiert, statt mit *PowerPoint* traktiert, ist das mehr, als gewöhnlich geboten wird.

Sie müssen auch nicht über die warme (und für Männer: tiefe) Idealstimme verfügen. Es genügt, verständlich zu sprechen, nicht zu schnell und nicht zu leise, die Sprechgeschwindigkeit und die Lautstärke zu variieren (siehe Seite 58).

Ausstrahlung: Kompetenz, Begeisterung und Freude
Ausstrahlung statt Lampenfieber wünschen sich (fast) alle (heimlich), die öffentlich auftreten. Um Ausstrahlung geht es im Folgenden. Nicht um den *Glanz* von Stars und Sternchen und nicht um die Anziehungskraft, die von Macht ausgeht, sondern um die Ausstrahlung von Menschen ohne Promibonus – bei einem Vortrag, einer Präsentation oder in einer Diskussionsrunde. Drei Faktoren machen in solchen Situationen *Ausstrahlung* aus:

1. Kompetenz
Die Präsentationen und Vorträge, die ich Workshops sehe und höre, sind oft langatmig und umständlich. Sehr unterschiedliche Teilnehmer*innen machen den gleichen Grund-Fehler: Sie verstecken sich. Sie schmücken ihre Vorträge mit akademischem Zierrat: Auf Zitate bekannter Autoritäten folgen – bevor es zur Sache geht – wenig originelle Ausführungen zum „theoretischen Bezugsrahmen". Der Doktorand der Geschichte verwendet den Konjunktiv, der seinem Vortrag jedes

Leben entzieht und zu sprachlichen Kapriolen führt – etwa wenn „ein partieller Zugang *unter Umständen* durch ein indirektes Vorgehen *denkbar wäre.*" Die Soziologie-Professorin schwankt, ob sie in einer aktuellen Debatte Flagge zeigen oder nur demonstrieren soll, dass sie die einschlägige Literatur kennt. Das Ergebnis ist eine Mischung aus schwergängig formulierten Selbstverständlichkeiten und schwammigen Festlegungen, die signalisieren: Ich drücke mich nicht präziser aus, um bei Bedarf meine Aussagen relativieren und damit Kritik umgehen zu können.

In einem Meer von Zitaten, Absicherungen und Relativierungen geht die *eigene* Leistung, der *eigene* Beitrag, die *eigene* Fragestellung, das *eigene* Ergebnis unter. Eine Standard-Frage an die Teilnehmer*innen meiner Seminare lautet daher: „Und was haben *Sie* herausgefunden?" Die so Angesprochenen sind irritiert und antworten: „Aber ich habe doch deutlich gemacht, dass ...".

Meine Erwiderung: „Nein, das haben Sie nicht *deutlich* gemacht."

Viele folgen dem Motto, „Wer der Menge tief scheinen möchte, bemüht sich um Dunkelheit" (Nietzsche, S. 500) – statt die eigene Leistung deutlich zu machen und an die Zuhörer zu denken. Die Folge: Misserfolg. Der Grund: Die Zuhörerinnen lassen sich durch verständliche Vorträge beeindrucken, aber nicht durch Vorträge, die schwer zu verstehen sind. Deshalb: Drücken Sie sich nicht kompliziert aus, wenn Sie über ein kompliziertes Thema sprechen, sondern präzise und verständlich.

Achten Sie darauf, dass Ihre Leistungen deutlich werden. Das Personalpronomen *Ich* und eindeutige Verben sind dafür die angemessenen sprachlichen Mittel. Ein Beispiel:

Im dritten Teil wird der Einfluss der sozialen Herkunft auf die Selbstsicherheit außerhalb zugewiesener Rollen untersucht.	Im dritten Teil *zeige ich,* dass und wie sich die soziale Herkunft auf die Selbstsicherheit außerhalb zugewiesener Rollen auswirkt.

Ich empfehle nicht, dick aufzutragen, ein *Ich* an das andere zu reihen. Eigenlob stinkt bekanntlich. Und mir ist die Attitüde zuwider, ich kenne keine Zweifel, sondern nur Siege. Ich rate vielmehr, die eigene Meinung, Bewertung oder Leistung nicht zu verstecken: Wenn Sie

- über *Ihre* Überlegungen sprechen: *Meine* Überlegungen,
- das Ziel *Ihres* Vorhabens nennen: *Ich* verfolge das Ziel,
- ...: *Ich* habe gezeigt, belegt, demonstriert, deutlich gemacht ...

Ein Vortrag ist kein Kriminalroman. Die Zuhörer*innen wollen zu jedem Zeitpunkt wissen, *who dun it?*

Wenn Sie einen Vortrag halten, dann sind *Sie* die Fachfrau oder der Fachmann. Autorität in dieser Frage oder auf jenem Gebiet. Das sollten Sie deutlich machen, indem Sie *klar und bestimmt sprechen* und Ihre *Schwerpunkte nicht unter Wert setzen:*

Ein Student muss in seinem Referat nachweisen, dass er die einschlägige Literatur zum Thema kennt. Die Doktorandin muss deutlich machen, dass sie etwas von der *Sache* versteht, über die sie spricht. Deshalb sollte sie ihre Kompetenz in der Sache nicht vernebeln durch Nachweise der Belesenheit oder Verbeugungen vor Autoritäten. Das hat sie nicht nötig; sie ist Expertin auf ihrem Gebiet.[28]

2. Begeisterung
Die Teilnehmerinnen und Teilnehmer meiner Seminare sind verblüfft, wenn ich Teile ihres Vortrags in anderen Worten mit Nachdruck vortrage.

Warum gelingt mir das? Weil ich ihre *Ergebnisse* in den Mittelpunkt stelle und nicht von ihren Mühen des Wegs zu den Ergebnissen geplagt werde.

Diese Haltung lässt sich auch dann einnehmen, wenn man täglich mit diesen Anstrengungen konfrontiert ist: Die Mühen und Zweifel sind *meine* Angelegenheit und Thema von Gesprächen mit hilfreichen Freunden und verständnisvollen Kolleginnen. Mein Publikum will Ergebnisse, Anregungen und Neues hören. Das habe ich zu bieten. Das mache ich deutlich. Und nur das.

Wenn Sie sich intensiv mit einem Thema beschäftigt haben, dann kann es ja nicht unwichtig oder langweilig sein. Schließlich haben *Sie* sich damit beschäftigt. Schauen Sie hin und wieder – ein Vortrag ist dafür ein guter Anlass – mit Abstand auf die eigene Arbeit, um den Ertrag nicht aus den Augen zu verlieren. *Sie sind auf eine gute Meinung von sich und Ihren Leistungen angewiesen.*[29]

Orientieren Sie sich am Bergsteigen: Der Aufstieg ist zwar häufig anstrengend. Aber auf dem Gipfel haben Sie einen herrlichen Ausblick. Worüber berichten Sie, wenn Sie aus den Bergen zurück sind? Die meisten schwärmen von den tollen Aussichten. Das ist eine gute Orientierung für Präsentationen und Vorträge: Stellen Sie Ihre Begeisterung über den gewonnenen Über- oder Durchblick in den Vordergrund. Man wird Ihnen gerne zuhören.

3. Freude
Wenn Sie etwas Interessantes, Neues, Weiterführendes herausgefunden haben, dann ist das ein Grund zur Freude. Und ein guter Grund, andere darüber zu informieren.

Wenn andere darüber informiert werden möchten, ist das ein weiterer Grund zur Freude: Es ist ein Privileg, Publikum zu haben. Diese Freude überträgt sich: Die Zuhörer*innen fühlen sich wohl (und sehen Versprecher und verunglückte Sätze nach).

---

28 Sie müssen sich keine Sorgen machen, als Angeber*in zu gelten, wenn Sie Ihre Stärken sachbezogen statt ichzentriert zeigen.
29 Siehe auch die Untersuchung über den Zusammenhang zwischen der positiven Präsentation von Forschungsergebnissen in Aufsätzen und ihrer Rezeption (Lerchenmueller u.a. 2019).

Mit diesem Hinweis will ich nicht über Lampenfieber oder Unsicherheit hinweggehen, sondern auf eine nützliche Denkrichtung hinweisen und darauf, dass beides möglich ist: Lampenfieber haben und sich freuen.

Ich schließe mit einer zusammenfassenden Feststellung: Ausstrahlung ist Resultat von Handwerk und der (Selbst-)Vergewisserung,
- *ich* habe etwas zu sagen (Kompetenz);
- *ich* bin zufrieden mit dem, was ich zu sagen habe (Begeisterung);
- *ich* weiß, dass in einer Zeit, in der Aufmerksamkeit ein sehr knappes Gut ist, Zuhörerinnen und Zuhörer ein Privileg sind (Freude).

2.6 Worauf es wo ankommt: Kongress, Bewerbung und andere Vortragsanlässe

Im Folgenden ergänze ich die Empfehlungen auf den vorangegangenen Seiten (und im dritten Kapitel) um Hinweise auf Besonderheiten von vier Vortragsanlässen: der Vortrag auf wissenschaftlichen Kongressen und Tagungen, als Leistungsnachweis bei Bewerbungen an Universitäten und Fachhochschulen, in der Lehre und der populärwissenschaftliche Vortrag.

1. Kongress und Tagung

Ich empfehle auf der Seite 52 von der *Meine-Damen-und-Herren-mein-Thema-lautet-Routine* abzuweichen. Dieser Empfehlung sollten Sie vor allem dann folgen, wenn auf wissenschaftlichen Kongressen und Tagungen viele Vorträge gehalten werden, die sich durch ein „uniformes Format" (Linger 2019) auszeichnen.

Ein Vortrag soll informativ, anregend, interessant sein. Das ist Pflicht. Wie Sie einen Vortrag beginnen, ist nicht verbindlich vorgeschrieben. Die Reihenfolge des Beginns ist eine Funktion Ihres Ziels. Wollen Sie das Wohlwollen des Publikums gewinnen, das für Abwechslung dankbar ist, und nicht nur als Medium im Dienste der Wissenschaft bei den Zuhörenden in Erinnerung bleiben, sondern auch als Person – dann sollten Sie versuchen, mit Ihrer Einleitung einen Akzent zu setzen: Arrangieren Sie die vorgestellten Einleitungsschritte (vgl. S. 20) originell. Und ergänzen Sie diese Schritte um einen weiteren: begrüßen, danken und vorstellen. Fünf Empfehlungen:
- Die Damen und Herren im Publikum müssen nicht „verehrt" werden, und die Begrüßung muss nicht am Anfang stehen.
- Sprechen Sie konkret: *Guten Tag* (oder *guten Morgen*). Nicht: *Ich begrüße Sie*.
- Es ist ein Privileg und/oder eine Chance, einen Vortrag auf einem Kongress oder einer Tagung halten zu können. Man sollte daher zum Ausdruck bringen, dass man sich über die Einladung *gefreut* hat.
- *Bedanken* Sie sich nur dann, wenn es *die* große Ausnahme ist, dass man als Doktorand*in eingeladen wird, einen Vortrag zu halten. Ansonsten gilt: Wer anderen etwas bietet, muss sich dafür nicht bedanken. Bringen Sie vielmehr zum

Ausdruck, dass Sie sich über die Chance freuen, vor einem sachkundigen Publikum die Ergebnisse Ihrer Arbeit vorstellen zu können.
- Alle Zuhörer*innen freuen sich über ein paar freundliche persönliche Worte – zum Beispiel über ihre Stadt: „Ich bin gerne in das schöne Erfurt gekommen."

Ein Beispiel:

Millionen sind ständig in Kontakt – online. Und fühlen sich nicht nur abends allein. Sie teilen mit, was sie shoppen und wohin sie als Nächstes gehen. Aber kein Wort, wie es ihnen wirklich geht. Die Zahl der Freunde auf *Facebook* und anderen Netzwerken ist wichtiger als die im analogen Leben.	*Aufmerksamkeitswecker*
Guten Morgen, ...	*Begrüßen*
Warum ist das so? Sind die inzwischen nicht mehr ganz *Neuen* Medien daran schuld? Anders gefragt: Bezeichnen diese Feststellungen überhaupt ein Problem oder sind sie nur wertkonservative Kulturkritik? Diese Fragen will ich beantworten und Konsequenzen aufzeigen, die sich aus den Antworten für die Schule ergeben.	*Nutzen hervorheben*
Mein Name ist ... Ich bin Doktorandin an der Fakultät für Sozialwissenschaften der Universität Wien. Mein Forschungsschwerpunkt ist das Verhältnis von Individualisierung und Soziale Medien. Ich habe mich über die Einladung zu dieser Konferenz sehr gefreut, denn es ist für mich eine große Chance, Ihnen meine Überlegungen vorstellen zu können.	*Vorstellen (danken und schmeicheln)*
Ich skizziere zunächst ...	*Überblick*

Originalität verträgt sich nicht mit Schematismus. Die Hinweise, wie Sie mit einer etwas anderen Einleitung ein wenig Pfiff auf Tagungen und Kongresse bringen können, sind ein Set, das Sie flexibel arrangieren können. Wurden Sie zum Beispiel vorgestellt, verändert sich der vierte Schritt bzw. seine Position. Zudem sind Schmeicheln und Danken kein Muss:

1088 wurde in Bologna die erste Universität Europas gegründet. Heute liegt sie in Trümmern. Nicht die *Università di Bologna*, nicht die schöne Stadt, sondern die Idee der Universität, die Hochschulreform, die 1999 unter dem Namen „Bologna-Prozess" auf den Weg gebracht wurde.	*Aufmerksamkeitswecker*
Warum ist dieser Prozess so grandios gescheitert? Um Antworten auf diese Frage geht es in meinen Vortrag.	*Nutzen hervorheben*
Guten Tag, liebe Kolleginnen und Kollegen.	*Begrüßen*

Ich freue mich, ...	*Freude ausdrücken*
Ich untersuche, ...	*Überblick*

Stellen Sie sich schlicht und selbstbewusst vor: Von welcher Hochschule oder Forschungseinrichtung kommen Sie? Womit beschäftigen Sie sich? In welchem Zusammenhang geschieht das? Welche Ergebnisse haben Sie (Ihr Team) bislang erzielt?

Stapeln Sie weder hoch noch tief. Understatement ist nur dann angebracht, wenn Sie (halbwegs) berühmt sind. Beachten Sie zudem:

- der Kumpel kommt im Kohlerevier gut, aber nicht auf einer wissenschaftlichen Tagung,
- der Clown ist im Zirkus beliebt, aber nicht auf Kongressen,
- die Selbstdarstellerin ist bei Markus Lanz gut aufgehoben, aber nicht auf einer Konferenz.

Waren Sie schon öfter unzufrieden, wie Sie auf Tagungen oder Konferenzen, auch *Stellen-Casting* genannt, vorgestellt wurden? Haben Sie Schwierigkeiten, eine Vorstellung Ihrer Person zu korrigieren? So schaffen Sie Abhilfe: Schicken Sie den Verantwortlichen für die Organisation der Tagung oder Konferenz eine Wunsch-Vorstellung. Schreiben Sie, was Sie bisher gemacht und erreicht haben und was Sie sonst noch mitteilenswert finden. Mit diesem Text wollen Sie niemanden etwas vorschreiben, sondern nur den Betreffenden die Arbeit erleichtern.[30]

> **Am Rande:**
>
> **Es muss nicht immer der Vortrag sein**
> Es gibt Alternativen zu Präsentation und Vortrag. Zum Beispiel das Interview. Mehr dazu: Jürg Häusermann: Konstruktive Rhetorik in Seminar, Hörsaal und online. München 2021. Siehe auch: Nationales Institut für Wissenschaftskommunikation (Hrsg.): Leitfaden präsentieren. Heidelberg 2021. www.nawik.de/wp-content/uploads/2021/09/Leitfaden-Praesentieren_2.pdf
> Es muss auch nicht immer der Vortrags- bzw. Präsentationsmarathon sein. Es gibt Alternativen. Zum Beispiel das World-Café oder die Open-Space-Konferenz. Mehr dazu: Markus Grzella, Kristina Kähler, Sabine Plum: Präsentieren und Referieren. Stuttgart 2018 und Philipp Schrögel u.a.: Präsentationen in der externen Wissenschaftskommunikation: Formen & Charakteristika. Karlsruhe Institut für Technologie 2017: https://publikationen.bibliothek.kit.edu/1000123447

---

30 Zu geschlechtsspezifischen Unterschieden im Beteiligungs- und Kommunikationsverhalten auf Kongressen siehe Aufenvenne (2021).

2. Vorsingen: Bewerbungen an Universitäten und Fachhochschulen
Schließt man von den Anforderungen, die in Stellenausschreibungen im Wissenschaftsbereich formuliert werden, auf die Realität an deutschen Hochschulen, dann lehren und forschen dort Spitzenkräfte, die
- in ihrem Fach auf der Höhe der Zeit und didaktisch fit sind,
- geduldig und geschickt den wissenschaftlichen Nachwuchs fördern,
- die Forschung voranbringen,
- erfolgreich Drittmittel akquirieren,
- sich kollegial und selbstlos in der akademischen Selbstverwaltung engagieren und
- exzellente Managementqualitäten aufweisen.

Zumindest mit den *exzellenten* Managementqualitäten hapert es an deutschen Hochschulen. Deshalb lässt das Management von Stellenbesetzungsverfahren häufig zu wünschen übrig. Wer die erste Bewerbungshürde genommen hat und zum „Vorsingen" eingeladen wurde, sollte sich deshalb umfassend informieren, was *genau* verlangt wird, mit welchem Publikum zu rechnen ist. Zudem ist es wichtig, sich mit dem Profil des Fachbereichs auseinanderzusetzen, um deutlich machen zu können, wie die eigenen Schwerpunkte, Kompetenzen und Erfahrungen den Fachbereich bereichern können.

Zudem: Vorträge vor Berufungskommissionen sind kein Anlass für Understatement. Daher gilt es, eine Balance zwischen positiver Selbstdarstellung und Arroganz herzustellen. Prüfen Sie, mit welchen Belegen Sie die Relevanz (Originalität, Innovation, ...) Ihrer Forschung(sergebnisse) belegen können.
Welche speziellen Anforderungen sind darüber hinaus zu beachten?[31]

Universität
Bei der Vorbereitung des Vortrags sollten Sie besonders auf die folgenden vier Punkte achten:
- Inhaltlich muss Ihr *Alleinstellungsmerkmal* deutlich werden: Was unterscheidet Sie fachlich von Ihren Mitbewerber*innen?
- Beim Proben sicherstellen, dass Sie die *Zeitvorgabe* der Berufungskommission beachten. Es ist unprofessionell, diese Vorgabe zu überschreiten.
- Das Auditorium besteht nicht ausschließlich aus Expertinnen auf *Ihrem* Forschungsfeld. Sie sollten daher vor allem in der *Einleitung* alle Zuhörer mitnehmen, verständlich und anschaulich in ihr Thema einführen. Im *Hauptteil* weisen Sie sich wissenschaftlich als sachkundig und originell aus. Ihrer *Zusammenfassung* sollten auch die Zuhörer*innen gut folgen können, die dies im Hauptteil nicht konnten. Gewinnend ist ein *Ausblick*, der deutlich macht, dass und wie der eigene Forschungsschwerpunkt zum Fachbereich passt.

---
31 Mehr Hinweise zu Bewerbungen finden Sie im *Handbuch Kommunikation* (Franck 2021, 26ff.)

- Denken Sie daran, „dass die Gesellschaft lieber unterhalten als unterrichtet werden will" (Adolf Freiherr von Knigge). Professor*innen sind auch nur Menschen. Und wenn diese Menschen drei trockene Vorträge gehört haben, blühen sie auf, wenn im vierten Vortrag ein wenig Leben ist und einmal (oder zweimal) geschmunzelt werden kann.

Fachhochschule
Bei der Bewertung eines Vortrags an Fachhochschulen nimmt die Berufungs- bzw. Auswahlkommission die Meinung der Student*innen in der Berufskommission meist ernst. Studierende achten besonders darauf, ob es gelingt, Interesse für ein Thema zu wecken, sowie auf Verständlichkeit und einen gekonnten Medieneinsatz.

Im Vordergrund steht an Fachhochschulen die Fähigkeit zur anschaulichen und praxisnahen Vermittlung eines Sachverhalts. Mit einem Fallbeispiel liegen Sie in den Sozialwissenschaften fast immer richtig, während schon drei analytische Sätze zum Etikett „Theoretiker" führen können. Wenn es etwas zum Zeigen oder Anfassen gibt, zeigen Sie es, reichen Sie es herum – das Werkstück mit guter oder schlechter Schweißnaht, die Anzeige eines Unternehmens, die Zeichnung von Klienten oder Patientinnen. Wenn Sie hingegen die komplexe Verdichtung eines theoretischen Konstrukts wagen, riskieren Sie, dass man Ihnen unterstellt, Sie hätten den Vortrag mit einer Antrittsvorlesung verwechselt.

Die folgenden Hinweise sind daher auch für die Probevorlesung zweckdienlich.

3. Lehrvortrag

Ein Vortrag vor Studierenden ist nicht das ganz Andere und doch etwas Besonderes: Studentinnen und Studenten sitzen häufig nicht freiwillig dort, wo Vorträge gehalten werden. Zudem ist für Studierende nichts selbstverständlich – weder die objektive Relevanz eines Themas für das Fach noch die subjektive Bedeutung für das Studium oder den künftigen Beruf.

Deshalb ist es besonders wichtig, Interesse für ein Thema, ein Problem oder eine Frage zu wecken und dieses Interesse aufrechtzuerhalten. Die folgenden Hinweise können dazu beitragen, dass dies gelingt. Einige kennen Sie bereits aus dem ersten Kapitel.

1. *Vortrag begründen:* Warum ist es wichtig, etwas über das Thema zu wissen? Heben Sie den Nutzen Ihrer Ausführungen hervor: „Um die Wirtschafts- und Konjunkturpolitik verstehen zu können, die seit den Achtzigerjahren in den USA und in Großbritannien verfolgt wurde, ist es wichtig, die Grundzüge von Milton Friedmans Monetarismus-Konzept zu kennen."
2. *Das Ziel des Vortrags angeben:* Wenn die Zuhörenden wissen, worauf es ankommt, können sie einem Vortrag leichter folgen. „Ich will vor allem deutlich machen, welche Folgen für den Arbeitsmarkt der Verzicht auf eine aktive Konjunkturpolitik hat."

3. *Einen Überblick geben:* Ein *Advance Organizer* erleichtert das Einordnen der Informationen und damit das Verständnis eines Vortrags.
4. *An Bekanntes anknüpfen:* Neue Informationen werden leichter aufgenommen und besser verarbeitet, wenn es gelingt, sie in bereits vorhandenes Wissen einzuordnen bzw. auf dieses Wissen zu beziehen.
5. *Einen persönlichen Bezug herstellen:* Lernen ist in hohem Maße eine Funktion der persönlichen Bedeutsamkeit. Wenn ein Thema es ermöglicht, einen Bezug zur Lebenswelt der Studierenden herzustellen – zum Beispiel ihrer Berufsperspektive –, sollten Sie diese Chance zur Steigerung der Aufmerksamkeit nutzen.
6. *Zu Zwischenfragen auffordern:* Mit dieser Aufforderung verhindern Sie, dass Sie über die Köpfe der Studierenden hinwegreden: „Bitte unterbrechen sie mich, wenn sie Fragen haben oder über einen bestimmten Punkt mehr wissen möchten." Diese Aufforderung klingt viel ermunternder, als „wenn sie *etwas nicht verstanden haben.*"
7. *Wichtiges betonen:* Nicht alle Punkte sind gleich wichtig. Setzen Sie deshalb sprachliche Bedeutungssignale.
    - Ausdrücklich: „Der *entscheidende* Punkt ..."
    - Durch Pausen, eine veränderte Stimmlage oder einen Wechsel im Sprechrhythmus.
8. *Beispiele anführen:* Anschauliche Beispiele aus der Praxis sind an Fachhochschulen besonders wichtig. Eigene Praxiserfahrungen beeindrucken am stärksten.
9. *Wegweiser aufstellen:* Machen Sie deutlich, wenn eine Frage beantwortet, ein Punkt abgeschlossen ist und eine neue Frage, ein weiterer Aspekt behandelt wird – und wie diese Frage mit jener zusammenhängt oder dieser Aspekt aus jenem folgt.
10. *Medien einsetzen:* Prüfen Sie, ob Sie komplexe Informationen visualisieren können (mehr dazu im dritten Kapitel).
11. *Fragen formulieren:* Fragen erhöhen die Aufmerksamkeit und erleichtern das Verständnis. Formulieren Sie deshalb ab und an eine Feststellung als Frage. Statt:
    - „Die an Keynes orientierte antizyklische Konjunkturpolitik scheiterte aus drei Gründen"
    - „Die Grenzen der Steuerung marktwirtschaftlicher Systeme liegen ..."

    Fragen:
    - „Woran scheiterte die an Keynes orientierte antizyklische Konjunkturpolitik?"
    - „Wo liegen die Grenzen der Steuerung marktwirtschaftlicher Systeme?"
12. *Zusammenfassen:* Heben Sie hervor, was Sie mit welchem Ertrag gezeigt haben, welche Fragen beantwortet, welche Probleme gelöst werden können. Und geben Sie einen Ausblick auf weiterführende Fragen.
13. *Zur Diskussion anregen.* Formulieren Sie die weiterführenden Fragen so, dass sie den Einstieg in eine Diskussion erleichtern.

4. Populärwissenschaftlicher Vortrag

Einen populärwissenschaftlichen Vortrag vorbereiten und halten bedeutet nicht, das Niveau zu senken, sondern eine erhöhte Bringschuld einzulösen: über komplizierte Sachverhalte verständlich und möglichst anschaulich zu informieren. Die Hinweise im ersten Kapitel sind zur Bewältigung dieser Anforderung besonders nützlich – und Anleihen beim Journalismus.[32]

Um den *Nachrichtenwert* eines Ereignisses zu bestimmen, fragen Journalist*innen nach dem *Publikumsinteresse*. Dazu zählen: Ort, Zeitpunkt, Unterhaltungswert, Neuigkeitsgehalt und Bedeutungsnähe eines Ereignisses sowie die Prominenz der beteiligten Personen oder Institutionen.

Das Interesse der Leserinnen und Leser wächst, so wird angenommen, wenn ein Ereignis

- in der *Nähe* stattfindet,
- *aktuell* ist,
- einen *Unterhaltungswert* hat, weil es kurios, ungewöhnlich, spannend oder dramatisch ist,
- einen *Neuigkeitswert* hat, weil es bisher noch nicht vorgekommen ist,
- den Leserinnen und Leser etwas bedeutet, weil es ihnen *thematisch nahe* ist, und wenn
- die Beteiligten *prominent* sind.

Ein Bericht oder eine Meldung wird nach diesen Kriterien aufgebaut: Am Anfang steht das, was das Publikum besonders interessiert. Dann folgen die näheren Umstände und schließlich, falls notwendig, Einzelheiten. Für populärwissenschaftliche Vorträge lassen sich aus dieser Schreibperspektive von Journalist*innen[33] zwei Schlussfolgerungen ziehen.

Der Aufbau muss ansprechen, nicht wissenschaftlichen Standards entsprechen
Der Aufbau eines Vortrags ergibt sich nicht zwingend aus der „Logik der Forschung". Ein Thema erzwingt keine Reihenfolge seiner Darstellung. Ein Thema kann gar nichts. *Sie* können sich daran orientieren, was Ihre Zuhörer*innen an Ihrem Thema besonders interessieren könnte. Zum Beispiel muss kein Überblick über den Stand der Forschung am Anfang stehen. Das Problem ist für Menschen, die nicht vom Fach sind, meist viel interessanter als die wissenschaftliche Debatte über das Problem. Am Vortragsanfang kann auch eine Lösung stehen, um dann das Problem zu entwickeln, das mit dieser Lösung behoben werden kann.

Die richtigen Brücken bauen
Die Kriterien für Publikumsinteresse bieten nützliche Anhaltspunkte, um den Zuhörer*innen Brücken zu ihrem Vorwissen, ihren Erfahrungen und Interessen zu bauen.

---

32 Siehe auch den Videoclip auf den Seiten des Nationalen Institut für Wissenschaftskommunikation: www.nawik.de/1x1/
33 Mehr dazu in *Presse- und Öffentlichkeitsarbeit* (Franck 2023).

- *Aktualität:* Das Beispiel oder der Vergleich aus der Geschichte sind nur dann erste Wahl, wenn sie einen *Unterhaltungswert* haben oder verblüffend sind. Das aktuelle Beispiel, der Bezug auf ein aktuelles Ereignis ist meist interessanter und der Sympathie weckende Nachweis, dass Sie keinen gut abgehangenen Vortrag aus der Schublade geholt haben.
- *Bedeutungsnähe:* Sollte ich vor Einzelhändlerinnen, Bankern und Unternehmensberater*innen einem Vortrag über die *Stadt im Mittelalter* halten, würde ich mit einer Beschreibung der Stadt im 14. Jahrhundert als *gewinnträchtiges Einkaufszentrum* beginnen.
- *Personalisieren:* Sie können einen Vortrag über die Rekrutierung politischer Eliten in der Demokratie mit Schumpeters Definition beginnen, wonach Demokratie „diejenige Ordnung der Institutionen (ist), bei welcher einzelne die Entscheidungsbefugnis vermittels eines Konkurrenzkampfes um die Stimmen des Volkes erwerben". Und Sie können (siehe auch Seite 24) mit der Schilderung beginnen, wie Olaf Scholz, Ursula von der Leyen, Sahra Wagenknecht oder Robert Habeck Spitzenpolitiker*innen wurden. Ich rate zur zweiten Variante.

Ich plädiere nicht dafür, krampfhaft ein Beispiel aus der räumlichen *Nähe* des Publikums zu suchen oder um jeden Preis ein kurioses oder ein Beispiel mit *Unterhaltungs- oder Neuigkeitswert* einzubauen. Es geht beim populärwissenschaftlichen Vortrag nicht um *Infotainment*. Vielmehr geht es darum, die Zuhörer*innen für Ihren Vortrag zu interessieren.

Ich beende dieses Kapitel mit den Anfangszeilen von Julian Barnes' *Elizabeth Finch*: „Sie stand vor uns ohne Notizen und Anzeichen von Nervosität. Sie schaute in die Runde, lächelte, schwieg und begann." (2022, 9)

Die Professorin schließt ihre Einleitung ins Thema mit dem Satz: „Mein Name ist Elizabeth Finch." „Und", registriert der Ich-Erzähler, „sie lächelte wieder." (10)

Gelegentlich setzte Professorin Finch, diesen Zeilen leiten über zum nächsten Kapitel, „eine Folie zur Illustration ein, aber das war meist gar nicht nötig. Sie gebot Aufmerksamkeit mit ihrer Stille und ihrer Stimme." (12f.)

> **Am Rande:**
>
> **Science Slam**
> Sie haben die 30 noch nicht überschritten? Dann sind Science Slams eine weitere Möglichkeit, Ihre Arbeit zu präsentieren. Mehr dazu bei Niemann u.a. (2020) und Niemann, Bittner, Hauser (2020), Boy (2020) sowie auf:
> - www.scienceslam.de/
> - www.wissenschaftskommunikation.de/format/science-slam/
> - www.wissenschaftskommunikation.de/das-ist-zu-kompliziert-da-muss-etwas-raus-48569/

3 Medien professionell einsetzen und gestalten

In den ersten beiden Kapiteln stehen die Vortrags*inhalte* und die *Person* im Mittelpunkt, die spricht bzw. präsentiert. Von *Medien* ist nur am Rande die Rede. Ich unterstreiche damit, dass es auf den *Inhalt* und auf *Sie* ankommt. Wollen *Sie* überzeugen, brauchen Sie wohlgeordnete und verständliche Daten und Fakten, Ergebnisse und Argumente. Wenn *Sie* Eindruck machen wollen, müssen zunächst Sie angesehen werden, erst dann Folien – sofern diese einen Mehrwert bieten. Sie sind Ihr wichtigstes Medium.

Ein Vortrag über zeitgenössische Aktskulpturen ohne Bilder ausgewählter Skulpturen wäre eine vertane Chance und eine puristische Unhöflichkeit gegenüber den Zuhörer*innen. Das Gleiche gilt für Vorträge über südamerikanische Schmetterlinge oder über Stadtgrün und Architektur. Und was in der Kunst, in den Naturwissenschaften und der Architektur das Bild, ist in der Musik der Ton. Ein Vortrag über Zwölftonmusik ohne Hörbeispiele wäre wie ein Kochkurs ohne anschließendes Essen.

Wie zu viel essen, nicht ratsam ist, ist die richtige Dosierung von Hörbeispielen und Bildern empfehlenswert – und die zentrale Herausforderung in den genannten Beispielen und vergleichbaren Themen.

Was aber, wenn der Einsatz von Bild (und Ton – zum Beispiel von Zeitzeuginnen und Zeitzeugen) nicht zwingend ist? Hat sich in der Wissenschaft ein Visualisierungszwang entwickelt? Gilt ein Vortrag ohne Medieneinsatz, ohne Folien als „Nacktvortrag"? Und wenn ja, wie wird *nackt* bewertet?

Medien sind Mittel, das Ziel zu erreichen, Inhalte verständlich und interessant zu präsentieren. Das misslingt im Wissenschaftsalltag oft gründliche. Vier Beispiele:

Professor A reiht eine Textfolie an die andere und liest vor, was auf den Folien steht. Die Zuhörenden sind Zuleserinnen und Zuleser.

Doktorandin B gesteht: „Wahrscheinlich können sie das in den letzten Reihen nicht mehr lesen, deswegen trage ich es Ihnen kurz vor."

Gastdozentin C stürzt der Laptop ab. Nach einem Neustart klickt sie sich hektisch durch ihre vielen Ordner – darunter: *Rückenübungen, Scheidung, Bausparvertrag* und *Karl-Heinz*.

Juniorprofessor D glänzt mit Optikerfolien: „Ich habe die Daten in einer Tabelle zusammengefasst. Die ist jetzt ziemlich schlecht zu lesen. Ich wollte sie ihnen trotzdem einmal zeigen!"

Und auch das beobachte ich:

Der Beamer wird nach vier Folien wieder ausgeschaltet und wenige Minuten später wieder eingeschaltet.

Eine Nachricht ploppt auf: *Virenschutz abgelaufen*.

Es wird zur Leinwand statt zum Publikum gesprochen. Oder: Der Laptop wird wie ein Teleprompter genutzt. In beiden Fällen geht der Kontakt zu den Zuhörer*innen verloren.

Professioneller Medieneinsatz sieht anders aus. Wie er gelingen kann, ist Leitfrage in diesem Kapitel, in dem es auch um den Nutzen der Präsenz in sozialen Medien[34] geht.

3.1 Den zweiten Schritt nicht vor dem ersten machen: Medien gezielt nutzen

Das Präsentationshilfsmittel ist heute PowerPoint.[35] Präsentationen mit dieser Software, entwickelt fürs Verkaufsgeschäft, sind in Verruf geraten, denn PowerPoint verleitet zu „leichtgewichtigen Präsentationen" (Eduard R. Tufte). Und viele Nutzer*innen erliegen der Versuchung, mit PowerPoint einen Hattrick landen zu wollen: Sie arbeiten kein Manuskript aus, in dem festgehalten wird, was gesagt und betont, wie durch den Vortrag geführt und was gezeigt werden soll. Vielmehr dienen Folien als Manuskript. Und statt ein nützliches Handout zu erstellen, werden Folien kopiert. Die Folge: viele Folien statt Struktur. Viele Folien mit viel Text und wenig Informationen. Viele Folien mit banalen Visualisierungen. Viele Folien, die das Auditorium inhaltlich unter- und visuell überfordern.

Deshalb wird gefragt: „Hat sie PowerPoint oder etwas zu sagen?" Oder gespottet: „Er hatte mehr Folien als Fakten."

Worauf es ankommt
Präsentationen sind kein Nachweis technischer Kompetenz (aber häufig von technischer Inkompetenz). Im Vordergrund steht Ihr Thema. An zweiter Stelle folgen Sie. *Sie* können mit Analysen, Schlussfolgerungen oder Beispielen beeindrucken – technische Hilfsmittel nicht.

Klären Sie deshalb stets zunächst diese Fragen:
- Was will ich sagen?
- Wie strukturiere ich das, was ich sagen will?
- Was stelle ich in den Mittelpunkt?
- Welche Beispiele und Belege ziehe ich heran?

---

34 Siehe dazu auch Geu (2019) und das Heft 2/2023 von *Forschung und Lehre*.
35 Mit Keynote von Apple lassen sich – im Guten wie im Schlechten – die gleichen Ergebnisse erzielen. Eine Alternative zu PowerPoint ist Prezi (www. prezi.com). Dieses Programm orientiert sich nicht mehr an der Folie und damit an der sequenziellen Präsentation, sondern setzt auf das Vorbild Poster. Das ist mit zwei Vorteilen verbunden: Man ist flexibler in der Reihenfolge der Präsentation, und man kann leichter einen Gesamtüberblick über die Inhalte der Präsentation geben.
Die Nachteile von Prezi: Es wird eine Internetverbindung benötigt, sowohl um eine Präsentation zu erstellen, als auch um sie zu zeigen. Zudem ist das Programm kostenpflichtig. Für Studierende und Lehrende sind die Kosten allerdings moderat.
Zu weiteren PowerPoint-Alternativen siehe *PCtipp* (2018) und https://visme.co/blog/de/powerpoint-alternativen

Sind diese Fragen beantwortet, lässt sich sinnvoll über den Einsatz von Medien entscheiden und überlegen, wie man was visualisiert. Wer den zweiten Schritt vor dem ersten macht, kommt leicht ins Stolpern.

Lassen Sie sich nicht auf einen Wettbewerb ein, den Sie nicht gewinnen können. Instagram oder Netflix ist weder in Chemievorlesungen noch auf Psychologiekongressen zu schlagen. Diese Medien haben die besseren Bilder und die Serien die ausgefeiltere Dramaturgie.

Besser als Instagram oder Netflix können in einer Präsentation Probleme analysiert, Entwicklungen bewertet, Tendenzen verglichen, Ursachen erforscht werden – durch die verständliche und anregende Aufbereitung von Themen.

Warum visualisieren?
Ein Bild sagt nicht immer mehr als tausend Worte. Aber es kann manchmal bessere Dienste leisten als viele Worte.

Was setzt man ins Bild? Was wichtig ist. Visualisiert werden zentrale Aussagen, Objekte und Prozesse sowie exemplarische Beispiele.

Hier beamt ein Laie. Das signalisieren Folien, auf denen das Vortragsthema steht oder gar „Guten Tag" oder „Vielen Dank für Ihre Aufmerksamkeit".

Für die Begrüßung und den Dank braucht das Publikum keine visuelle Unterstützung. Zum Thema eines Vortrags sollte interessant hingeführt werden, statt es einfallslos auf eine Folie zu schreiben.

Auch Einzelheiten werden nicht visualisiert. Zahlen mit der dritten Stelle nach dem Komma kommen nicht auf Folien, sondern allenfalls in ein Handout.

Zu viele Bilder führen zu einer visuellen Übersättigung und provozieren die Frage, ob die Bilder ein Ersatz für treffende Worte sind.

Visualisierungen sollen Zusammenhänge und Abläufe verdeutlichen, Thesen und Argumente unterstützen – nicht ersetzen oder verdecken. Visualisieren lässt sich mit dem Einsatz von Zitaten in einem Vortrag vergleichen: Mit einer gelungenen Visualisierung können Sie – wie mit einem treffenden Zitat – Ihre Gedanken unterstützen: anschaulicher oder eindringlicher präsentieren, Ihrer Präsentation Glanz verleihen.

Bilder, Fotos, Grafiken, Diagramme usw. haben vor allem die Funktion, das Verstehen zu unterstützen. Sie können das Verständnis erleichtern
- von *Zusammenhängen*, die verbal nur nach und nach entwickelt werden können (Abbildung 5);
- von *Prozessen* und *Strukturen*, die der sinnlichen Wahrnehmung nicht zugänglich sind, weil sie sich zum Beispiel im Inneren des menschlichen Körpers (Abbildung 6) oder einer Maschine abspielen;
- von *Sachverhalten*, die Ihre Zuhörer*innen *nicht aus eigener Anschauung* kennen – vom Afrikanischen Weißbauchigel bis zum Zahnwal.

3. Medien professionell einsetzen und gestalten   79

Bilder können emotionale Reaktionen auslösen. Deshalb eignen sie sich als Aufmerksamkeitswecker. Drei Beispiele:
- Ein Vortrag über soziale Ungleichheit wird mit einem Bild eröffnet, das Schlangen vor der Essensausgabe einer Tafel zeigt und mit einem Bild eines Dinners im Rahmen der Bayreuther Festspiele kontrastiert.
- Ein Vortrag über Wahrnehmungsmuster wird mit einem Bild eröffnet, das zeigt, wie unterschiedlich Objekte wahrgenommen werden können (Abbildung 7).
- Es befriedigt die Neugier der Zuhörer*innen und Zuhörer, wenn sie die Personen sehen, über die gesprochen wird. Deshalb bietet es sich zum Beispiel an,

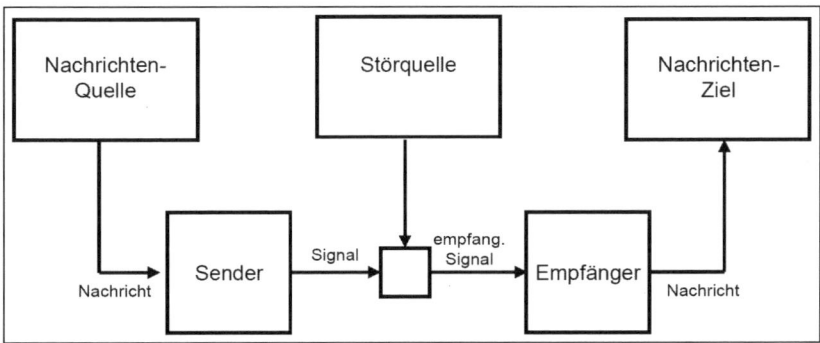

Abbildung 5: Das Kommunikationsmodell von Shannon und Weaver

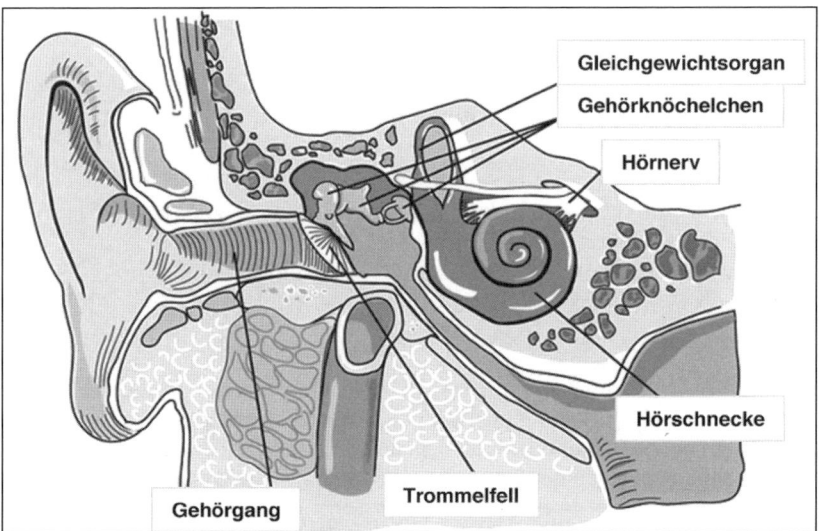

Abbildung 6: Das menschliche Ohr

ein Referat über die Instrumentalisierung des Sports durch die Politik mit Bildern von Minister*innen bei wichtigen Fußballspielen oder Olympischen Spielen zu zeigen.[36]

Immer dann, wenn Visualisieren diese Funktionen erfüllen soll und durch eine wohlüberlegte Bildauswahl erfüllt – immer dann ist Visualisieren nützlich. Immer dann lohnt die Mühe zu visualisieren.[37]

Wenn Sie sich diese Mühe machen, halten Sie es mit Goethe: „In der Beschränkung zeigt sich erst der Meister" (Bd. 3, 623) und die Meisterin.

Visualisieren kann zudem helfen, Handlungen zu steuern, zum Beispiel wie man einen Seemannsknoten macht oder ein Regal aufbaut. Das ist vor allem in technisch-naturwissenschaftlichen Fächern eine überaus nützliche Funktion.

In der Schule mag es nützlich sein, das Behalten zu unterstützen. In der Wissenschaft und bei populärwissenschaftlichen Vorträgen hängt das Behalten der Inhalte einer Präsentation primär davon ab, ob es gelingt, die Relevanz eines Anliegens, die Bedeutung eines Vorschlags deutlich zu machen oder zu berühren, Emotionen zu wecken. Kurz: Es geht um Verstehen und Aufmerksamkeit, um Interesse und Einsicht.

Medien einsetzen

Ein großer Vorzug von PowerPoint-Präsentationen besteht darin, stets Blickkontakt zu den Zuhörer*innen halten zu können. Diesen Vorzug sollten Sie nutzen – und nicht zur Projektionsfläche sprechen. Sehen Sie Ihr Publikum an.

Treten Sie nicht hinter Ihre Folien zurück. Ziehen Sie Aufmerksamkeit auf sich. Zudem sollten Sie auf folgende Punkte achten:
- Versperren Sie den Zuhörerinnen nicht die Sicht auf die Projektionsfläche.
- Folien sind Mittel der Veranschaulichung – keine Gedächtnisstützen und kein Ersatz für ein Manuskript.
- Die Zuhörer können lesen. Lesen Sie deshalb nicht vor, was auf der Folie steht.
- Machen Sie deutliche Sprechpausen beim Folienwechsel. Lassen Sie jede Folie zwei bis drei Sekunden wirken, bevor Sie auf den Inhalt eingehen.
- Zeigen Sie eine Folie nur so lange, wie Sie über deren Inhalt sprechen. Sie können die Folie mit den Kurzbefehlen *w* oder *b* ausblenden: Das Bild wird weiß oder schwarz. Das ist zum Beispiel dann sinnvoll, wenn Sie auf eine Frage ein-

---

36 Blamierte man sich auf einem Kongress der *Deutschen Gesellschaft für Erziehungswissenschaft*, wenn man einen Vortrag über die geisteswissenschaftliche Pädagogik mit Bildern von Schleiermacher, Dilthey oder Nohl visualisieren würde, fänden in einem Einführungsseminar über Strömungen der Erziehungswissenschaft Studierenden solche Bilder gut. – Allgemeiner: Bilder müssen situationsangemessen eingesetzt werden.
37 Visualisieren als Kernkompetenz für Lehrende ist Thema von Heft 1, 2022 der Zeitschrift Pädagogik.

3. Medien professionell einsetzen und gestalten 81

Abbildung 7: Bild für einen Vortragseinstieg

gehen, die nichts mit dem zu tun hat, was Sie gerade zeigen. Mit erneutem Drücken von w(hite) oder b(lack) wird die Folie wieder gezeigt.
- Lassen Sie den Zuhörenden genügend Zeit, sich Notizen zu machen.
- Vermeiden Sie Häppchenkost. Die Aufdecktechnik hat den Vorzug, Informationen Schritt für Schritt präsentieren zu können. Wenn Sie vor (angehenden) Wissenschaftler*innen präsentieren, sollten Sie diese Technik vermeiden, denn sie erinnert zu sehr an Schule.
- Präsentieren Sie im Referentenmodus: Diese Einstellung hilft, die Übersicht zu behalten. In diesem Modus sind die Folie zu sehen, die gezeigt wird, und die folgende Folie. Das ermöglicht elegante Übergänge. Wurden in PowerPoint Notizen zu den Folien angefertigt, sind diese gleichfalls zu sehen. Mit der Funktion

Abbildung 8: Es präsentiert der Laie im großen Hörsaal

„Alle Folien anzeigen" wird die gesamte Präsentation sichtbar. So kann bei Fragen ohne langes Suchen die Folie noch einmal gezeigt werden, auf die sich die Frage bezieht.
- Sorgen Sie mit Hyperlinks für souveräne Vortragskürzungen: Wenn Sie – aus welchen Gründen auch immer – in Zeitnot geraten, sollten Sie vermeiden, hektisch durch alle Folien zu klicken, die Sie noch nicht präsentiert haben. „Schade, dafür bleibt uns jetzt keine Zeit mehr." Mit Sätzen wie diesem trüben Sie die Stimmung. Hyperlinks zu den Folien, auf denen das Wesentliche steht, das Sie unbedingt noch ansprechen wollen, ermöglichen es, die Präsentation abzukürzen, ohne dass die Zuhörer*innen dies merken.
- Solche Hyperlinks werden auf jeder Folie auf ein konstantes Element gesetzt, zum Beispiel das Logo der Hochschule.

Und wenn der Beamer den Geist aufgibt, das Smartboard scheußlich flimmert oder das Notebook kontinuierlich hartnäckig meldet, *Updates nicht möglich?*

Das ist der Test, ob Sie PowerPoint-abhängig sind. Funktioniert Ihr Vortrag auch ohne Folien, haben Sie die Gewähr, gut vorbereitet zu sein – zu wissen, dass Sie etwas und was Sie zu sagen haben. Darauf kommt es an.

Analog präsentieren: Flipchart
Es ist wesentlich spannender, ein Wettrennen oder ein Handballspiel live zu verfolgen, als das Ergebnis in der Zeitung zu lesen. Und bei einem Vortrag ist es meist interessanter mitzuerleben, wie ein Ergebnis zustande kommt, als das fertige Resultat präsentiert zu bekommen. Das ist der große Vorzug von Präsentationen mit dem Flipchart. Schrittweises Entwickeln hebt zudem deutlich hervor, wer die präsentierten Ergebnisse erzielt hat.

Ein weiteres Plus dieses Mediums: Wer mit der Papier-Tafel arbeitet, präsentiert nie schneller als sie oder er schreiben kann. Das ist – aus der Sicht der Zuhörenden – ein großer Vorzug.

Folgende Regeln sollten Sie beachten, damit die Flipchart-Vorzüge zum Tragen kommen:
- entweder sprechen oder schreiben bzw. zeichnen;
- groß und deutlich schreiben: Benutzen Sie dicke Stifte;
- sorgfältig zeichnen;
- neben das Flipchart treten, wenn Sie etwas erläutern;
- Blätter, deren Inhalt behandelt wurde, nicht abreißen, sondern umschlagen.

Die ersten vier Empfehlungen gelten auch für die Arbeit mit dem Klassiker Tafel. Zudem sollten Sie
- die Tafel von oben nach unten putzen;
- nicht auf eine nasse Tafel schreiben;

- ein neues Kreidestück in der Mitte durchbrechen, damit die Kreide nicht beim Schreiben abbricht;
- daran denken, dass Kreide die Hände schmutzig macht.[38]

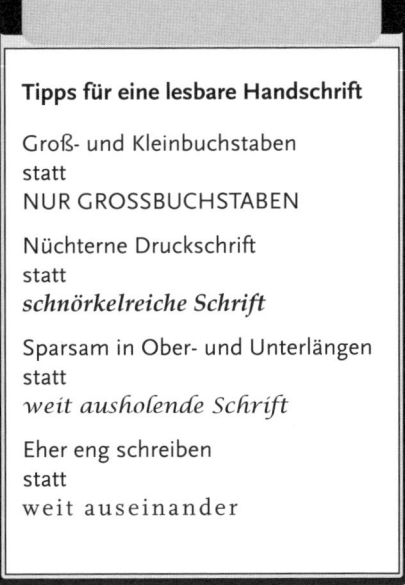

Abbildung 9: Tipps für eine lesbare Handschrift

Medien in Lehre und Unterricht
Meine Hinweise und Empfehlungen für den Umgang mit Medien im Allgemeinen und PowerPoint im Besonderen beziehen sich auf Vorträge und Präsentationen – nicht auf Unterricht und Lehre.

In einem meiner Workshops für Doktorand*innen gebe ich zum Beispiel für die Vorstellungsrunde fünf Fragen vor. Auf einer PowerPoint-Folie. Das hat zwei Vorteile. Die Teilnehmer*innen haben die Fragen vor Augen. Und wer anfangs noch ein wenig unsicher ist und noch keinen Blickkontakt schafft, hat einen Ort zum Hinschauen.

Ein anderes Beispiel: In einem Seminar über Texten zeige ich eine Folie mit einem misslungenen Text. Das spart Papier. Wir besprechen den Text. Auf der nächsten Folie sind alle Textschwächen rot markiert. Und wir besprechen, was die Stu-

---

38 Wenn Sie dieses Medium gekonnt einsetzen wollen, finden Sie viele Tipps bei Rachow und Johannes Sauer (2022).

dierenden als Mangel identifiziert haben und an welchen Stellen meine Kritik weitergeht.

Unterrichtete ich in der sechsten Stunde Französisch, würde ich versuchen, die schon ziemlich erschöpften Schülerinnen und Schüler mit einem kurzen Video zum Beispiel über einen skurrilen bretonischen Brauch aufzumuntern. Und ein Ausschnitt aus einer TV-Reportage über Verschwörungsmythen könnte in Deutsch ein guter Einstieg ins Thema sein, wie man mit irrationaler Argumentation umgeht.[39]

3.2 In der Beschränkung zeigt sich Können: Professionell visualisieren

Die Leidfrage beim Visualisieren lautet: Was kann ich alles auf eine Folie packen?
Die Leitfrage: Was soll mein Publikum der Folie *entnehmen*?
Was ist darüber hinaus zu beachten? Zehn Empfehlungen:

Folien schnörkellos gestalten
1. Überschaubare Zahl an Informationen
Die Informationen auf einer Folie sollten auf einen Blick erfasst werden können. Nutzen Sie deshalb maximal 60 % der Folie aus. Lassen Sie an allen Seiten einen breiten Rand und genügend Abstand zwischen den Zeilen. Schreiben Sie nicht mehr als zehn Wörter pro Zeile.

2. Schlüsselbegriffe statt Sätze
Textfolien sollen das gesprochene Wort nicht ersetzen. Informationen gestalten bedeutet: Aussagen in Schlüsselwörtern verdichten. Ganze Sätze sollten die Ausnahme sein; sie sind zum Beispiel (falls dies sinnvoll erscheint) prägnanten Definitionen vorbehalten.

3. Klare Struktur
Kein Wirrwarr an Hervorhebungen! Gliedern Sie Textinformationen durch Ziffern und Spiegelstriche, durch Punkte oder andere typografische Elemente.

4. Richtige Schriftgröße
Nicht unter 20 Punkt – besser größer:
20 Punkt für Bildunterschriften
24 Punkt für den laufenden Text und
24 Punkt fett für Hervorhebungen
28 Punkt fett für Zwischenüberschriften und
32 Punkt fett für die Hauptüberschrift.

---

39 Mehr zum Thema bei Kerstin Mayrberger (2019).

3. Medien professionell einsetzen und gestalten   85

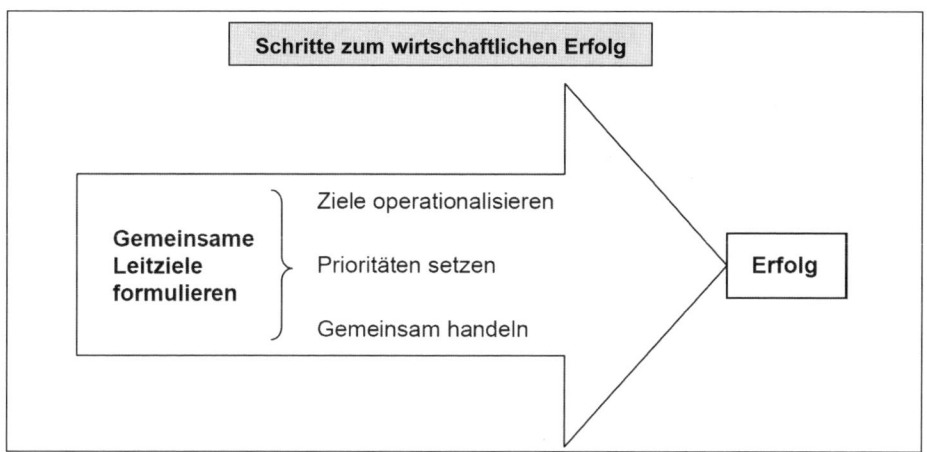

Abbildung 10: Gestaltete Textfolie

5. Überlegter Umgang mit Farbe und Schrift
Seriöse Folien sind keine bunten Bildchen. Setzen Sie Farben gezielt ein zur Hervorhebung und Gliederung. Heben Sie identische Sachverhalte mit denselben Farben hervor (zum Beispiel rot für Ursache, blau für Wirkung).

Wechseln Sie die Schriftart nur dann, wenn Sie deutlich machen wollen, diese Aussage hat eine andere Bedeutung, einen anderen Stellenwert. In der Regel genügt eine Schriftart (wollen Sie die Überschrift absetzen, dürfen es auch zwei sein). *Arial* ist eine gute Wahl.

6. Kein Design-Schnickschnack
Prüfen Sie, ob die PowerPoint-Gestaltungsvorlagen dazu dienen, die Struktur Ihrer Informationen hervorzuheben. Die meisten Vorlagen sind für seriöse wissenschaftliche Präsentationen ungeeignet: Schnickschnack.

7. Bewegung und Ton überlegt einsetzen
PowerPoint lädt zum „Animieren" von Folien ein. Wählen Sie ausschließlich seriöse Effekte. Lassen Sie eine neue Textzeile oder ein neues Bildelement nur *erscheinen* und nicht *einfliegen*. Sound- und Übergangseffekte sind an Kindergeburtstagen okay.

8. Keine Drohungen
„Folie 1 von 57". Solche Ankündigungen schrecken ab. Es gibt keinen plausiblen Grund, Folien zu nummerieren.

9. Weniger ist mehr: Keine Dateinamen und Mini-Visitenkarten
Auch Ihr Name ist verzichtbar. Die Zuhörerinnen können ihn eine Zeit lang behalten (und länger, wenn die Präsentation gelungen war).

Der Dateiname (Präsentationen_10_2023_Nachhaltigkeit-Deutschland.pptx) ist eine Zumutung. Auf Folien soll zu sehen sein, was für die Zuhörer wichtig ist – sonst nichts. Name und Titel stehen auf dem Handout.

10. Kostenfreie Bilder
Unter anderem hier finden Sie kostenfreie Bilder:
- https://commons.*wikimedia*.org/wiki/Hauptseite
- https://www.*pexels*.com/de-de/
- https://*pixabay*.com/de/

Hinweise zur Verwendung von Bildern in Präsentationen, zum Recht am eigenen Bild, zum Urheber- und zum Verwertungsrecht, finden Sie auf den Seiten der Universität Würzburg: www.uni-wuerzburg.de/fileadmin/uniwue/Presse/Neue_Seiten/Bilder-verwenden-an-der-JMU_FINAL.pdf

Zahlen gekonnt visualisieren
Zahlen sind nicht selbstredend. Auch dann nicht, wenn sie als Diagramm präsentiert werden. Diagramme können eine Argumentation, eine These veranschaulichen, aber nicht ersetzen.

Das ist kein Grund, auf Diagramme zu verzichten. Aber ein guter Grund, sie gezielt und wohldosiert einzusetzen, um Relationen und Entwicklungen zu verdeutlichen.[40]

Übersetzen Sie Zahlen und Daten in Diagramme, sollten Sie
1. Diagramme so gestalten, dass Ihr Publikum über die *Informationen* nachdenkt und nicht über die Diagramm-*Gestaltung*;
2. nur *das zeigen, was die Daten aussagen*;
3. *Zusammenhänge* statt Details präsentieren.

Diagramme brauchen einen *Titel*, der knapp und treffend informiert, worum es geht. Diagramme brauchen keinen Schnickschnack. So habe ich bei Abbildung 12 (Seite 88) auf ein EU-Symbol verzichtet, weil ein solches Symbol nichts zur Sache beiträgt. Eyecatcher sollen die Kernaussage eines Diagramms unterstreichen und kein Schmuckwerk sein.

Prüfen Sie stets: Sind eine *Legende* und *Quellenangaben* notwendig? Sind die *Farben* oder *Schraffuren* deutlich erkennbar und voneinander zu unterscheiden?

Welcher Diagrammtyp ist wofür geeignet?

---

40 Tabellen sollten Sie nur dann einsetzen, wenn Sie sicher sein können, dass sie gut lesbar sind. Nach meinen Erfahrungen ist das selten der Fall.

Kreisdiagramm
Das Kreisdiagramm eignet sich vor allem zur Darstellung von (Prozent-)Anteilen an einer Grundgesamtheit (100 %). Folgende Gesichtspunkte sollten Sie bei der Gestaltung eines Kreisdiagramms beachten:
- Nicht mehr als sechs Werte, sonst ist keine problemlose Orientierung möglich.
- Die Kreis-Segmente werden im Uhrzeigersinn angeordnet – beginnend mit dem größten Wert.
- Sie können ein Segment herausstellen, wollen Sie auf einen Aspekt besonders aufmerksam machen (Abbildung 11).

Abbildung 11 ist an die „Torten der Wahrheit" angelehnt, die regelmäßig in der *Zeit* veröffentlicht werden. Sie können Diagramme auch als Aufmerksamkeitswecker nutzen, als Denkimpuls zu Beginn einer Präsentation.

Kurvendiagramm
Veränderungen im Laufe der Zeit, Schwankungen, Ab- und Zunahmen lassen sich mit einem Kurven- oder Liniendiagramm visualisieren (Abbildung 12).

Balken- und Säulendiagramm
Für die Darstellung von *Häufigkeitsverteilungen* ist das Säulendiagramm geeignet (Abbildung 13). Sind solche Verteilungen *Rangfolgen*, bietet sich das Balkendiagramm an (Abbildung 14).
Einfache Balken, Säulen und Kurven sind schneller und leichter zu erfassen als dreidimensionale Darstellungen. Deshalb sind sie angemessen. Mehrdimensionale Darstellungen sind unnütze Spielereien.

Piktogramme haben keinen höheren Informationswert als Diagramme. Sie machen nur mehr Arbeit. Investieren Sie Ihre Energie lieber in die Ausarbeitung Ihres Vortrags.
Auch *Infografiken* sind meist viel Lärm um nichts. Allgemeiner: Lassen Sie sich nicht auf einen Wettbewerb mit der Bilderwelt des Fernsehens oder Sozialer Medien ein. Sie können nur verlieren. Gewinnen können Sie mit stichhaltigen und originellen Argumenten, neuen Beobachtungen und überraschenden Ergebnissen.
Zahlenbilder: Wollen Sie eine Entwicklung drastisch ins Bild rücken, können Sie zum Beispiel Veränderungen wie in Abbildung 14 visualisieren. Setzen Sie solche Bilder sparsam ein.

Abbildung 11: Kreisdiagramm

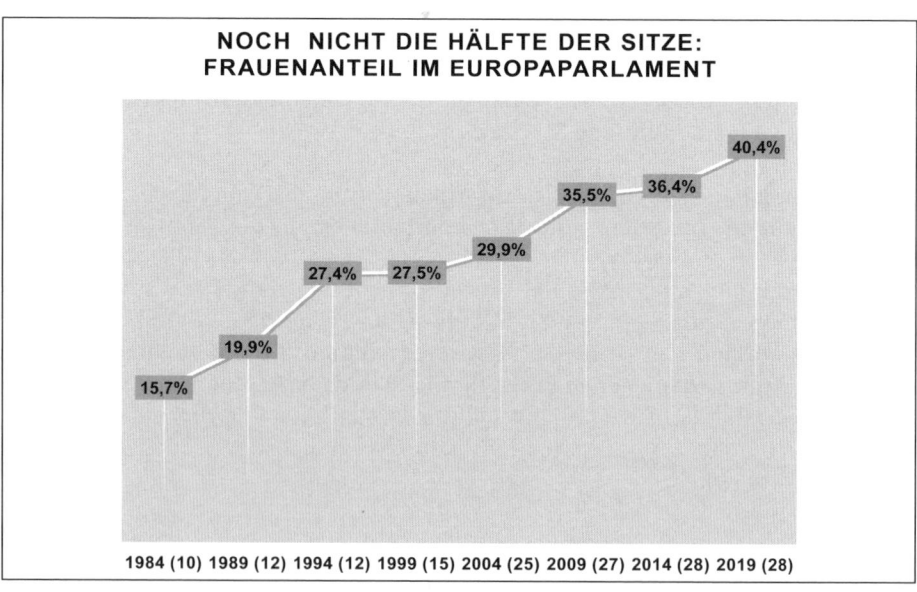

Abbildung 12: Kurvendiagramm (Zahl der Mitgliedsstaaten)

3. Medien professionell einsetzen und gestalten

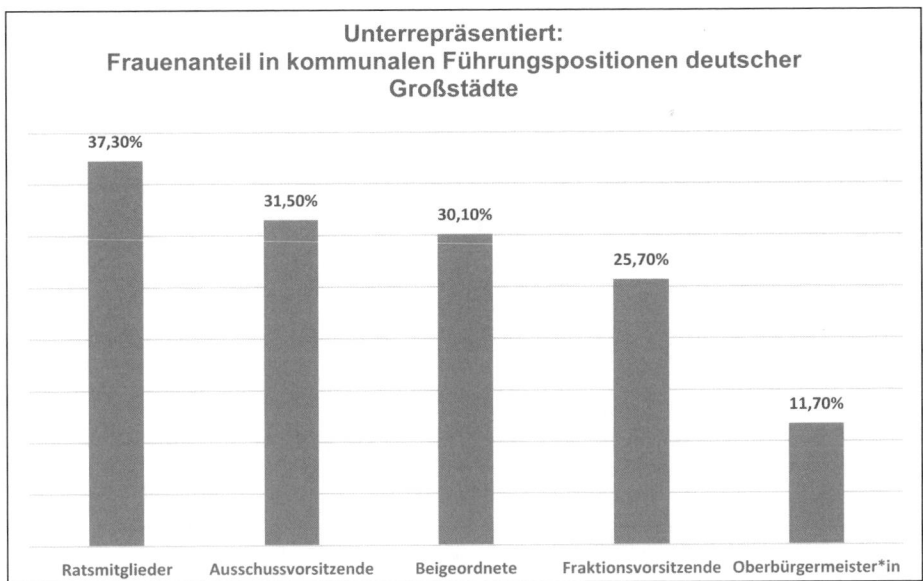

Abbildung 13 Säulendiagramm (Quelle: Heinrich-Böll-Stiftung 2022, 17)

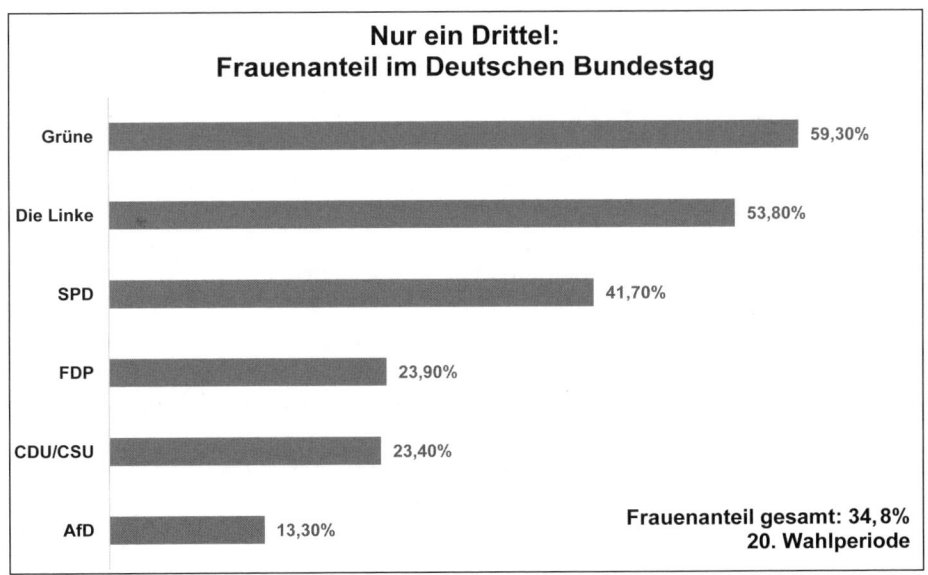

Abbildung 14: Balkendiagramm (Quelle: Deutscher Bundestag)

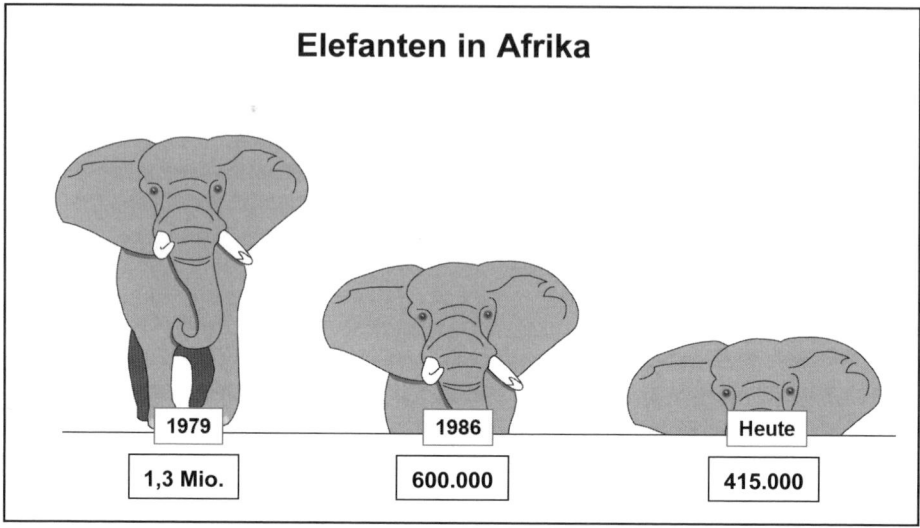

Abbildung 15: Daten als Zahlenbild (Quelle: WWF)

3.3 Mit dem Handout punkten statt nerven

Schmälern Sie die Wirkung einer runden Präsentation nicht durch ein unprofessionelles Handout. Niemand mag einen dicken Stapel Kopien sämtlicher Folien, die gezeigt wurden – im schlimmsten Falle einschließlich der peinlichen *Ich-danke-Ihnen-für-Ihre-Aufmerksamkeit*-Folie.

Machen Sie weder die Folienschleuderin noch den Copy-King. Es ist eine Unsitte, Kopien aller Folien zu verteilen. Solche Handouts werden nicht als Ausdruck von Wertschätzung wahrgenommen, sondern als Zumutung. Oder als Indiz dafür, dass die Referentin keine Zeit, dass der Referent keine Lust hatte, ein professionelles Handout zu erstellen.

Ihr Handout ist eine Visitenkarte. Auf einer *repräsentativen* Visitenkarte steht kein Schnickschnack. Ein professionelles Handout enthält brauchbare *Informationen*. Gewünscht werden Unterlagen mit den relevanten Zahlen, Daten und Links oder Literaturhinweisen.

Ihre Zuhörer wissen, dass die Welt komplex ist. Und Ihre These, dass sie immer komplexer wird, behalten die Zuhörerinnen. Dafür ist kein Handout notwendig. Wohl aber für die Zahlen und Fakten, die Ihre These von der zunehmenden Komplexität belegen.

Ein Handout sollte

- alle notwendigen Angaben enthalten (wer spricht worüber, wann, in welchem Zusammenhang),

- kurz, knapp und übersichtlich sein,
- dem Aufbau der Präsentation folgen.

Erstellen Sie mit PowerPoint „Handzettel", sollten Sie die Druck-Optionen „Reines Schwarz-weiß" und „Folien Rahmen" wählen und für den Ausdruck auf einen farbigen Folien-Hintergrund verzichten.

Die Folien 1:1 auszudrucken ist Papierverschwendung. Drei Folien auf einer Seite sind eine gute Wahl.

Ich bemühe mich, am Anfang eines umfangreicheren Handouts einen Überblick über die Themen und die Struktur meines Vortrags zu geben. Abbildung 16 ist ein Form-Beispiel für einen solchen Überblick.

Es gibt kein Patentrezept, *wann* ein Handout verteilt werden sollte. Für welchen Zeitpunkt auch immer Sie sich entscheiden: Informieren Sie zu Beginn Ihrer Präsentation die Zuhörer*innen, ob und wann sie Unterlagen erhalten. Zu wissen, man bekommt das Wichtigste schriftlich, hilft, konzentriert zuzuhören.

Ich verteile Handouts am Ende der Präsentation, weil ich die Aufmerksamkeit der Zuhörer nicht mit einem Handout teilen möchte.

Ich *verteile* Handouts. Ich lege sie nicht – zu Selbstbedienung – auf einen Stuhl oder Tisch. Mit dem Verteilen ist die Geste des Gebens und Nehmens verbunden und bei einem kleinen Auditorium eine direkte Begegnung mit den Zuhörerinnen. Bei vielen Zuhörern erhält jede Reihe einen Stapel Handouts. Auch das ist eine Geste der Zuwendung und führt zu wenig Kontakt unter den Zuhörer*innen.

Sie können Ihre Präsentation auch als multimediales Handout zur Verfügung stellen, in dem Sie zu sehen und zu hören sind. Das ist mit PowerPoint und einem Laptop mit Mikrofon und Kamera keine allzu große Herausforderung.[41]

3.4 Auf Sendung: Online-Vortrag

Der Online-Vortrag ist eine Herausforderung. Mit den Hinweisen in den ersten drei Kapiteln ist sie zu bewältigen. Zudem gilt es, einige Besonderheiten präsenzfreier Vorträge und Präsentationen zu beachten.

---

41 Zwei von vielen Anleitungen im Netz: https://support.microsoft.com/de-de/office/aufzeichnen-einer-bildschirmpr%C3%A4sentation-mit-kommentaren-und-folienanzeigedauern-0b9502c6-5f6c-40ae-b1e7-e47d8741161c
www.youtube.com/watch?v=zNwG50D2iiQhttps://www.youtube.com/watch?v=zNwG50D2iiQ

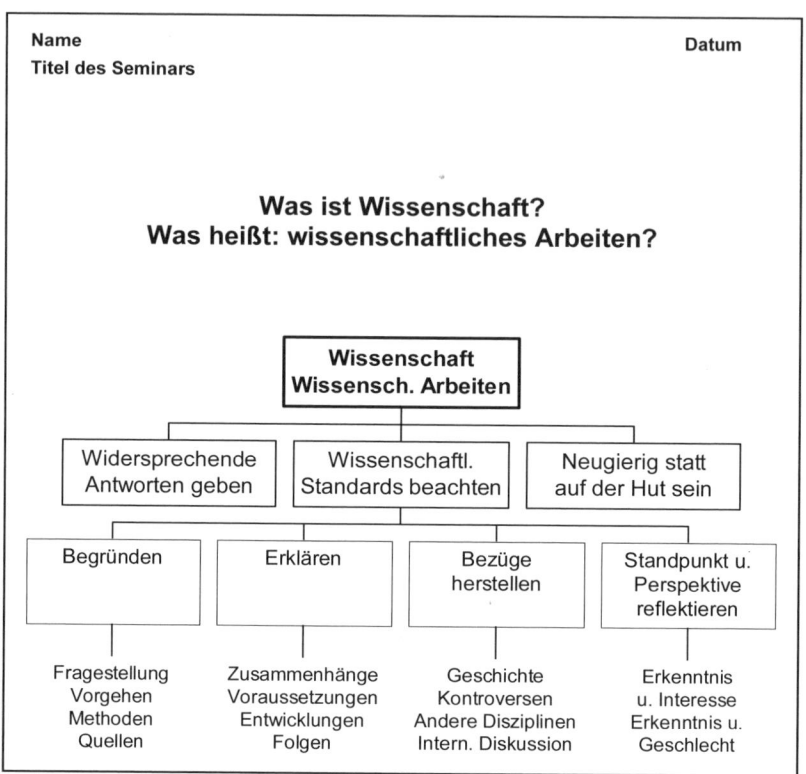

Abbildung 16: Erste Seite eines Handouts mit Themenlandkarte

Gesehen werden: Video

Zunächst: Wo immer es geht, nutzen Sie die Räume Ihrer Hochschule, Ihrer Forschungseinrichtung, die mit Profi-Equipment ausgestattet sind, mit einer guten Kamera, einem leistungsfähigen Mikrofon und optimalen Ausleuchtungsmöglichkeiten. Ideal ist professionelle Assistenz.[42]

Ist Ihr Vortrag gelungen, ist falsche Bescheidenheit fehl am Platz: Stellen Sie Ihr Video auf *YouTube* ein. Dort erzielen selbst Beiträge mit komplexen Themen hohe View-Zahlen, wenn sie anschaulich, verständlich und gut gemacht sind. Der Vortrag über die Relativitätstheorie von Gerd Ganteför zum Beispiel hat 7,6 Millionen Aufrufe.[43]

---

42 Unprofessionelle Kameraführung können Sie hier sehen:
https://electure-ms.studiumdigitale.uni-frankfurt.de/vod/clips/4S5MmG6adi/html5.html
https://t1p.de/lxsg2
Das Netz ist voll von solchen verunglückten Aufzeichnungen.

43 www.youtube.com/watch?v=FT8dTB2T4vY&list=RDCMUCUueIuY4dt-gnuzCJmbyokw&index=1 Mehr zu audiovisueller Wissenschaftskommunikation bei Bucher u.a. (2022).

Abbildung 17:
Multimediales PowerPoint-Handout

Das Gegenteil von anschaulich, verständlich und gut gemacht kann in der Mediathek der Deutschen Forschungsgemeinschaft besichtigt werden.[44]

Wenn Sie mit der Kamera und dem Mikro Ihres Laptops auskommen müssen, sind vor allem der *Bildausschnitt* und der *Kamerawinkel* wichtig. Unvorteilhafte Bilder sind täglich in Nachrichtensendungen zu sehen, wenn Expert*innen aus dem Homeoffice oder ihrem Büro zugeschaltet werden: Die Kamera ist zu hoch: Der Blick nach oben wirkt devot. Die Kamera ist zu tief – der klassische Laptop-Winkel – und liefert exklusive Einblicke in die Nasenlöcher und verzerrt den Hintergrund. Die Alternative: Die Kamera ist und Sie begegnen Ihrem Publikum auf Augenhöhe.

Halten Sie virtuellen Blickkontakt: Schauen Sie in die Kamera.

Vermeiden Sie Nahaufnahmen. Zeigen Sie mehr als Kopf und Schultern. Zeigen Sie, das ist mit einigem Abstand von der Kamera möglich, Oberkörper und Arme. Dieser Bild-

Am Rande:

Das eigene Bild
In *Online-Meetings* konzentriert sich die Aufmerksamkeit häufig auf die eigene Person – vor allem dann, wenn man sich die ganze Zeit selbst sehen kann. Selbstaufmerksamkeit ermöglicht, Gestik und Mimik (wenn notwendig) zu verändern.

Diese Chance kann zum Problem werden. Die beständige Anstrengung, „ein gutes Bild abgeben" zu wollen, ermüdet und erschwert es, den Ausführungen der anderen Teilnehmerinnen zu folgen.

Wer mit diesem Problem zu kämpfen hat, sollte das eigene Bild – falls technisch möglich – ausblenden. Hilfreich ist es zudem, die Aufmerksamkeit bewusst auf die anderen Teilnehmer zu lenken.

Warten Sie bei Online-Diskussionen einen Moment länger als in analogen Situationen, bevor Sie das Wort ergreifen, da es nicht selten zu Ton- oder Bildverzögerungen kommt.

---

44 www.dfg.de/service/dfg_bewegt/index.jsp

ausschnitt ermöglicht es, die Ausführungen (zurückhaltend) mit Gesten zu unterstreichen.[45]

Video heißt „ich sehe". Rücken Sie sich ins rechte *Licht*, damit Sie ein gutes Bild abgeben. Ihr Raum muss ausreichend ausgeleuchtet sein, die Lichtquelle sollte hinter der Kamera sein. Prüfen Sie stets, ob das Tageslicht ausreicht.[46]

Tragen Sie die *Kleidung*, die Sie auch bei einer Präsenzveranstaltung tragen würden.

Umgebung: Selbstverständlich ist Ihr Schreibtisch aufgeräumt. Und auch hinter Ihnen herrscht Ordnung und ist keine wild gemusterte Tapete zu sehen. Ein Bücherregal ist immer gut (immer gut ist es auch zu prüfen, ob die Buch- und Ordnertitel gelesen werden können). Nur Sie sollten zu hören sein, keine Katze, kein Geschirrklappern und keine Musik. Ihr Handy ist ausgeschaltet.[47]

Versuchen Sie die räumliche Distanz durch – gelegentliche – direkte Ansprache zu überbrücken. Rhetorische Fragen (vgl. Seite 32) sind dafür ein nützliches Mittel.[48]

Gehört werden: Podcast

Sie müssen sich nicht immer zeigen. Hören ist auch gut: Audio kann schneller und mit weniger Kosten produziert werden als Video.

Podcasts sind beliebt. An erster Stelle auf der Beliebtheitsskala stehen Nachrichten. Es folgen Wissens- und Wissenschaftspodcasts.[49] Die meisten Podcast-Hörer*innen sind zwischen 30 und 49, gefolgt von der Gruppe der 14- bis 29-Jährigen (zur Podcast-Nutzung in Deutschland siehe auch Neumann 2020).

---

45 Mit einem Meter Abstand vom Mikrofon vermeiden Sie in Online-Konferenzen, dass man Sie atmen hört.
46 Hier lässt sich der Unterschied zwischen professioneller und schlechter Ausleuchtung gut sehen: www.youtube.com/watch?v=Cn4skmkzULY
47 Mit kuriosen Empfehlungen zur Umgebung wartet Häusermann auf. So rät er der Dozentin für Gynäkologie, die eine anderthalbstündige Online-Vorlesung hält, die regelmäßig von einem kurzen, hohen Piepen untermalt wird, das gegen Ende der Vorlesung alle 1,7 Sekunden zu hören war, das Piepen so zu erklären: „Ihr hört im Hintergrund meinen Hansi; ich kann nicht dozieren, ohne ihn in der Nähe zu wissen." (2021, 69)
48 Über kostenlose Videokonferenz-Systeme informieren u.a. Bremer (2021) und Kaufmann (2020). Tanja Föhr (2021) gibt Hinweise zur produktiven Gestaltung hybrider Meetings, Seminare oder Besprechungen, an denen sowohl „Anwendende" als auch „Zugeschaltete" teilnehmen.
49 Die 100 beliebtesten Podcasts finden Sie hier: https://podwatch.io/charts/ und https://podtail.com/de/top-podcasts/de/ Zum Nutzen von Podcasts siehe auch Quintana (2021).

Corona bescherte dem „Coronavirus-Update"-Podcast des Virologen Christian Drosten und der Virologin Sandra Ciesek 2020 über 40 Millionen Aufrufe.[50] 2022 erhielten sie für ihren Podcast den Grimme-Online-Award.

Das National Co-ordinating Center for Public Engagement hat eine nützliche Anleitung für die Podcast-Produktion herausgegeben (2017). Auf *Vitohype*, dem „Portal für Podcaster", wird umfassend und verständlich über das Aufnehmen, Schneiden und Veröffentlichen von Podcasts informiert. Zudem werden die wichtigsten Podcastplattformen vorgestellt.[51]

Podcasts bedürfen der Planung. Sollen Sie Resonanz erzielen, müssen sie regelmäßig online gehen. Und sie sollten mehr sein als eine One-Person-Show. Nur wer Sensationen zu verkünden hat, kann Podcasts ausschließlich mit Monologen bestreiten. Abwechslung ist unerlässlich. Zum Beispiel: Gespräche, Interviews, O-Töne.

Für den Aufbau eines Podcasts zu wissenschaftlichen Themen empfehle ich einen Dreischritt:
1. Einstieg: aktuelles zum Thema. Knüpfen Sie an die Fragen an, die in der Öffentlichkeit oder in der Scientific Community diskutiert werden.
2. Hauptteil: Analysen. In diesem Teil können Sie mit Ihrem Fachwissen punkten. Interessant kann zum Beispiel sein:
   - Wer sind die wichtigsten Akteur*innen?
   - Welche Chancen und welche Risiken sind mit der Entwicklung (Erfindung, Entscheidung ...) verbunden?
   - Was wäre gewesen wenn? (Roads not taken)
   - Welche Konsequenzen sind zu erwarten, wenn ...?
   - Was sollte (kann) getan werden, um ...?
3. Für den Schluss empfehle ich ebenfalls einen Dreischritt: Zusammenfassung, Ausblick, Dank. Versuchen Sie, nach einer Zusammenfassung mit einem Ausblick neugierig auf den nächsten Podcast zu machen. Verabschieden Sie sich nach einem Dank fürs Zuhören (und an die Gesprächs- oder Interviewpartner*innen) mit einem Hinweis, wo man mehr über Ihre Arbeit und Ihre Podcasts erfahren kann.

Ein Podcast sollte im Verzeichnis *wisspod* angemeldet werden. „Wisspod ist", heißt es in einer Selbstdarstellung „eine Plattform für alle Podcasts, die sich der Wissensvermittlung verschrieben haben. In unregelmäßig erscheinenden Folgen berichten wir aus der Community oder stellen Projekte und Personen vor." https://wissenschaftspodcasts.de/

---

[50] Am 29. März 2022 beendeten sie ihre Podcast-Serie (s. a. Zips 2022). ardaudiothek.de/sendung/das-coronavirus-update-von-ndr-info/72451786
[51] www.vitohype.com

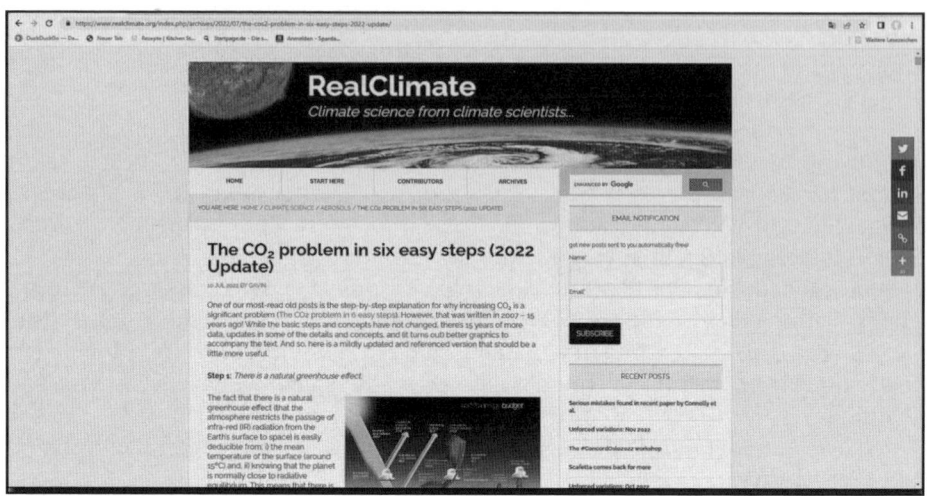

Abbildung 18: Beispiel für einen gekonnten und erfolgreichen Blog: www.realclimate.org/

Zudem sollte der Podcast auf der *Google*-Podcast-Plattform zu finden sein: https://podcasts.google.com/[52]

Sie können Ihren Podcasts auch bloggen. Das ist allerdings nur dann sinnvoll, wenn Sie sich regelmäßig zu Wort melden. Andernfalls können nicht mit vielen Interessent*innen rechnen.

Die bekanntesten Blog-Plattformen sind *Science Blogs*[53] und – aufgeräumter – *Scilogs*[54].

In der *BlogKiste,* der „Kramtruhe für Blogger", finden Sie eine Anleitung zum Bloggen.[55]

Kurzvideos und Fotos: Instagram
Vorträge müssen nicht immer lang sein. Vorträge müssen nicht immer sein. Arbeitsergebnisse lassen sich auch in kurzen Videos und Bildern präsentieren. Zum Beispiel auf Instagram, wie Facebook Teil des Zuckerberg-Imperiums.

---

52 Siehe auch: Vera Katzenberger u.a. (2022). Höre auch: „Alles gesagt?", den „unendlichen Interviewpodcast" der ZEIT, in dem interessante Menschen so lange interviewt werden, bis sie selbst erklären, dass jetzt „alles gesagt" sei. Ein Gespräch kann zwölf Minuten oder achteinhalb Stunden dauern. Ferner ein Gewinn: der Podcast „Zeit für WissKomm".
53 https://scienceblogs.de
54 https://scilogs.spektrum.de/ Siehe auch www.wissenschafts-cafe.net/
55 https://blogkiste.com/

Der Doktorand Manuel Neumann nutzt die Mischung aus Microblog und audiovisueller Plattform, „um Politik und Wissenschaft verständlich zu machen".[56] Der Förster und Bestseller-Autor Peter Wohlleben[57] ist ebenso dabei wie die Universität Osnabrück[58], die Deutsche Rheumaliga[59] und die Friedrich-Ebert-Stiftung.[60] Die meisten Wissenschaftseinrichtungen sind auf Instagram vertreten. Manche Auftritte sind gelungen. Andere haben den Charme von Provinzzeitungen: Hier eine Urkunde überreicht, dort eine Professorin verabschiedet oder begrüßt. Und ein Bild von der Unichorprobe fehlt auch nicht. Viele Universitäten haben auf Instagram weniger Follower als Studierende und Beschäftigte.

Gleichwohl: Instagram ist beliebt und wird vielfach genutzt. Schätzungsweise 1,5 Milliarden Nutzer*innen hat die Plattform (statista 2022), darunter viele Wissenschaftler*innen.

Sie können das Soziale Netzwerk als Ort der Eitelkeiten und Banalitäten belächeln. Und tatsächlich kann man sich auf Instagram auch blamieren. Zum Beispiel „eine deutsche Kartoffel in Göteborg" mit Bildern aus ihrem Privatleben[61]. Samantha Yammime und Kolleg*innen meinen, mit Selfies „public stereotypes of scientists" entgegenwirken zu können.[62]

Instagram lässt sich jedoch auch nutzen, um den Arbeitsalltag oder ein aktuelles Forschungsprojekt vorzustellen. Allgemeiner: Sie können die Plattform nutzen, um Menschen für Ihre Arbeit zu interessieren. Ob Sie das tun sollten, ist in erster Linie davon abhängig zu machen, ob Aufwand und Ertrag in einem vernünftigen Verhältnis stehen. Mit ein paar Bildchen ist es nicht getan, sollen viele Menschen folgen. Gute Clips und aussagekräftige Bilder machen Arbeit. Kontinuität ist für Erfolg zwingend. Der Naturwissenschaftler Tom Boetticher hat über 93.000 Follower*innen[63]: Das macht etwas her.

Wenn Sie mithalten wollen, finden Sie hier nützliche Tipps für den Start: www.wissenschaftskommunikation.de/zehn-tipps-fuer-den-start-auf-instagram-60805/[64]

---

56 www.instagram.com/powi_manu/
57 www.instagram.com/peter_wohlleben/?hl=de
58 www.instagram.com/uniosnabrueck/
59 www.instagram.com/deutsche_rheima_liga
60 www.instagram.com/fesonline
61 www.instagram.com/stina.biologista/?hl=de
62 https://journals.plos.org/plosone/article?id=10.1371/journal.pone.0216625/
63 @doktorwissenschaft
64 Siehe ferner Franck (2023, 123f.)

Wissenschaft in einer Minute: TikTok
Über 13 Millionen folgen Lisa und Lena. Ihre Videos zeigen sie beim Einkaufen, Schminken und Blödeln.[65] Die Polizei München ist mit Videos vertreten, in denen es penetrant menschelt.[66]

Kann das eine Plattform für Wissenschaft sein? Ja, meinen euphorisch die Betreiber*innen von *Wissenschaftskommunikation*[67] und liefern eine Reihe gegenteiliger Beispiele.[68]

Es ist nichts dagegen einzuwenden, wenn eine Studentin in einem 53-Sekunden-Video in enormer Geschwindigkeit ein Thema aus der Biologie herunterrasselt[69] oder ein „Science Influencer" im Labor tanzt[70]. Doch wenn eine Kunsthistorikerin die Auseinandersetzung mit bildender Kunst auf Häppchenkost reduziert, wird der Trend zur Oberflächlichkeit bedient, einem Gegner der Wissenschaft gehuldigt.[71] Und wenn selbst die Videos des renommierten Rijksmuseum in Amsterdam eher Hilflosigkeit signalisieren, ist das ein Hinweis darauf, dass man nicht überall dort vertreten sein muss, wo man vertreten sein könnte.

In TikTok-Sprache gefragt: Was geht? Wer außergewöhnliche Forschungsorte oder Forschungsobjekte zeigen kann, mag TikTok nutzen – kann dies aber ebenso gut auf Instagram tun. Wer das nicht kann, ist auf Instagram allemal besser aufgehoben.

3.5 Der Minivortrag: Posterpräsentation

Poster sind ein wichtiges Medium, um auf Konferenzen und Tagungen die eigene Forschung zu präsentieren, über die eigene Arbeit ins Gespräch zu kommen und Kontakte zu knüpfen.

Die Arbeit zu präsentieren, heißt auch: *sich präsentieren*. Um mit einem visuellen Kurzvortrag einen guten Eindruck zu hinterlassen, kommt es auf den Inhalt und die Gestaltung des Posters an. Und auf eine Selbstverständlichkeit: Beachten Sie, um unangenehme Überraschungen zu vermeiden, unbedingt die *Vorgaben des Veranstalters*.

---

65 www.instagram.com/lisaandlena/?hl=de
66 www.instagram.com/p/CgrR2vPIMGX/?hl=de
67 www.wissenschaftskommunikation.de/ Die Verantwortlichen des gemeinsamen Portals von Wissenschaft im Dialog, dem Nationalen Institut für Wissenschaftskommunikation und dem Lehrstuhl von Annette Leßmöllmann am Karlsruher Institut für Technologie verzichten allerdings darauf, *Wissenschaftskommunikation* auf TikTok zu präsentieren.
68 www.wissenschaftskommunikation.de/wissenschaftskommunikation-auf-tiktok-und-instagram-58737/
69 www.tiktok.com/@mags4science/video/
70 www.tiktok.com/@lab_shenanigans/video/7075903727651114286?
71 www.tiktok.com/@arthistorysnippets

Inhalt

Ein Tagungsposter muss *eigenständig* sein: für den Betrachter, für die Leserin ohne mündliche Erläuterung verständlich.

Ein Poster sollte *interessant* sein. Antworten auf folgende Fragen können zu einem inhaltlich interessanten Poster führen:
- Warum ist meine Arbeit interessant?
- Was biete ich Neues?
- Welche Methoden verwende ich?
- Welche Ergebnisse habe ich?
- Welche Schlussfolgerungen ziehe ich?
- Was empfehle ich zu tun?

Ein interessanter Inhalt braucht eine angemessene Form, um Aufmerksamkeit auf sich zu ziehen. Zumal dann, wenn ein Poster mit vielen anderen um das knappe Gut Aufmerksamkeit konkurriert.

Gestaltung

Die Teilnehmer*innen einer Tagung oder eines wissenschaftlichen Kongresses entscheiden in wenigen Sekunden, ob sie einem Poster nähere Aufmerksamkeit schenken oder weitergehen. Entscheidend für diese Entscheidung ist nicht nur das Poster-Thema, sondern auch die Gestaltung. Worauf ist zu achten?

Poster sind PR-Medien, wissenschaftliche Plakate: Sie müssen seriös *und* plakativ sein.

Textlastige Poster sind nicht attraktiv. Deshalb sollten maximal 50 Prozent des Posters Text enthalten. Um diese Vorgabe einzuhalten, sollten Sie auf überflüssige Formulierungen verzichten, zum Beispiel: „Dieses Poster zeigt ..." Oder: „Die Zusammenfassung lässt erkennen ..."

Auf den Seiten des Instituts für Geowissenschaften der Universität Halle-Wittenberg ist zu sehen, wie Poster misslingen, wenn sie zu viel Text enthalten und mit Informationen überladen sind.[72] Die Autoren haben sich an eine ironisch gemeinte Empfehlung von Wolcott gehalten:

> „All of your ideas and data are equally important; there are no minor points. Protest the unfairness of space restrictions by completely papering your posterboard with closely-spaced text, tables and, as a last resort, figures. When you're done, a poster designed to be seen by hundreds of people in a few hours will require each viewer to stand within 1 m and read for at least half an hour."

---

[72] www.geo.uni-halle.de/geooekologie/pr/poster
Gute Beispiele und hilfreiche Anleitungen zur Poster-Gestaltung finden Sie auf den Seiten der *Studierwerkstatt* der Universität Bremen (https://t1p.de/imckm) sowie auf folgenden Seiten der Universität Zürich: www.geo.uzh.ch/microsite/olwa/olwa/de/html/unit_unit5.html
Siehe auch die Empfehlungen von Jürgen Finger: https://moraleconomy.hypotheses.org/414

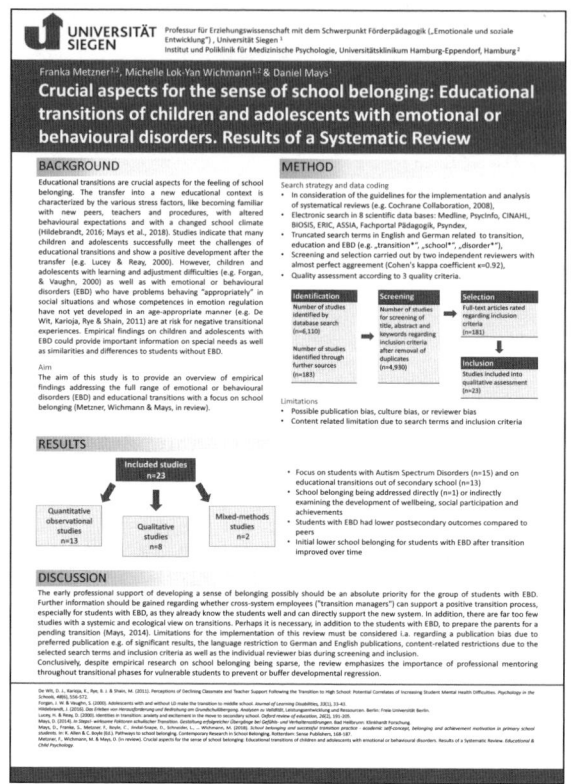

Abbildung 19: Eine Verwechslung von Poster und Abstract

Aufmerksamkeitswecker sind (gute) Bilder[73], (eindeutige) Grafiken und eine pointierte Überschrift. Ein Tagungsposter, das zum Lesen einlädt, muss zudem *klar strukturiert* und *gut lesbar* sein.

Die Struktur des Posters folgt in der Regel der Darstellungslogik der Forschung (Problem, Fragestellung, Methode usw.). *Lesbarkeit* heißt für die Schriftgröße:
- Hauptüberschrift: 100 Punkt
- Untertitel: 48 Punkt
- Fließtext: 26 Punkt
- Bildunterschrift und Quellenangaben: 20 Punkt

Der *Zeilenabstand* muss immer größer als die Schriftgröße sein; zum Beispiel 30 Punkt bei einer Schriftgröße von 24 Punkt.

Seien Sie sehr zurückhaltend mit Hintergrundbildern und Negativ-Kontrasten, denn sie erschweren die Lesbarkeit.

---

73 Zur Gestaltung und Verwendung wissenschaftlicher Bilder siehe Ballstaedt (2023).

Achten Sie zudem darauf, dass alle typografischen Gestaltungselemente eine einheitliche Bedeutung haben: Gleiche Farben und gleiche typografische Struktur-Elemente (Pfeile, Raster usw.) verweisen auf semantische Zusammengehörigkeit.

Ob man ein Poster im Hoch- oder im Querformat gestaltet, hängt vom Inhalt ab. In jedem Falle sollten Sie das Corporate Design (Farben, Schrift usw.) Ihrer Hochschule beachten und sich eine skalierfähige Logovorlage besorgen.

Zur Kommunikation einladen
Mit einem Poster informieren Sie über die Ergebnisse Ihrer Arbeit. Damit geben Sie implizit immer auch Auskunft über Ihre Fähigkeit, Sachkompetenz kompetent zu präsentieren.

Explizit sollte das Poster Daten zur Person enthalten: Arbeitsschwerpunkte und Veröffentlichungen. Darüber hinaus ist der Zusammenhang interessant, innerhalb dessen Sie forschen und/oder die Institution, die Sie fördert.

Ein Poster ist ein Medium der Kommunikation. Mit einem Poster treten Sie in Kontakt zu einem Publikum. Sie teilen diesem Publikum etwas mit und sollten zu Rückmeldungen und zur Kontaktaufnahme ermuntern:

Geben Sie Ihre E-Mail-Adresse an und die URL der Seiten, auf denen Informationen zu Ihrem Projektzusammenhang zu finden sind.

Stellen Sie Klebezettel („Post-it") für Kommentare bereit.

Poster drucken
Machen Sie vor dem Druck einen DIN A4-Probeausdruck mit einem Farbdrucker, um sicherzustellen, dass Bilder, Grafiken und Farben gut kommen.

Wandeln Sie, wenn Sie das Poster mit *PowerPoint* erstellt haben, die Datei für den Druck in eine PDF-Datei um.

Poster präsentieren
Poster können als „stiller Vortrag" eingesetzt werden: Während der Kongresspausen schauen sich Interessierte einige Poster an. Die Poster-Autorin ist nicht präsent.

Oder auf dem Tagungsprogramm steht ein „Poster-Rundgang", während dem der Autor sein Poster in wenigen Minuten präsentiert.

Beim Poster-„Basar" sind bestimmte Zeiten festgelegt, zu denen die Poster-Autorinnen anwesend sind. Die Kongressteilnehmer gehen zu den Postern, die sie interessieren.

Für Poster-Präsentationen gelten die gleichen Standards wie für einen Vortrag. Achten Sie darauf, dass Sie *neben dem Poster stehen* und nicht zum Poster, sondern *zum Publikum sprechen*. Ein Manuskript ist überflüssig: Was wichtig ist, steht auf dem Poster.

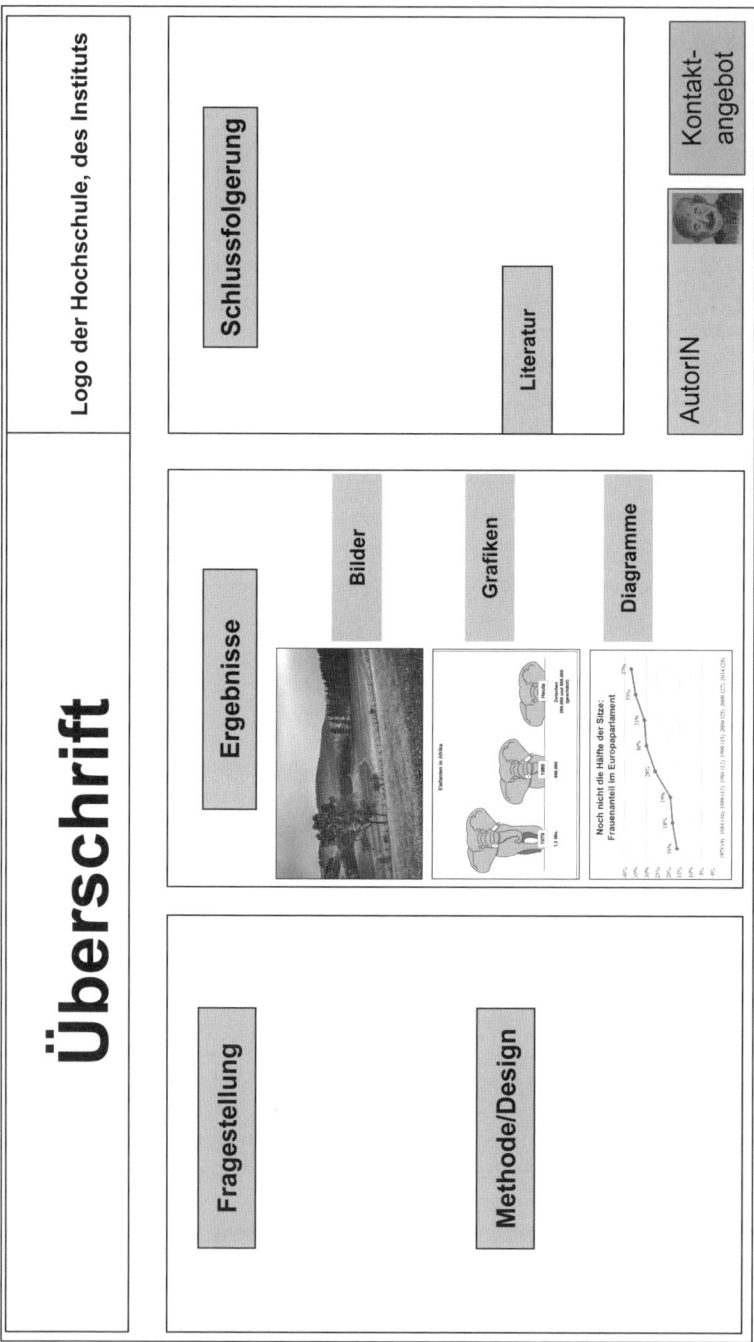

Abbildung 20: Muster für die Gliederung und Gestaltung eines Posters (Franck 2021a, 185)

4 Vortrag – Präsentation: Zwei Dutzend Hinweise und Empfehlungen

1. Zur professionellen Vorbereitung eines Vortrags gehört die Klärung folgender Fragen: Was soll in den Mittelpunkt gestellt werden? Was ist das Ziel der Präsentation? Wie kann das Thema für die Zuhörer*innen aufbereitet, mit welchen Belegen und Beispielen gestützt und veranschaulicht werden?
2. Stellen Sie Ergebnisse, den Nutzwert Ihrer Analysen und Vorschläge in den Mittelpunkt.
3. Ein Manuskript ist ein unverzichtbares Hilfsmittel und Ausdruck von Höflichkeit: Man spricht über das, worüber man sich vorher Gedanken gemacht hat. Ein Manuskript eröffnet die Möglichkeit, präzise und eloquent zu formulieren, pointierte Zitate zu platzieren und effektvolle rhetorische Pause zu planen.
4. Die ersten Sätze sind wichtig. Dieser Dreischritt sorgt für Vorschusslorbeeren: Starten Sie mit einem Aufmerksamkeitswecker. Heben Sie den Nutzen Ihres Vortrags hervor. Und geben Sie einen Überblick über den Inhalt Ihres Vortrags.
5. Der Anfang prägt. Der Schluss haftet. Schließen Sie mit einer Zusammenfassung. Und runden Sie Ihren Vortrag, wenn es sich thematisch anbietet, mit einer Take-Home-Message ab.
6. Ein Vortrag ist kein Wissensnachweis. Verstellen Sie das, was wichtig ist, nicht durch Rand- und Klammerbemerkungen: Im Hauptteil kommt es auf eine klare Struktur, einen erkennbaren roten Faden an. Beispiele und andere Publikumslieblinge helfen, die Aufmerksamkeit des Publikums aufrechtzuerhalten.
7. Nur wer probt, kann gezielt am Vortrag feilen. Sprechproben dienen dazu, sich mit dem Manuskript vertraut zu machen. Sprechen Sie den Vortrag viermal laut vor, entstehen im Kopf „Klangbilder": Für viele Formulierungen brauchen Sie nicht ins Manuskript zu schauen, über bestimmte Übergänge müssen Sie nicht mehr nachdenken, sie entstehen „wie von selbst".
8. Wenn Sie Ihre Leistungen *sachbezogen* hervorheben, wird das nicht als Angeberei wahrgenommen.
9. Niemand erwartet von Ihnen ein rhetorisches Feuerwerk, sondern verständlich aufbereitete Informationen.
10. Die Zuhörer sind in der Regel nicht feindselig eingestellt. Ein Freundbild vom Publikum entlastet.
11. Der erste Eindruck ist nicht entscheidend.
12. Zu den Zuhörerinnen sprechen – nicht zur Projektionsfläche und nicht zum Flipchart, zur Tafel oder zum Laptop.
13. Kontinuierlich Blickkontakt halten.
14. Aufrecht sitzen und stehen. Mit beiden Beinen fest auf dem Boden.
15. Keine Gesten einstudieren. Unterstreichen Sie das, was Sie sagen, sparsam mit den Händen.

16. Lächeln Sie nur dann, wenn es Anlass zum Lächeln gibt.
17. Sprechen Sie nicht „ohne Punkt und Komma", machen Sie Pausen, und wechseln Sie das Sprechtempo.
18. Konzentrieren Sie sich, sollten Sie aufgeregt sein, auf das, was Sie sagen wollen. Überfordern Sie sich nicht mit dem Wunsch, sich wohlfühlen zu müssen.
19. Sprechen Sie in der ersten Person. Sagen Sie unmissverständlich, was *Sie* herausgefunden haben, meinen oder vorschlagen.
20. Visualisieren dient vor allem dazu, komplexe Sachverhalte zu veranschaulichen, Interesse zu wecken und die Aufmerksamkeit aufrechtzuerhalten. Abbildungen sind hilfreich, wenn erläutert werden soll, was der sinnlichen Wahrnehmung nicht zugänglich ist.
21. Eine PowerPoint-Folie ist kein Roman. Deshalb keine Textberge auf eine Folie packen. Visualisiert werden ausschließlich zentrale Aspekte der Präsentation.
22. Professionell gestaltete Folien sind frei von PowerPoint-Schnickschnack. Bei der Foliengestaltung ist die Frage leitend: Was sollen die Zuhörer*innen den Folien entnehmen? Die Informationen auf einer Folie müssen auf einen Blick erfasst werden können
23. Kopien von PowerPoint-Folien ergeben noch kein Handout. Ein professionelles Handout ist eine aufbereitete Auswahl der Präsentation.
24. Ein Tagungsposter muss ohne weitere Erläuterungen verständlich, seriös und plakativ sein. Maximal 50 Prozent des Posters sollten Text enthalten.

In Diskussionen bestehen
Selbstbestimmt kommunizieren

Vier Szenen aus dem Wissenschaftsalltag:

Ein Gutachter der Deutschen Forschungsgemeinschaft im Anschluss an den Vortrag eines Doktoranden: „Sieht man einmal von den Schwächen Ihrer Datenbasis ab, habe ich zwei Fragen zum Stand der Forschung: ..."

Ein Kongress: Die Anglistin A, frisch promoviert, hält ihren ersten Vortrag vor großem Publikum. Die erste Wortmeldung kommt von Professor B, der den Kongress ausgerichtet hat: „Das war ja sehr anregend, liebe Kollegin, aber ich kann mich doch des Eindrucks nicht erwehren, dass Ihre Analyse die Dialektik von Teil und Ganzem verfehlt."

Graduiertenkolleg: Ein Doktorand zu seiner Kollegin: „Ich habe den Eindruck, dass Du die neuere französische Literatur nicht berücksichtigt hast."

Bewerbung um eine Fachhochschulprofessur: Vortrag und Diskussion sind vorüber. Die Berufungskommission zieht sich mit der Bewerberin zurück. Der Kommissionsvorsitzende ruft zunächst die wichtigsten beruflichen Stationen der Bewerberin in Erinnerung und fordert dann zu Fragen auf. Die Frauenbeauftragte stellt die erste Frage: „Hat Ihnen Ihr Vortrag gefallen?" Einige Zeit später fragt ein Student: „Halten Sie immer solche Vorträge?"

Ein kleiner Ausschnitt aus dem Frage- und Bewertungsrepertoire von (Nachwuchs-)Wissenschaftler*innen.[74] Solche Zumutungen sind nicht die Regel. Viele Professorinnen urteilen sachlich. Viele Doktoranden stellen ernsthafte Fragen, weil sie an den Ergebnissen oder Methoden interessiert sind, die in einem Vortrag vorgestellt wurden. Doch das Interesse an der Sache ist im Wissenschaftsbetrieb nicht das einzige Leitkriterium. Nicht alle Diskussionsteilnehmer*innen sind auf Erkenntniszuwachs aus. Diskussionen sind auch Bühnen der Selbstdarstellung, Orte von „Kämpfen", bei denen es um „Sieg" oder „Niederlage" geht.

Deshalb ist es nützlich, auf das vorbereitet zu sein, was nach Vorträgen folgen *kann*. Darum geht es auf den nächsten Seiten: Wie *souverän* und *gelassen* mit Fragen und Kritik umgehen? Wie dafür sorgen, dass Sie in Diskussionen nicht überhört, sondern als selbstbewusst wahrgenommen werden? Wie gekonnt auf Fragen zur Person in Bewerbungsgesprächen antworten?

---

74 Siehe auch die Schilderungen in dem Vortrag von Geimer und Groebner (2006).

5 Fragen souverän beantworten. Interviews meistern

Fragen können anregend sein oder knifflig, unklar, indiskret, suggestiv, unverschämt. Fragen können ein Kontrollmittel und eine Chance sein. Fragen sind kein Grund zur Hektik.

5.1 Fragen als Fragen hören. Souverän statt schlagfertig reagieren

Ich komme zurück auf die vierte Eingangsszene auf Seite 105: Die Frauenbeauftragte hat nicht gesagt, „Fanden Sie ihren Vortrag auch so schlecht?" Und die Frage des Studenten lautete nicht: „Halten Sie immer so langweilige Vorträge?"

Fragen als Fragen hören
Deshalb gibt es keinen Grund, diese Nachrichten zu hören. Als Empfehlung formuliert: Nehmen Sie Fragen, die keine expliziten Wertungen enthalten, wörtlich. Das erleichtert Ihnen das Antworten erheblich.[75]

„Hat Ihnen Ihr Vortrag gefallen?" Mein Antwort-Vorschlag: „Ja." Warum sollte die Bewerberin, wenn sie im Vortrag das gesagt hat, was sie sagen wollte, ihre Leistung schmälern oder sich verteidigen?

„Halten Sie immer solche Vorträge?" Die Frage des Studenten ist unverständlich. Was sind *solche* Vorträge? Wenn eine Frage unverständlich ist, bittet man um Erläuterung: „Was meinen Sie mit *solche* Vorträge?"

Jetzt ist der Student wieder an der Reihe. Nehmen wir an, er sagt: „Na, so abstrakt."

Das *klingt* nach Kritik. Der Satz muss aber nicht notwendig so *gehört* werden. Was ist mit *abstrakt* gemeint? *Abstrakt, theoretisch* oder *kompliziert* sind häufig unpräzise Bewertungen. Sie können zutreffen, und sie können Ausdruck mangelnder Anstrengungsbereitschaft derer sein, die diese Wertung vornehmen. Es gibt daher keinen Anlass, sich zu rechtfertigen oder zu entschuldigen. Der Student hat sich unpräzise ausgedrückt. Die angemessene Reaktion ist deshalb eine selbstbewusste Nachfrage: „Meinen Sie mit *abstrakt* die theoretische Verdichtung eines komplexen Sachverhalts?"

---

75 Wer eine Disputation vor sich hat, sollte bedenken: Fragen gehört zur Rolle der Prüfenden. Selten will man Ihnen *auf den Zahn fühlen* oder Sie *in die Mangel nehmen*. Gehen Sie vielmehr davon aus, dass die Prüfenden daran interessiert sind, was Sie zu sagen haben. Begreifen Sie deshalb Fragen in Prüfungssituationen als Chance, Ihr Wissen zu beweisen. Zudem: So manche umständlich formulierte, kompliziert klingende Frage dient der Selbstdarstellung und zielt nicht darauf ab, Sie zu verunsichern.

Fragen als Fragen und Bewertungen als eine Meinung „hören", über die man sich auseinandersetzen kann – diese Haltung schützt davor, eine ungünstige und anstrengende Rechtfertigungs- oder Verteidigungshaltung einzunehmen, in die Rolle der oder des Angeklagten zu schlüpfen. Mit anderen Worten: Widerstehen Sie der Tendenz, nur mit dem „Kritik-Ohr" zu hören und sich deshalb unnötig zu rechtfertigen. Das ist die erste Voraussetzung für einen gelassenen und souveränen Umgang mit Fragen.

Souverän statt schlagfertig reagieren
Antworten Sie in aller Ruhe, wenn Ihnen nach Ihrem Vortrag Fragen gestellt werden. Sie müssen nicht „wie aus der Pistole geschossen" antworten oder *schlagfertig* sein. *Schlag*fertigkeit ist ein scheußliches Wort und ein Ziel, das in die Irre führt: Fragen sind keine Angriffe, die man schnell – *wie aus der Pistole geschossen* – (bissig oder ironisch) zurückschlagen muss.

Diese Einsicht hilft, gelassen zu bleiben. Gelassenheit hält den Kopf frei für sachliche Antworten, mit denen Sie Pluspunkte sammeln können.

Ein *Schlag*abtausch mag eine Diskussion spannend machen. Sympathie für die Kontrahent*innen weckt er nicht. Schlagfertige Menschen haben vielleicht ehrfürchtige Gegnerinnen oder neidvolle Bewunderer – aber wenige Freundinnen und Freunde. Wer in Gesprächen und Diskussionen auf Kosten anderer punktet, verscherzt sich die Sympathie der Unterlegenen. Das bringt vor allem dann nicht weiter, wenn die Unterlegenen über einen Antrag oder eine Bewerbung entscheiden.

Unbeliebt macht man sich auch mit ausweichenden Antworten, die arrogant wirken: „Die Frage stellt sich doch gar nicht." (Eine klassische Angela Merkel-Antwort auf Bundespressekonferenzen, wenn ihr eine Frage missfiel.)

Stellen Sie sich nicht unter Schlagfertigkeitsdruck, sondern nehmen Sie sich Zeit für eine Antwort. Mit einer Pause signalisieren Sie: *Ich stehe nicht unter Druck. Ich denke nach, um keine oberflächlichen Antworten zu geben.* Denkpausen sind souverän.

Sie können sich Zeit zum Nachdenken verschaffen, indem Sie

1. Einen *Überbrückungssatz formulieren:*
„Lassen Sie mich kurz nachdenken, um Ihre Frage so konkret wie möglich zu beantworten."

2. Ihre *Antwort gliedern:*
„Deine Frage spricht drei verschiedene Aspekte an. Ich will zunächst auf ... eingehen, dann auf ... und schließlich auf die Frage nach ...".

3. *Schmeicheln:*
- „Das ist eine sehr wichtige (interessante, spannende) Frage."
- „Es freut mich, dass Sie das fragen, denn ..."

4. Eine *Gegenfrage stellen*:
- „Wie meinen Sie das?"
- „Was verstehst Du unter *Generationengerechtigkeit*?"
- „Können Sie Ihre Frage bitte etwas konkreter formulieren?"

5. Die *Frage analysieren*:
- „Ihre Frage enthält eine Voraussetzung, die ich nicht teile. Ich gehe aber gerne auf das angesprochene Problem ein."
- „Du hast drei Fragen gestellt. Ich antworte zunächst auf die aus meiner Sicht wichtigste Frage: …".
- „Den Gegensatz, der in Ihrer Frage anklingt, sehe ich nicht. Zu dem von Ihnen angesprochenen Problem meine ich: …".

Vermeiden sollten Sie Ein-Satz-Antworten, die zu Frage-Antwort-Runden führen können, die an die Schule erinnern.

Fragen Sie nach, wenn Sie unsicher sind, ob Sie eine Frage richtig verstanden haben. Das ist kein Ausdruck von Schwäche, sondern von angemessener Kommunikation:
- „Zielt Ihre Frage nach dem internationalen Rechtshilfeverkehr auf Zivil- oder Strafsachen?"
- „Habe ich Sie richtig verstanden, Sie möchten die Zahl für die gesamte Europäische Union wissen?"

Fällt Ihnen die Antwort auf eine Frage schwer, können Sie die Frage einengen oder ausweiten.

Einengen: „Ich beantworte Deine Frage an einem konkreten Beispiel."

Ausweiten: „Lassen Sie mich Ihre Frage in einen größeren Zusammenhang einordnen."

Und Sie können *passen*: Sie können und müssen nicht alles wissen. Geben Sie eine Wissenslücke zu. Versuchen Sie nicht, sich herauszureden. Ausflüchte provozieren oft weitere Fragen, die „in die gleiche Kerbe hauen".

Formulieren Sie, sofern die Situation es erlaubt, positiv: „Geben Sie mir doch Ihre E-Mail-Adresse. Ich maile Ihnen gerne die Daten, die mir im Moment nicht vorliegen." (Statt: „Ich kann Ihnen die Frage leider nicht beantworten.")

Sie können auch mit ein wenig (Selbst-)Ironie passen: „Die Frage ist so gut, dass ich sie nicht durch meine Antwort verderben möchte." (Robert Koch)

Und wenn …

… *Sie während eines Vortrags oder Diskussionsbeitrags durch Fragen unterbrochen werden?*

Bei Unterbrechungen können Sie die Frage beantworten oder versprechen, dass die Frage im Laufe des Vortrags beantwortet wird. Sie können zudem darauf hinweisen, dass Sie Fragen erst im Anschluss an Ihren Vortrag oder Diskussionsbeitrag beantworten möchten.

... Ihnen Alternativfragen gestellt werden?
2010 wurde das in der Politik beliebte Schlagwort „alternativlos" von der *Gesellschaft für Deutsche Sprache* zum „Unwort des Jahres" gekürt. Die Alternativfrage räumt nur eine Entscheidungsmöglichkeit ein. Im Alltag sind häufig Entweder-oder-Entscheidungen zu treffen: Aufsatz fristgerecht einreichen oder in den Urlaub fahren, Yoga- oder Fitnesskurs besuchen.

Alternativfragen werden auch manipulativ eingesetzt: „Was meinen Sie, sollte bei den Lehraufträgen oder bei den Tutorien gekürzt werden, um die Sparauflagen zu erfüllen?"

Lassen Sie sich durch solche Fragen nicht Ihren Denkraum einengen: „Weder noch: Wir sollten nach Sparmöglichkeiten suchen, die nicht zulasten der Lehre und der Betreuung der Studierenden gehen."

In Bewerbungsgesprächen sind Alternativfragen beliebt: „Sind Sie eher für Teamentscheidungen oder für eine konsequente Führung?"

In der Regel ist eine Entscheidung für das Entweder oder das Oder die falsche Entscheidung. Fast immer ist eine Antwort nach dem Muster *möglich-notwendig* die erste Wahl: „Ich bin für so viel Teamarbeit wie möglich und so viel Führung wie notwendig."

... eine Frage keine Frage ist, sondern ein Angriff?
Geht es kommunikativ unter die Gürtellinie, hilft es, die Sach- und Beziehungsebene auseinanderzuhalten. Und dies mitzuteilen: „Ich gehe gleich inhaltlich auf Ihre Frage ein. Zunächst aber: Ich finde Ihren Ton unangemessen. So möchte ich nicht angesprochen werden. Nun zur Sache: ..."

In Anlehnung an Ruth Cohn formuliert: Geben Sie dem Raum, was im Raum ist. Das befreit Sie von Anspannung. Und Sie benennen, was auch die meisten Zuhörer*innen empfinden.

5.2 Chancen nutzen: Interview

Werden Sie als Expertin, als Fachmann um ein Interview gebeten, ist das Kompliment, Chance und Herausforderung zugleich. Worauf kommt es neben Kompetenz in der Sache an?

Vorbereiten
Was für Vortrag und Präsentation gilt, trifft auch auf Interviews zu: Eine gründliche Vorbereitung ist unverzichtbar. Lehnen Sie Interviews ab, wenn Ihnen nicht mindestens 15 Minuten Vorbereitungszeit eingeräumt wird.

Verschaffen Sie sich, wenn Sie um ein Interview gebeten werden, Klarheit über folgende Fragen:
- Welche Themenaspekte sollen angesprochen werden?
- Welche Fragen können zu diesen Aspekten gestellt werden?
- Gibt es heikle Punkte?
- In welchem Zusammenhang steht das Interview?
- Wer wird noch interviewt?
- Wie soll es ablaufen?
- Wie lange soll es dauern?

Handeln Sie nicht nach der Maxime „es wird mir schon etwas einfallen". Stellen Sie vielmehr sicher, dass Sie komplizierte Sachverhalte verständlich erläutern und Informationen und Einschätzungen mit Vergleichen oder Beispielen veranschaulichen können.

Vor allem jedoch muss klar sein, was Sie „rüberbringen" wollen: Nur wer sich das *eigene* Interviewziel bewusst gemacht hat, kann Interviewfragen souverän beantworten, statt über jedes Stöckchen zu springen, das Journalisten hinhalten. Ein Beispiel:

Eine Journalistin fragt: „Welches vom Aussterben bedrohte Tier steht für sie persönlich ganz oben auf der Liste der zu schützenden Tiere?"

Die souveräne selbstgesteuerte Antwort: „Für mich ist wichtig, dass wir alle Arten retten – gleich, ob sie groß oder klein sind, schön oder nicht schön, nützlich oder nicht."

Wenn es die Zeit erlaubt und sich thematisch anbietet, können Sie (oder die Pressestelle Ihrer Hochschule bzw. Forschungseinrichtung) Journalist*innen vorab Material zur Verfügung stellen. Das erhöht die Chance auf sachkundige Fragen.

Bestreiten
Vorbereitung hilft, in Interviews rasch auf den Punkt zu kommen. Das ist wichtig, denn in allen Medien sind Zeit und Platz immer knapp.

Was ist während eines Interviews zu beachten?
- *Kurz und prägnant antworten*
  Das ist deshalb wichtig, weil Interviews häufig gekürzt werden. Sind Antworten zu lang, kann es passieren, dass eine Antwort komplett gestrichen wird. Im Rundfunk und Fernsehen werden Journalisten und Moderationen ungeduldig, wenn eine Antwort deutlich länger als eine Minute wird.
- *Wissenslücken nutzen*
  Nicht ärgern, wenn sich ein Journalist nicht auskennt, sondern die Chance nutzen, durch die Antworten seine Fragen zu steuern.
- *Sagen, was man sagen möchte*
  Bei einer Kettenfrage auf den Aspekt eingehen, den man für den wichtigsten hält.

- *Interviewverlauf beeinflussen*
  Bei Interviews wird häufig am letzten Satz angeknüpft, um die nächste Frage zu stellen. Wenn man das Wichtigste im letzten Satz sagt, kann man den Verlauf des Interviews beeinflussen.
- *Antworten gliedern*
  Das erleichtert das Zuhören: „Ihre Frage spricht drei verschiedene Aspekte an. Ich will zunächst auf ... eingehen, dann auf ... und schließlich auf die Frage nach ...".
- *Widerspruch ist erlaubt*
  Enthält die Frage eine Voraussetzung, die man nicht teilt, sollte das deutlich gemacht werden: „Ihre Frage enthält eine Voraussetzung (einen Gegensatz), die ich nicht teile. Ich gehe aber gerne auf das angesprochene Problem ein."

Journalist*innen dürfen kritische Fragen stellen; *Sie* dürfen gelassen bleiben. Zum Beispiel, wenn Sie gefragt werden: „Was sagen Sie dazu, dass Ihnen andere Wissenschaftlerinnen und Wissenschaftler widersprechen?" Mein Vorschlag: „Widerspruch gehört zur Wissenschaft. *Meine* Untersuchungen belegen allerdings zweifelsfrei, dass ..."

Auf Sendung

Rundfunk
Kurze und prägnante Antworten sind bei Rundfunkinterviews besonders wichtig. Die Hörer*innen müssen die Antworten auf Anhieb verstehen. Radiohören ist für die meisten Menschen eine Nebenbeschäftigung, der sie nicht die volle Aufmerksamkeit schenken.[76] Deshalb: kurze und knappe Antworten ohne Fremdwörter, Fachausdrücke und Abkürzungen.

Kurz und knapp meint: Eine Antwort ist nicht länger als vier klar gegliederte Sätze. Bereits ein Satz mit mehr als 14 Wörtern überfordert viele Menschen; und bei mehr als 20 Wörtern schaltet die Mehrzahl der Hörer*innen ab.

Wird langsam, ruhig und sachlich gesprochen, können die Hörer gut folgen; zudem sinkt das Risiko, sich zu versprechen. Wer zu schnell spricht, wer „ohne Punkt und Komma" redet, macht sich und den Hörerinnen keine Freude (siehe auch Seite 58.

Mit prägnanten Beispielen, Vergleichen und Analogien können komplizierte Sachverhalte veranschaulicht werden (siehe auch Seite 30).

Wegweiser erleichtern es den Zuhörerenden, zu folgen (siehe auch Seite 30):

---

[76] 2022 hörten über 80 Prozent der Bevölkerung in Deutschland Radio. Durchschnittliche Dauer: 135 Minuten (Mai 2022).

- „Drei Argumente sprechen für einen höheren Spitzensteuersatz. Argument 1: ... Argument 2: ..."
- „Ihre Frage spricht zwei Probleme an. Zunächst zum ersten Problem, der Altersarmut."

Sprechen Sie immer direkt ins Mikrofon. Gehen Sie jedoch nicht zu dicht an das Mikrofon heran, sonst blubbern die Mitlaute.

Ist das Interview nicht live, fragen Journalisten am Schluss häufig, ob etwas Wichtiges vergessen wurde. Eine gute Möglichkeit nachzutragen, was man noch nicht losgeworden ist. Im Studio wird eine Frage zu dieser Aussage eingespielt.

Bleibt diese Frage aus, bietet man selbst einen Nachtrag an: „Ich würde ihnen gerne noch mein Lieblingsbeispiel nennen."

Ist ein Interview nicht live, kann man unterbrechen:
- „Ich möchte den Satz gerne noch einmal neu beginnen."
- „Ich habe, glaube ich, eine falsche Zahl genannt. Richtig ist *neun* Prozent."

Fernsehen

Kündigt sich ein TV-Sender für ein 3-Minuten-Interview an, sollten Sie 60 Minuten einplanen: Die Beleuchtung muss eingerichtet, der richtige Hintergrund für die Aufnahmen gesucht (oder arrangiert) werden, vielleicht wird noch eine Außenaufnahme gemacht. Oder man wird gebeten, für die Anmoderation des Interviews mehrmals einen Flur entlangzulaufen. Auch ein beliebtes Motiv: vor einem Bücherregal in einem Buch blättern.

Wohin schauen, wenn die Kamera läuft? Entweder die Interviewerin anschauen oder in die Kamera blicken. Entscheidet man sich für die zweite Möglichkeit, entsteht bei den Zuschauer*innen der Eindruck, man wende sich direkt an sie. Man schaut zunächst die Journalistin an. Hat sie ihre Frage gestellt, wendet man sich langsam der Kamera zu und antwortet mit Blick in die Kamera. Nach der Antwort schaut man wieder die Interviewerin an.

Im Fernsehen wird man gesehen. Um auch optisch einen guten Eindruck zu machen, sollten Sie sich bei einem Interview im Studio vertrauensvoll der Maske überlassen, die dafür sorgt, dass Sie auf dem Bildschirm nicht glänzen.

Rundfunk und Fernsehen

Eindrucksbildend sind auch der Anfang und das Ende des Interviews. Ich empfehle eine freundliche Antwort auf die Begrüßung des Redakteurs oder Moderators: „Guten Tag (Morgen, Abend) Herr ...".

Am Ende des Interviews wird meist für das Gespräch gedankt. Mein Antwort-Vorschlag: „Gerne" und – je nach Temperament und Inhalt des Interviews – „Tschüss, Herr ...", „Schönen Abend noch" oder: „Auf Wiedersehen". Von „Ich danke ihnen", rate ich ab: Man hat ja etwas geboten. Dafür braucht man nicht zu danken.

Autorisieren
Es ist üblich, Interviews mit Zeitungen und Zeitschriften zu autorisieren. Einzelne Formulierungen können korrigiert werden.
   Wurden bei einem längeren Interview Teile der Antworten gestrichen, kann die Schwerpunktsetzung verändert, allerdings kann nicht der gesamte Text umschrieben werden.[77]
   Hat man ein Interview regelrecht verpatzt, bleibt als letzte Möglichkeit, den Abdruck zu verweigern. Wer sich dafür entscheidet, wird von dem betroffenen Medium längere Zeit nicht mehr um ein Interview gebeten.[78]

5.3. Fragen zur Person selbstsicher beantworten: Bewerbungsgespräch

Sie wollen sich derzeit beruflich nicht verändern.	Sie haben ein Bewerbungsverfahren laufen.
↓	↓
Bitte lesen Sie auf der Seite 117 weiter.	Bitte lesen Sie auf dieser Seite weiter.

Sie haben sich beworben und werden eingeladen. Vortrag oder Probelehrveranstaltung und die Fachdiskussion über den Vortrag haben Sie gemeistert. Nun kommen *Sie* zur Sprache.
   Wer sich bewirbt, wirbt. Was zeichnet gute Werbung aus? Sie rückt das Produkt ins rechte Licht. Das heißt für eine Bewerbung: Wer sich bewirbt, weiß, was sie kann. Und kann seine Leistungen prägnant und anschaulich zusammenfassen.
   Ich rate dazu, vor jedem Bewerbungsgespräch ein solches Leistungs-„abstract" aufzuschreiben und vor dem Gespräch mindestens dreimal laut sprechen. In der schriftlichen Bewerbung haben Sie zwar alle Qualifikationen (übersichtlich) aufgeführt; Sie können aber nicht davon ausgehen, dass alle Mitglieder einer Bewerbungs- oder Berufskommission diese Qualifikationen präsent haben. Und auch dann, wenn Sie nicht einleitend aufgefordert werden, kurz die wichtigsten Stationen Ihres Lebens in Erinnerung zu rufen, ist es nützlich, wenn *Ihnen* präsent ist, dass Sie Ihr Studium „mit Auszeichnung" abgeschlossen und summa cum laude promoviert haben, dass Sie diese Zusatzqualifikationen und jene Lehrerfahrungen nachweisen können, dass Sie ...

---

77 In den Leitlinien für die Autorisierung von Interviews des Deutschen Journalisten-Verbandes heißt es unter anderem: „Der Interviewte kann die Autorisierung eines mit ihm geführten Interviews fordern. Dieser Anspruch beschränkt sich auf redaktionell bearbeitete Wort-Interviews. Autorisierungen dienen der sachlichen Korrektheit, der Sinnwahrung und sprachlichen Klarheit. Änderungen müssen sich darauf beschränken." (2017, 7)
78 Für das souveräne Bestreiten von *Pressekonferenzen* finden Sie Hinweise in *Presse- und Öffentlichkeitsarbeit* (Franck 2023).

Werden Sie aufgefordert, kurz Ihren beruflichen Werdegang zu schildern, ist das eine gute Chance, Einfluss auf die weiteren Fragen zu Ihrer Person zu nehmen. In diesen 90 Sekunden (es dürfen auch zwei Minuten sein) können Sie die Akzente setzen, die deutlich machen, dass Sie nicht nur alle Voraussetzungen erfüllen, sondern aufgrund Ihrer
- fachlichen Ausrichtung,
- Spezialisierung,
- thematischen Breite,
- Forschungsschwerpunkte,
- Lehrerfahrungen
- usw.
- gut in den Fachbereich, das Institut, die Arbeitsgruppe usw. passen.[79]

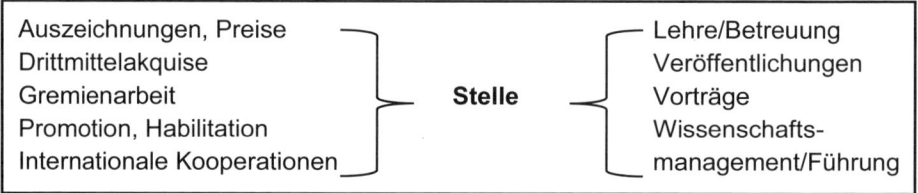

Abbildung 21: Womit Sie bei einer Bewerbung punkten können

Selbstverständlich
- werden Sie an den neuen Ort Ihre Forschung und Lehre umziehen – zumal X sehr reizvoll gelegen ist, Y die Ruhe bietet, die intensive Forschung erfordert, Sie das See- oder Bergklima mögen;
- unterstützt Ihr Partner (Männern wird eine entsprechende Frage nicht gestellt) den Umzug;
- sind Ihre Kinder (auch Fragen dieser Art werden exklusiv an Frauen gerichtet) gut versorgt und kein Hindernis, sich mit aller Kraft zu engagieren,

---

79 Außerhalb der Hochschule wird, zumal wenn Personalberater*innen an dem Bewerbungsgespräch teilnehmen, direkt gefragt, warum gerade Sie die richtige Frau oder der richtige Mann für die ausgeschriebene Stelle sind. Im Wissenschaftsbetrieb gilt diese Frage als „unfein". Trotzdem haben alle diese Frage im Kopf.
Personalchefinnen und Personalberater haben zudem ein Faible für die unsinnige Frage nach Schwächen. In Berufungsverfahren wird diese Frage in ein Lob verpackt: „Wo viel Licht ist, ist auch viel Schatten. Was sind ihre Schattenseiten?" Lassen Sie sich nicht vorgeben, dass Sie Schwächen oder „Schattenseiten" haben. Beruflich können Sie nicht mit Schwächen dienen. Ihre Schwäche ist Süßes. Und was in der Natur gilt, muss nicht für Sie gelten: „Ein schönes Kompliment. Vielen Dank. Doch mit Schattenseiten kann ich zum Glück nicht dienen."

- bringen Sie die Bereitschaft mit, sich an der akademischen Selbstverwaltung zu beteiligen;
- haben Sie bewusst eine halbe Stelle gesucht, um genügend Zeit für die Forschung zu haben. Deshalb ist eine halbe Stelle für Sie keine Übergangslösung, und Sie sind nicht „auf dem Sprung" nach einer vollen Stelle.

Zudem können Sie:
- Ihre wissenschaftstheoretische Position kurz und präzise umreißen;
- die Relevanz Ihres Forschungsschwerpunkts, die Originalität Ihrer Dissertation etc. in wenigen Sätzen präzise zusammenfassen.

Es ist nicht auszuschließen, dass Ihre Stärken in Zweifel an Ihrer Eignung umgedeutet werden. Ein Beispiel: Nehmen wir an, Sie haben sich um eine Professur an einer Fachhochschule beworben. Und nehmen wir weiter an, Sie sind Dr. phil., haben bereits einige Jahre geforscht, viel publiziert und zwei Semester eine W3-Professur vertreten. – Sie werden gefragt: „Glauben Sie wirklich, dass bei Ihrem Background eine FH-Professur mit 16 Stunden Lehre für Sie das Richtige ist?"

Das ist eine Frage, die nach einer *Gerade-weil-Antwort* verlangt: „Ja. Gerade weil ich viel über ... geforscht habe, habe ich den notwendigen Background für qualifizierte Lehre. Und dass mir die Vertretung einer W3-Professur übertragen wurde, belegt, dass ich ... Und nicht zuletzt: Ich lehre gerne."

Je mehr Qualifikationen Sie vorweisen können, umso wichtiger ist das Geradeweil-Antwortmuster (das auch ohne die Worte *gerade weil* auskommt): „Ich bin nicht überqualifiziert, sondern ich bringe die erforderlichen Qualifikationen mit, um gut Arbeit zu leisten. Und darauf kommt es doch an."

Sie können dieses Antwortmuster mit Hilfe einer vietnamesischen Weisheit modifizieren, wenn Ihr Lebenslauf „Ausfallzeiten" aufweist: „Umwege erhöhen die Ortskenntnis." Weil Sie
- vor dem Studium eine Banklehre gemacht haben, kennen Sie den Alltag in der Finanzwelt;
- sich um zwei Kinder gekümmert haben, sind Sie belastungsfähig und können ohne Hektik disparate Anforderungen bewältigen;
- zunächst drei Semester Sprachwissenschaft studiert haben, können Sie souverän formulieren; eine Fähigkeit, die in Betriebswirtschaft vor allem in den Bereichen Marketing und Personalführung immer wichtiger wird.

Schließlich kennen Sie keine Probleme, sondern nur Herausforderungen[80]: Dass zum Beispiel ein Studiengang erst aufgebaut werden muss, ist sehr reizvoll; organisatorische Arbeiten schrecken Sie nicht.

---

80 Vermeiden sollten Sie Lindner-Sprech. Der FDP-Vorsitzende sieht in Problemen „dornige Chancen".

Sie können noch mehr gefragt werden. In Berufungsverfahren zum Beispiel:
- „Welche Projekte bringen Sie mit?"
- „Haben Sie Erfahrungen in der Einwerbung von Drittmitteln?"
- „Was wären Ihre ersten Schritte?"
- „Auf der Stelle müssen Sie ohne nennenswerte Ausstattung auskommen. Wie gehen Sie mit dieser Situation um?"
- „Haben Sie Erfahrungen mit Massenveranstaltungen?"

Was immer Sie gefragt werden: Nehmen Sie sich Zeit für Ihre Antwort. Antworten Sie so lange wie nötig und so kurz wie möglich; vermeiden Sie Monologe und Weichmacher (siehe dazu Seite 122). Bleiben Sie stets freundlich. Und denken Sie daran: Wer nach allen Seiten lächelt, bekommt Falten.[81]

Und wenn es keine Fragen mehr gibt? Dann haben Sie noch Fragen. Fragen, die
- zeigen, dass Sie sich über Ihr potenzielles Aufgabenfeld – Lehrangebot, Studienanforderungen, Praktika usw. – sachkundig gemacht haben;
- Ihnen die Möglichkeit geben, sich ins rechte Licht zu rücken: „Sehen Sie in meinen Verbindungen zu Unternehmensberatungen eine Chance, das Praktikumsangebot für Studierende zu erweitern?"[82]

---

81 Zum souveränen Small Talk vor und nach dem Bewerbungsgespräch siehe das *Handbuch Kommunikation* (Franck 2021).
82 Hinweise zur Videobewerbung finden Sie hier: https://karrierebibel.de/videobewerbung/ Auf YouTube finden Sie viele Beispiele, wie eine Videobewerbung nicht bestritten werden sollte. Ein Beispiel: https://www.youtube.com/watch?v=QAYOAitXr_U

6 Gelassen mit Kritik umgehen

Nach einem Vortrag werde ich darauf hingewiesen, dass ich einen wichtigen neuen Aufsatz nicht berücksichtigt habe.

Diese Rückmeldung hilft mir, diesen *Fehler* nicht zu wiederholen. Für dieses Versäumnis rechtfertige ich mich nicht. Wegen dieses Fehlers geht die Welt nicht unter: Ich mache schon mein ganzes Leben Fehler.

Ich *entschuldige* mich bei einem Freund, komme ich zu spät zu einer Verabredung: „Es tut mir leid, dass ich zu spät komme, ..." Und einem Freund *erkläre* ich auch, warum ich zu spät komme: „... zwei S-Bahnen sind ausgefallen."

Habe ich einen Aufsatz übersehen, sage ich: „Den habe ich übersehen (noch nicht gelesen). Gut, dass Sie mich darauf hinweisen". Das reicht.

6.1 Zutreffende und unzutreffende Kritik

Schuld und Sühne ist ein großer Dostojewski-Stoff. Umgang mit Kritik, die Reaktion auf Fehler, Irrtümer und Versäumnisse ist ein anderes Thema. Verbrechen sind mit Fragen nach der Schuld verknüpft, Fehler und Irrtümer dagegen mit Fragen nach der Ursache und der Verantwortung.

Es ist nicht zu vermeiden, dass wir Fehler machen, uns irren. Wer Fehler und Irrtümer von Schuld-Überlegungen trennt, wird von Kritik nicht erschüttert, sondern kann sie als nützliche Rückmeldung annehmen.

Allerdings ist nur *zutreffende* Kritik eine nützliche Rückmeldung. *Unzutreffende* Kritik sollten Sie freundlich, aber bestimmt zurückweisen, statt sie vorschnell anzunehmen und mit Rechtfertigungen zu reagieren:
- „Das trifft nicht zu ..."
- „Das stimmt insofern nicht ..."
- „Ich vermute, Sie haben vergessen ..."
- „Sie übersehen ..."

6.2 Unklare, einschüchternde Kritik

Die vier auf der Seite 105 zitierten Aussagen sind entweder unklar oder haben die Funktion einzuschüchtern. Auf die unklaren Aussagen der Frauenbeauftragten und des Studenten bin bereits eingegangen. Ich führe die drei in Gewand wissenschaftlicher Feststellungen daherkommenden Kritiken noch einmal an:
- „Sieht man einmal von den Schwächen Ihrer Datenbasis ab, habe ich zwei Fragen zum Stand der Forschung: ..."
- „Das war ja sehr anregend, liebe Kollegin, aber ich kann mich doch des Eindrucks nicht erwehren, dass Ihre Analyse die Dialektik von Teil und Ganzem verfehlt."

- „Ich habe den Eindruck, dass Du die neuere französische Literatur nicht berücksichtigt hast."

In allen drei Aussagen wird auf Mängel verwiesen, ohne diese präzise zu benennen. Das macht es leicht, andere zu kritisieren. Auch wenn ich nichts von Steuerpolitik oder Erbschaftsrecht, von Bildung in der Frühen Neuzeit oder Gewässerschutz und Architektur verstehe, kann ich anderen vorhalten, dass die Dialektik von Teil und Ganzem oder die neuere französische Literatur nicht berücksichtigt wurde. Und ich kann bemängeln, dass
- das Thema viel differenzierter behandelt werden müsste oder
- die Relevanz der Thesen (Daten, Fragestellung) für das Thema nicht deutlich wurde.

Wie souverän und gelassen auf diese Mängelrügen reagieren? Meine Empfehlung: Nutzen Sie eines der folgenden beiden Antwort-Muster, die eine Gemeinsamkeit haben: Stets wird die eigene Leistung unterstrichen.

1. Den Einwand überhören – und die eigene Leistung herausstellen
„Das war ja sehr anregend, liebe Kollegin, aber ich kann mich doch des Eindrucks nicht erwehren, dass Ihre Analyse die Dialektik von Teil und Ganzem verfehlt."

Sie haben die Wahl, auf welchen Teil dieser Aussage Sie sich beziehen wollen. Und Sie sollten, wenn es um die Diskussion Ihres Vortrags geht, jede Chance nutzen, Ihre Leistungen hervorzuheben: „Es freut mich, dass Sie meine Analyse anregend finden. Mir war es besonders wichtig herauszustellen, dass ..."

Ein weiteres Beispiel: „Das ist ja sehr originell, aber ich kann die Relevanz für das Thema nicht sehen." Reaktion: „Danke für das Kompliment. Ich bringe noch einmal auf den Punkt, worin meines Erachtens die Relevanz meiner Arbeit besteht."

2. Nachfragen – und die eigene Leistung herausstellen
„Ich habe den Eindruck, dass Du die neuere französische Literatur nicht berücksichtigt hast."

Sie können jeder Variante der „Mängel-Rüge" mit einer Nachfrage begegnen. Heben Sie vor der Frage Ihre Leistung hervor. Und machen Sie dann die schöne Erfahrung, dass Bluffer ins Stottern geraten: „Ich habe gezeigt, dass ... Welche Auffassungen finden sich dazu in der neueren französischen Literatur?"

Ein weiteres Beispiel: „... aber Sie hätten den internationalen Aspekt stärker berücksichtigen müssen." Antwort: „Ich habe bewiesen, dass ... Wie darf ich vor diesem Hintergrund Ihren Hinweis interpretieren?"

Nachfragen ist Pflicht, wenn mit *Andeutungen* gearbeitet wird: „Sieht man einmal von den Schwächen Ihrer Datenbasis ab, habe ich zwei Fragen zum Stand der Forschung: ..."

Die Fragen nach dem Stand der Forschung sind zunächst uninteressant: Wer nur die Fragen beantwortet, akzeptiert die Andeutung als Fakt. Die Folge, ich habe sie erlebt und mitgelitten: In der weiteren Diskussion sind die angeblichen *Schwächen der Datenbasis* eine ausgemachte Sache und die Diskussionsteilnehmer*innen eröffnen ihre Kommentare zum Vortrag des Doktoranden mit der Formulierung: „Auf die Schwächen der Argumentation von ... wurde ja bereits hingewiesen." Deshalb bei Andeutungen über Schwächen oder Ungereimtheiten stets umgehend nachhaken:

- „Meine Daten sind, wie ich erläutert habe, repräsentativ. Was meine Sie mit *Schwächen?*"
- „Können Sie das präzisieren?"
- „Welche Ungereimtheiten meinen Sie?"

Solche Nachfragen bringen alle ins Schwimmen, denen es nicht um eine sachliche Kritik geht, sondern um Einschüchterung. Hat eine Argumentation tatsächlich Schwächen, ist das kein Drama. Und es ist immer besser zu wissen, woran man ist, als eine Andeutung über Schwächen im Raum stehenzulassen.

6.3 Kränkende, verletzende Kritik

Auch wenn wir es uns anders wünschen: Manchmal wird ein Gegenüber unverschämt. Dann hilft nur ein eindeutiges Stoppsignal: „Das ist für mich keine Gesprächsebene." Oder: „Ich bevorzuge sachliche Auseinandersetzungen." Verstecken Sie, wenn Sie sich über verletzende Kritik ärgern, Ihren Ärger nicht hinter Sachargumenten, sondern sagen Sie unmissverständlich, dass die Form der Kritik Sie ärgert.

Auf übergriffige Etikettierungen können Sie souverän auf folgende Weise reagieren:

Professor Mühe zur neuen Wissenschaftlichen Mitarbeiterin, Frau Meister: „Sie sind wohl so eine radikale Umweltschützerin?!"

Frau Meister hört die Kritik – und nimmt sie nicht an, sondern stellt

Am Rande:

Kritisieren
Wer angemessen zu kritisieren vermag, reagiert souveräner auf Kritik. 7 Empfehlungen (vgl. ausführlicher Rosenberg 2016)

1 Pauschalierungen und Angriffe vermeiden
Sachliche Kritik beginnt mit einer präzisen Beschreibung des Verhaltens (der Leistung), das als beeinträchtigend erlebt wird (die von vereinbarten Standards abweicht).

2 Deutlich machen, warum kritisiert wird
Wer kritisiert, muss dafür einen nachvollziehbaren Grund haben.

3 Verantwortung für die eigene Reaktion übernehmen
Andere können nur der Anlass sein, dass wir uns ärgern oder freuen. Ob wir uns ärgern oder freuen, liegt in unserer Verantwortung.

4 Um eine Erklärung bitten
Wer kritisiert wird, hat das Recht, das kritisierte Verhalten aus der eigenen Sicht darzustellen.

5 Sagen, was man möchte
Kritik zielt eine Veränderung ab, die deutlich beschrieben werden muss.

6 Ursachen und Lösungen besprechen
Um Veränderungen vornehmen zu können, ist es notwendig, die Ursachen von Fehlern oder unzureichenden Leistungen zu klären und Lösungen zu besprechen.

7 Positiv schließen
Wird deutlich, dass Kritik sich auf ein bestimmtes Verhalten bezieht und nicht die Person infrage stellt, fällt es leichter, Kritik anzunehmen. Deshalb ist es wichtig zu betonen, dass man an einem gedeihlichen Miteinander interessiert ist.

deutlich heraus, was sie unter *radikaler Umweltschützerin* versteht: „Wenn Sie damit sagen wollen, dass ich mich engagiert für den Schutz der Natur und Umwelt einsetze, dann bin ich eine *radikale Umweltschützerin.*"

Eine drastischere Variante: Professor Mühe: „Ach, Sie sind Vegetarierin. *Ich* sehe das Leben nicht verbissen." Frau Meister: „Sie meinen, ich sei eine verklemmte Körnerfresserin, die lustlos durchs Leben läuft, weil sie kein Fleisch isst!?"

Wenn Sie auf unverschämte verdeckte Kritik auf diese Weise reagieren, werden Sie die Erfahrungen machen, dass Ihr Gegenüber unbeholfen zurückrudert.

6.4 Scheinstandards und Imperative

„Mit Ihrem Vortrag passen Sie sich auf Kosten des wissenschaftlichen Niveaus zu sehr dem Publikumsgeschmack an."

Die *Niveau-Falle* wertet einen Vorzug (Verständlichkeit) als Schwäche. Wer diese Falle stellt, arbeitet mit einem imaginären Standard von Wissenschaft und hofft, einzuschüchtern.

Man kann in jeder Suppe ein Haar entdecken. Man kann Ihnen vorhalten, Sie hätten in Ihrem Vortrag zu viel oder zu wenig Daten präsentiert; Sie hätten die Probleme zu knapp oder zu ausführlich referiert. *Anything goes* und fast jeder Vortrag lässt sich verbessern. Das wissen vernünftige Menschen. Deshalb nehmen sie oft ungeprüft eine Bewertung als Kritik an.

Es geht auch anders: Sie haben sich Mühe gegeben, einen guten Vortrag auszuarbeiten. Deshalb ist der Vortrag – bis zum Beweis des Gegenteils – *gut:* „Mir ging es vor allem um den Nachweis, dass ... Es freut mich, wenn meine Ausführungen verständlich und anschaulich waren."

Wer kritisiert, verwendet oft Imperative: So sollte „man" sein oder sich verhalten. Drei Beispiele:
- „Das ist aber nicht konsequent."
- „Das machen doch alle Fachbereiche so."
- „Musst Du aus der Reihe tanzen?"

Dieses Kritikmuster ist in wissenschaftlichen Debatten nicht zu hören, wohl aber in der Wissenschaftsorganisation und im Wissenschaftsmanagement.

Mit solchen Imperativen wird unterstellt, es existierten verbindliche Verhaltensmaßstäbe: Man müsse *immer* konsequent sein oder dürfe *nie* „aus der Reihe tanzen".

Über diese Verhaltensmaximen gibt es keinen verbindlichen Konsens: *Sie* entscheiden, ob und wann Sie konsequent sein wollen. *Sie* entscheiden, ob Sie sich einer Meinung anschließen oder einem Vorschlag folgen, ob Sie es *wie alle* machen wollen.

Die Mehrheit hat nicht immer recht. Machen alle etwas *so*, ist das kein Argument, denn nicht die Masse macht's. Lassen Sie sich kein schlechtes Gewissen einreden, wenn Sie einen eigenen Kopf haben:

„Das ist aber nicht konsequent." – „Soll es auch nicht sein." Ironische Ergänzung – Vorsicht! –: „Sondern kreativ."

„Das machen doch alle Fachbereiche so." – „Wir sind nicht alle Fachbereiche." Ironische Ergänzung: „Unser Fachbereich ist eben etwas Besonderes."

„Musst Du immer aus der Reihe tanzen?" – „Nicht immer." Ironische Ergänzung: „Aber schwungvoll."

7 Gehört werden: Selbstsicher an Diskussionen beteiligen

Angeblich hat alles zwei Seiten. Diskussionsbeiträge haben, wie jede Kommunikation, zwei Seiten mehr: Mit dem *Inhalt* eines Diskussionsbeitrags ist – durch Formulierungen, den Tonfall und nonverbale Signale – eine *Selbstauskunft* verknüpft. Und es wird etwas darüber mitgeteilt, wie die oder der Sprecher*in zu den Angesprochenen steht und was er oder sie von ihnen erwartet.

Ich gehe zunächst die Dimension Selbstauskunft ein. Danach geht es um die Beziehung zwischen den Diskussionsteilnehmer*innen und schließlich um die Inhaltsseite.

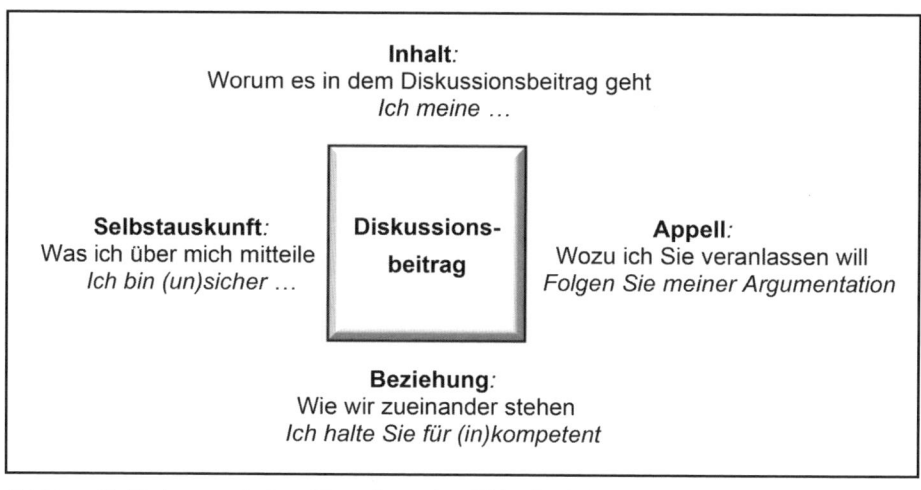

Abbildung 22: *Die kommunikativen Dimensionen eines Diskussionsbeitrags*

7.1 Unsicherheitssignale vermeiden, Verstärker einsetzen

Es gibt eine Fülle von Formulierungen, die die Wirkung eines Diskussionsbeitrags schmälern können, weil sie als Unsicherheitssignale wahrgenommen werden. Was als höfliche Formulierung gedacht ist, kann auf andere wie eine Demutsgeste wirken. Auf fünf solcher Diminutive weise ich hin. Da sie oft unbewusst verwendet werden, führe ich zahlreiche Formulierungsbeispiele zur Selbstüberprüfung an: Gehören solche Formulierungen zu Ihrem Sprachrepertoire?

Weichmacher werden oft unbewusst verwendet. Doch nicht selten werden sie als Einladung wahrgenommen, eine Aussage nicht wichtig zu nehmen, einen Vorschlag zu überhören. Genauer: Wenn zwei das Gleiche sagen, ist es *in der Wirkung* nicht dasselbe. Die Weichmacher, die ich anführe, werden gewöhnlich überhört, wenn sie von Wissenschaftlerinnen und Wissenschaftlern formuliert werden, denen der Status einer Autorität oder Koryphäe zugeschrieben wird. Wenn in einer Diskussion der Status der Beteiligten erst ausgelotet wird, wenn Autorität sich erst im Verlauf der Diskussion herstellt bzw. eingeräumt wird – dann sind Weichmacher ein Klotz am Bein.

Fragen statt Aussagen
- Diese These ist doch nicht haltbar, nicht wahr?
- Ist das nicht eine unzulässige Verallgemeinerung?
- Könnte es nicht sein ...?
- Meinst du nicht auch ...?
- Sollten wir nicht besser ...?

Wer *wissen* möchte, ob eine These haltbar ist, stellt eine Frage. Wer der Auffassung ist, eine These sei nicht haltbar, sollte das unmissverständlich formulieren: „Ich meine, dass diese These nicht haltbar ist, weil ...". Oder: „Ich halte das für eine unzulässige Verallgemeinerung."

Diese Formulierungen sind angemessen und selbstbewusst. In die Kategorie der Weichmacher, die signalisieren, *ich brauche Zustimmung*, gehören zudem:

Demutskonjunktiv
- Ich würde sagen, Foucault geht es an diesem Punkt um ...
- Ich fände es besser, ...
- Eigentlich wollte ich ...

In diesen Sätzen wird der Konjunktiv falsch eingesetzt. Ein Sprachschnitzer ist kein Problem; die unausgesprochene Botschaft ist problematisch: *Gestatten Sie mir, dass ich das sage. Ich bin bereit, es jederzeit anders zu sehen.* Sprechen Sie *würde*los:
- „Ich meine, Foucault geht es ..."
- „Ich finde es besser, ..."
- „Ich schlage vor, ..."

Wer bin ich denn schon? Entschuldigungen
- Ich bin keine Expertin auf diesem Gebiet.
- Das ist nur so eine Idee von mir.
- Mehr fällt mir dazu nicht ein.
- Ich meine bloß.
- Ich weiß ja nicht, ob das jetzt passt (dazugehört).
- Ich bin mir nicht hundertprozentig sicher, ob ...
- Es tut mir leid, aber ich kann keinen Zusammenhang zwischen ... sehen.
- Vielleicht bringt uns das nicht weiter, aber ...

Schwächen Sie Ihre Aussagen nicht ab, indem Sie sich oder Ihre Meinung abwerten oder kleinmachen. Mit Dementi dieser Art untergraben Sie Ihre Autorität und laden zur Kritik ein. Machen Sie unmissverständlich deutlich, *dass* Sie etwas zu sagen haben:
- „Ich mache folgenden Vorschlag: ..." (statt: *Das ist nur so eine Idee von mir*).
- „Soweit meine Überlegungen zu diesem Punkt." (statt: *Mehr fällt mir dazu nicht ein*).
- „Ich sehe keinen Zusammenhang zwischen ..." (statt: *Es tut mir leid, aber ich kann ...*).

Darf ich auch was sagen?
- Wenn ich auch einmal etwas dazu sagen darf.
- Ich würde gerne einmal fragen ...

Beginnen Sie einen Diskussionsbeitrag nicht mit einer einleitenden Bitte um das Rederecht. Dieses Recht steht Ihnen zu. Sprechen Sie einleitungsfrei. Wenn Sie höflich sein möchten, dann richtig:
- „Das ist eine *interessante* These. Ich stimme ihr in einer Hinsicht nicht zu: ..."
- „Das sind *spannende* Befunde. Haben Sie auch Daten über ... erhoben?"

Wir statt ich
- Müssten wir nicht erst klären, ob ...?
- Vielleicht sollten wir ...
- Wir sollten wieder zum Thema zurückkommen.

In diesen Aussagen wird die eigene Person versteckt; Meinungen werden als Frage formuliert. Selbstbewusst wirken Aussagen, wenn die Sprecherin oder der Sprecher Verantwortung übernimmt und sich keine Rückzugsmöglichkeiten offen hält:
- „*Ich* möchte, dass wir zum Thema zurückkommen."
- „*Ich* meine, wir müssen erst klären, ob ..."

Es gibt noch weitere Varianten des Verzichts auf die erste Person:
- namhafte *Experten* haben herausgefunden,
- neue *Untersuchungen* belegen,
- der *Stand der Forschung* zeigt.

Die eine oder der andere meint, die Vermeidung des Personalpronomens *ich* sei ein Kennzeichen wissenschaftlichen Stils. In Diskussionsbeiträgen macht ein *Ich*, meine ich, Eindruck.

Euphemismen
- Sprechen Sie nicht durch die Blume:
- Das war ja wohl ein *etwas unglücklicher* Start.
- Die Begründung ist *nicht recht* gelungen.

Sprechen Sie Klartext:
- „Das war ein *unprofessioneller* Start."
- „Die Begründung ist lückenhaft."

Klartext ist dann nicht unhöflich, wenn sich die Kritik auf eine Aussage bzw. eine Leistung bezieht und nicht auf die Person.

Das Gegenteil von sich nicht kleinmachen, heißt nicht: Die oder den Gernegroß machen. Auftrumpfen oder Belehren sind keine kommunikative Alternative. Mit Sätzen wie den folgenden punkten Sie nicht, sondern machen sich unbeliebt:
- „Ich darf ja wohl voraussetzen, dass Ihnen ... bekannt ist."
- „Wie Dir bekannt sein dürfte ..."

Ich schlage Ihnen unprätentiöse Verstärker vor, mit denen Sie schlicht, aber deutlich signalisieren: *Ich habe etwas zu sagen, es lohnt, mir zuzuhören.*

Mit *Verstärker* meine ich weder technische Hilfsmittel noch rhetorische Tricks, sondern sprachliche Signale, die Ihre Argumente und Schlussfolgerungen zum Klingen bringen.

Das sind die wichtigsten *verbalen* Verstärker:

Strukturierende Begriffe
Vor allem Begriffe, die die Logik wissenschaftlichen Denkens und Arbeitens widerspiegeln, verleihen einem Beitrag Nachdruck: *Analyse, Begründung, Daten, Fragestellung, Hypothese, Konzept, Kriterien, Methode, Schlussfolgerung, These* ...:
- „Ich *behaupte* ... Diese Behauptung *begründe* ich ..."
- „Aus diesen Überlegungen *ziehe* ich den *Schluss* ..."
- „Ich komme daher zu dem *Ergebnis* ..."

Kurze, prägnante Sätze
Wer *in Absätzen* spricht, hat es schwer, angemessen zu betonen. Ein klarer Satzbau und kurze Sätze sind Voraussetzung, um eindringlich sprechen und Wichtiges deutlich hervorheben zu können (siehe Seite 41).

Publikumslieblinge
Visualisieren Sie mit Worten: mit Vergleichen, Bildern, Analogien. Kopfkino sorgt für Aufmerksamkeit (siehe Seite 30).

Wechselnde Betonung
Der *Brustton der Überzeugung* kommt zustande, wenn Sie Pausen machen, mal lauter und mal leiser (aber immer gut hörbar), mal langsamer und mal schneller (aber nie zu schnell) sprechen (siehe Seite 58).

Die wichtigsten nonverbale Verstärker – Blickkontakt halten, gerade sitzen oder aufrecht stehen, Aussagen sparsam mit Gesten unterstreichen – habe ich im Abschnitt über nonverbale Kommunikation vorgestellt (siehe Seite 55).

7.2 Souverän mit Störungen und Störer*innen umgehen

Meinungsverschiedenheiten sind kein Problem, wenn sie sachlich ausgetragen werden. Meinungsstreit kann ein wichtiges Mittel des Erkenntnisgewinns sein. *Kann.*

Verlaufen Diskussion anders, kommt es vor allem darauf an, nicht in missmutiges Schweigen zu verfallen oder so viel Unmut aufzustauen, dass man nur noch heftig reagieren kann. Ratsamer ist es, *rechtzeitig* und *präzise* zu beschreiben: Was stört aus welchen Gründen? Was soll geändert oder wie weiter verfahren werden?[83]

Störungen beheben

Sich nicht unterbrechen lassen
Lassen Sie sich nicht unterbrechen:
- „Ich möchte meinen Gedanken zu Ende führen."
- „Lassen Sie mich bitte ausreden."
- „Ich möchte, dass Sie meine Frage beantworten."
- „Ben, Du unterbrichst mich zum dritten Mal. Ich möchte ungestört ausreden können. Bitte halte Dich an die Redeliste, und unterbrich mich nicht mehr."

Auf Antworten bestehen
Sorgen Sie dafür, dass Ihre Fragen beantwortet und Ihre Vorschläge aufgegriffen werden:
- „Ich möchte, dass Du auf meinen Vorschlag eingehst."
- „Mein Vorschlag wurde noch nicht zu Ende diskutiert."
- „Ich möchte, dass auf meine Anregung eingegangen wird."

---

83 *Störungen haben Vorrang* – lautet die Maxime von Ruth Cohns Modell der Themenzentrierten Interaktion (TZI). Niemandem ist gedient, wenn ein Gruppenmitglied wegen einer Störung sich stumm aus einer Diskussion oder Besprechung ausklingt oder gar gereizt, genervt, unsachlich regiert. Unterdrückte Emotionen „schleichen sich meist auf Nebenwegen als Fehlerquelle in Entscheidungen und Gedankengänge ein" (1975, S. 184). Will man, so Cohn, Entscheidungen nicht der „Diktatur der Störungen" ausliefern (1975, S. 122), sollten Störungen vorrangig besprochen werden. Im Interesse der oder des Betroffenen und im Gruppeninteresse.

Für eine gleiche Gesprächsebene sorgen
Vor allem Frauen sollten deutlich machen, dass sie
- nur auf gleicher Ebene kommunizieren, es nicht zulassen, von einem Mann von oben herab behandelt zu werden;
- sexistische Witze nicht komisch finden. Solche Witze sind nicht nur unhöflich und peinlich, sondern frauenverachtend. Bei solchen Witzen geht es um Überordnung und Unterordnung: Wer darf über wen herziehen, wer darf auf wessen Kosten lachen?

Männer machen gerne einen wortgewaltigen Eindruck. Sie lassen sich nicht in eine *Abseitsfalle* locken und loben sich mit dem Hinweis: „Wie wir die Verhandlungen mit der Universitätsleitung geführt haben, war wirklich ein *sauberes Ass*." Während der Versuch der Präsidentin, schnell mit seinem Vorschlag *ans Netz zu gehen*, ein *Fehlstart* war. Starke Kampf-Sätze. Sie werden verziehen, weil in ihnen nur Bilder aus dem Sport verwendet werden.

Für Frauen sollte dieses Sprachmuster kein Anlass sein, den Sportteil zu lesen. Es genügt, Unsicherheitssignale zu vermeiden (vgl. Seite 122) und Klartext zu reden (vgl. Seite 125).

Und wenn Vielredner, Dauerkritikerinnen oder Definitionsverliebte am Tisch sitzen?

Von Störer*innen nicht nerven lassen

Bleiben Sie freundlich – und sagen Sie störenden Diskussionsteilnehmer*innen *bestimmt*, wie Sie sich eine gelungene Diskussion vorstellen – ohne diesen Hinweis mit Kritik zu verbinden. Geben Sie dem Impuls nicht nach, „mit gleicher Münze" heimzuzahlen. Wer mit dem Schornsteinfeger ringt, wird schwarz – egal, wer gewinnt. Zudem macht ein aggressiver Kommunikationsstil unbeliebt (vgl. König, Jucks 2021).

*Vielredner*in*
Die Fähigkeit zu schweigen, ist nicht allen gegeben. Viele reden lieber viel, als anderen zuzuhören. Was tun – statt unter Vielredner*innen zu leiden?

Sagen Sie deutlich, dass Sie noch andere Meinungen hören möchten. Verweisen Sie auf das Ziel der Diskussion, reitet ein Teilnehmer sein Steckpferd, statt zur Sache zu reden. Sie können zudem eine formale Regelung vorschlagen, zum Beispiel eine Begrenzung der Redezeit:
- „Ich verstehe, dass Sie an dieser Frage sehr interessiert sind. Trotzdem bitte ich Sie, die Diskussion über diesen Punkt zu beenden, weil wir viele wichtige Fragen noch nicht angesprochen haben."
- „Ich möchte noch weitere Argumente hören und bitte Sie, zunächst andere Teilnehmerinnen und Teilnehmer zu Wort kommen zu lassen."

- „Eriks Engagement ist mit Appellen nicht zu bremsen. Ich schlage deshalb vor, eine Redeliste zu führen, an die sich alle halten."

Dauerkritiker*in
In Diskussionen gibt es nicht selten einen Teilnehmer, der alles kritisiert, oder eine Teilnehmerin, die jeden Vorschlag ablehnt. Die beste Schnelltherapie: Fragen Sie die Kritikerin und den Ablehner nach Vorschlägen und Alternativen.
- „Was schlagen Sie vor?"
- „Wie würden Sie es machen?"
- „Ich habe den Eindruck, vor Ihren Augen besteht kein Argument. Deshalb interessiert mich, welchen Sinn Sie in der Diskussion sehen."

Definitionsverliebte
Manche Menschen fragen gerne und häufig nach Begriffen und Definitionen: „Was verstehen Sie (eigentlich) unter ... ?" „Welche Bedeutung hat für Sie der Begriff ...?" „Wie definierst Du ...?"

Ich empfehle, Definitionsverliebte und Begriffe-Abfrager darauf hinzuweisen, dass es um die Klärung einer Frage, um das Verständnis eines Problems geht und nicht um Definitionswissen:
- „Bei allem Respekt vor Ihrer Vorliebe für Definitionen, mir geht es im Moment darum ..."
- „Warum ist eine Definition so wichtig?"
- Ich habe den Eindruck, Sie wollen mich examinieren. Das stört mich.

Sie dürfen auch dezent bildungsbürgern: „Ich halte es mit Ludwig Marcuse: ‚Die meisten Definitionen sind Konfessionen'."

7.3 Einschüchterungsversuche gelassen zurückweisen

Diskussionen verlaufen nicht immer fair und sachlich. Im Folgenden geht es um souveräne Reaktionen auf Versuche, Sie zu verunsichern oder sprachlos zu machen.

Nicht zu Erklärungen drängen lassen
Ein beliebtes Verunsicherungsmittel sind Fragen zur Person statt zur Sache:
- „Sie kommen anscheinend ins Grübeln. Sind Sie mit der Materie nicht vertraut?"
- „Warum sind Sie plötzlich so still?"
- „Verunsichert Sie meine Frage?"

Mit dieser Strategie soll das Gegenüber gedrängt werden, sich zu erklären. Und wer Erklärungen verlangen kann, ist überlegen. – Wie reagiert man auf diese „Oberhandtechnik" (Schulz von Thun 2012, S. 159)?

Antworten Sie nicht inhaltlich auf diese Fragen, sondern sprechen Sie an, worum es geht:
- „Lassen Sie uns über den Arbeitsplan und nicht über mich sprechen."
- „Kommentieren Sie bitte nicht mich, sondern meinen Vorschlag, ..."

So bestimmt sollten Sie in Prüfungssituationen allerdings nur in Ausnahmefällen antworten. Eine Spur dezenter ist es, die Aussage zurecht und den Gesprächsinhalt in den Vordergrund zu rücken: „Mir ist das Thema vertraut und wichtig. Deshalb schlage ich vor, dass wir uns auf die Frage konzentrieren, wie ..."

Zuschreibungen zurückweisen
Übergriffig wird die Oberhandtechnik, wenn aus Fragen Zuschreibungen werden:
- „Aus dieser Kritik scheint mir der Neid zu sprechen."
- „Ich kann Sie nur bedauern, dass Sie mit einer so pessimistischen Sicht durchs Leben gehen."
- (Das hören Frauen, die sich gegen frauenfeindliche Äußerungen wehren:) „Seien Sie doch nicht so humorlos."

Die angemessene Reaktion? Ein *deutliches* „So nicht". Antworten Sie auf solche inakzeptablen Zuschreibungen mit einer *zivilisierten Retourkutsche*.
- „Sie sollten Sachverstand nicht mit Neid verwechseln. Ich erkläre gerne noch einmal, worin ..."
- „Sie sollten sich keine Sorge um mich machen, sondern um das Niveau Ihrer Argumentation. Das sind die Fakten, die zu Skepsis Anlass geben: ..."
- „Ich lache nun einmal nicht auf Kosten anderer." („Ihr Humor ist nicht mein Humor.")

Deutungshoheit nicht vorgeben lassen
Wer in einer Auseinandersetzung die Deutungshoheit über die Situation oder die Beziehung zueinander an sich ziehen kann, geht als „Gewinnerin" oder „Sieger" aus Auseinandersetzungen hervor.

Wie können Sie souverän reagieren – ohne mit gleicher Münze heimzuzahlen?

Rollen-Deutungshoheit
Experte – Laie, Erfahrene – Anfängerin. Aus solchen Beziehungskonstellationen wird oft das Vorrecht der Situationsdeutung abgeleitet. Es ist bei einem Segelkurs sinnvoll, dass die Trainerin bestimmt, was wie zu tun ist. Und wer Sie auf bestimmte Vögel aufmerksam machen soll, darf Ihnen auch absolute Ruhe vorschreiben.

Sagt der Ornithologie allerdings beim Abendessen mit Blick auf mein Glas Rotwein: „Wissen Sie, echte Vogelfreunde trinken keinen Alkohol", dann ist das übergriffig und Widerspruch notwendig: „Ihre Kompetenz als Ornithologie schließt nicht das Recht ein, meinen Lebensstil zu kommentieren."

Ein weiteres Beispiel: „Ihre Statistik-Kenntnisse in allen Ehren. Aber im Moment sprechen wir über die Verbesserung der Arbeitsatmosphäre am Fachbereich. Dabei geht es vor allem um die persönliche Seite unseres Miteinanders."

Kurz: Widersprechen Sie jeder Ausweitung von Deutungsansprüchen über die konkrete Rollenbeziehung hinaus.

Rollen werden entweder akzeptiert oder abgelehnt
Eine Rolle zu akzeptieren – zum Beispiel: Prüfer*innen bewerten – heißt nicht, jede Entscheidung zu akzeptieren. Ein Beispiel:

Doktorandin: „Ich finde, Ihre Bewertung meines ersten Kapitels fällt zu schlecht aus."

Doktorvater: „Dass es Ihnen große Sie Mühe macht, meine Autorität zu akzeptieren, ist eines Ihrer Probleme!"

Doktorandin: „Ich stelle nicht *ihre Autorität* infrage, sondern die Bewertung meines ersten Kapitels."

Normen-Deutungshoheit
Die Frauenbeauftragte zum Dekan: „Ich finde es nicht in Ordnung, dass nun zum sechsten Mal hintereinander eine Planstelle an einen Mann vergeben werden soll."

Der Dekan: „Liebe Frau Benning, lassen Sie uns doch bitte keine Neiddebatte führen."

Die Frauenbeauftragte akzeptiert diese Umdeutung nicht: „Eine Gleichstellungsdebatte genügt mir."

Entweder-oder-Deutungen vorgeben
Mit Entweder-oder-Vorgaben soll der Deutungshorizont so eingeengt werden, dass das Gegenüber entweder sprachlos ist oder sich für eine falsche Vorgabe entscheidet: „Sie widersprechen mir wiederholt. Ich interpretiere das als Misstrauen und sehe eine vertrauensvolle Zusammenarbeit gefährdet."

Mit solchen Sätzen wird nicht inhaltlich auf den Widerspruch eingegangen, sondern die Scheinalternative Vertrauen – Misstrauen formuliert, um den Angesprochenen zu drängen, sich zu erklären, Vertrauen zuzusichern.

Wie reagieren? Darauf verweisen, dass es sich um einen Scheingegensatz handelt: „Für mich gehören vertrauensvolle Zusammenarbeit und die Offenheit für Kritik zusammen."

Dieses Antwort-Muster ist auch für die folgenden Scheinalternativen hilfreich:

Frage nach dem Beweis, der nur praktisch erbracht werden kann
Dieses Argumentationsmuster ist vor allem dann zu hören, wenn Veränderungen verhindert, Initiativen blockiert werden sollen: „Wer mehr Einfluss der Promovierenden auf die Inhalte und die Gestaltung des Kollegs fordert, muss beweisen, dass dies die Effizienz fördert und zu besseren Ergebnissen führt."

Nicht einschüchtern lassen, sondern darauf hinweisen, dass man den Beweis gerne *praktisch* antritt: „Das machen wir gerne. Geben Sie uns die Chance."

7.4 Strukturiert argumentieren

Sie sollten in Diskussionen die Möglichkeiten vernünftigen Argumentierens nicht überschätzen, aber sie voll ausschöpfen.

Wissenschaftliche Argumente
Wissenschaftliche Argumente sind Aussagen, deren Güte sich daran bemisst, welche Daten und Quellen sie stützen.

Daten: Aus Daten werden nicht automatisch allgemein anerkannte Fakten. Sprechen beispielsweise die vorliegenden Daten dafür, dass der Klimawandel von Menschen gemacht ist? „Klimaskeptiker" interpretieren die Daten anders.

Wie kommt man, forscht man nicht selbst zu diesem Thema, zu einer Entscheidung? Über 90 Prozent der Klimaforscher*innen sind, datengestützt, davon überzeugt, dass Menschen den Klimawandel verursachen. *Deshalb* bin *ich* der Auffassung, dass es einen Klimawandel gibt, der von Menschen gemacht ist – und Menschen ihn daher begrenzen können.[84]

Quellen: Ein Argument gegen Homophobie könnte lauten: Homophobie widerspricht dem Grundgesetz, der christlichen Moral und dem gesellschaftlichen Konsens einer aufgeklärten Gesellschaft, dass jede Form einvernehmlicher Sexualität zu akzeptieren ist.

Wie ist dieses Argument zu stützen? Mit Verweisen auf die entsprechenden Paragrafen im Grundgesetz, mit Belegen aus dem Neuen Testament und mit Hinweisen auf moderne Moraltheorien.

Ein Argument ist also tragfähig, wenn es belegt werden kann durch Daten und Quellen oder, so ist zu ergänzen, durch repräsentative Beispiele sowie Verweise auf Theorien und Modelle, die in der Wissenschaft anerkannt sind.

Diese Belege genießen unterschiedlich hohe Anerkennung. Daten und Fakten, die Ergebnisse empirischer Forschung sind, besitzen in den meisten Disziplinen

---

84 Ein weiteres Prüfkriterium ist in diesem Beispiel die Unabhängigkeit der Forschung. Zu welchem Ergebnis kommen Wissenschaftler*innen, die im Auftrag der Kohle- und Erdölindustrie arbeiten?

die höchste Autorität. In den Rechtswissenschaften können es Rechtsnormen oder Urteile sein. In der Mathematik oder Kunst andere disziplineigene Gütekriterien.

Eine Prüfung der Belege für das Argument gegen Homophobie würde von der Frage geleitet: *Stimmt das?* Sind in den angegebenen Quellen Aussagen zu finden, die homophoben Haltungen widersprechen. Nicht angesprochen ist damit die Frage: *Soll das so sein?*

Stimmt das? Soll das so sein? Diese Prüffragen verweisen darauf, dass sich Argumente auf unterschiedliche Aussagetypen beziehen.

Drei Typen von Aussagen sind fürs Argumentieren entscheidend:[85]

informative
- Karl Marx wurde am 5. Mai 1818 in Trier geboren.
- Lärm macht krank.

normative
- Wir dürfen unseren Wohlstand nicht durch Ausbeutung in anderen Staaten erzielen.
- Alle Kinder sollten die gleichen Bildungschancen haben.

Gegenstand	Aussage	Kriterium	Prüffrage
Realität	Lärm macht krank.	Zutreffend?	Stimmt das?
Normen	Alle Kinder sollten die gleichen Chancen haben.	Erwünscht?	Soll das so sein?
Mittel	Ingwertee hilft bei Magenbeschwerden.	Geeignet?	Welche (Neben-) Wirkungen hat das Mittel?

Abbildung 23: Aussagetypen und Kriterien ihrer Überprüfung

---

85 Es gibt noch weitere Aussage-Typen: In der Wissenschaft sind Meta-Aussagen relevant, Aussagen über Aussagen: „Ihr Plädoyer für einen höheren Spitzensteuersatz stützt sich auf zu wenige empirische Daten."
Im Alltag begegnen uns *nicht-normative Werturteile* (*Du isst zu viel*) und *Geschmacksaussagen* (*Deine neue Frisur ist gut*).
Nicht-normative Werturteile sollten in überprüfbare Aussage umformuliert werden, damit sie besprochen werden können: Wie bestimmt man *zu viel essen*? Geschmacksaussagen sollten Urteilskriterien enthalten, damit sie nachvollzogen werden können: „Ich finde, Deine neue Frisur lässt Dich jünger aussehen."

technische
- Rotwein fördert die Verdauung.
- Ein Tempolimit auf Autobahnen reduziert die Zahl der tödlichen Unfälle.

Entsprechend unterschiedlich sind die Kriterien, um diese Aussagen zu überprüfen.
Rationales Argumentieren heißt: Argumente beziehen sich auf den tatsächlichen Gehalt von Aussagen. Das klingt trivial. In Diskussion können wir jedoch häufig feststellen, dass diese Anforderung nicht erfüllt wird. Zwei einfache Beispiele:
A: „Lärm macht krank."
B: „Lärm gehört zur modernen Gesellschaft."
C: „Strikte Ausgangsbeschränkungen verringern die Gefahr von Ansteckungen."
D: „Ich bin gegen jede Form der Einschränkung persönlicher Freiheitsrechte."

B und D nehmen keinen Bezug auf die Aussage von A und C: Erst wenn Konsens besteht, dass Lärm krank macht, ist es sinnvoll, darüber zu diskutieren, ob dies ein akzeptabler Preis für unsere Lebensweise ist. Im zweiten Beispiel wäre zunächst zu klären, ob das Ziel (Ansteckungen verhindern) geteilt wird und das Mittel (Ausgangsbeschränkungen) geeignet ist, dieses Ziel zu erreichen. Erst dann wird die Frage der Verhältnismäßigkeit der Mittel relevant.
Allgemeiner formuliert: Zwischen diesen drei *Aussage-Typen* zu unterscheiden, erleichtert, sachbezogen zu argumentieren und von anderen eine sachbezogene Argumentation einzufordern.
Prüfen Sie bei Mittelfragen kritisch: Ist wünschenswert, was machbar ist? Ist dieses Ziel anstrebenswert, und welche Folgewirkungen sind zu erwarten, wenn dieses Ziel erreicht wird? Brauchen wir zum Beispiel *mehr Wachstum*? Oder führt *mehr Wachstum* zu mehr Problemen?
Die Frage nach Mitteln kann zu einer Verengung des Blickfeldes führen, zu einer Verschiebung der Problemrelevanz. Beispielsweise geht es vielfach um ein Weniger (an Individualverkehr, Konsum, Stress, Ressourcenverbrauch usw.) und um ein anderes Mehr: mehr Zeit für Patientinnen, Schüler, die Altenpflege usw.

Scheinargumente
In Diskussionen werden auch Scheinargumente vorgebracht. Das kann bewusst geschehen oder einem Mangel an tragfähigen Argumenten geschuldet sein. – Eine kleine Auswahl gängiger Argumentationsfehler:

Von der Quelle auf die Güte der Aussage schließen
Dieses Argumentationsmuster wird in zwei Varianten eingesetzt:
1. Kompetenz absprechen
- Mangelnde Sachkenntnis: „Als Jurist sind Sie ja nicht gerade ein Experte für nachhaltige Landwirtschaft."
- Mangelnde Erfahrung: „Sie haben ja keine Kinder!"

2. Absichten unterstellen
- „Da Sie als Frauenbeauftragte nur bestimmte Interessen vertreten, dürfte Ihre These ohnehin fragwürdig sein."

Diese Vorhaltungen ersetzen keine Argumente. Entscheidend ist daher – neben dem Verzicht auf Gegenangriffe – sich nie zu rechtfertigen, etwa nach dem Muster, „Ich bin zwar Jurist, aber ..." „Ich habe zwar keine Kinder, aber ..."
- „Es geht nicht um meinen akademischen Abschluss, sondern um die Tatsache, dass der Einsatz von Glyphosat ..."
- „Es geht nicht um mich, sondern um meine These, dass Waldorfschulen ..." (Ironisch: „Man muss kein Eisbär sein, um zu wissen, dass es am Nordpol kalt ist.")
- „Der Hinweis auf mein Amt als Frauenbeauftragte ist kein Ersatz für ein schlüssiges Gegenargument."[86]

Naturalistischer Fehlschluss
Was natürlich ist, das ist gut und erstrebenswert: Etwas, das *von Natur aus* ist, wird normativ aufgeladen. Doch aus der Tatsache, dass zum Beispiel Frauen Kinder bekommen *können*, folgt nicht, dass sie Kinder bekommen *sollen* – oder gar ohne Kinder „unvollständig" oder „egoistisch" sind. Die Fähigkeit gibt keine Norm und keinen Wert vor.

Mann und Frau können Kinder zeugen. Daraus folgt nicht, nur Mann und Frau könnten Fundament einer Familie sein, Homosexuellen sollte das Recht vorenthalten werden, Kinder zu adoptieren.

Wird zum Beispiel nicht heterosexuelle Liebe als „unnatürlich" bezeichnet, sollte der Widerspruch nicht mit dem Versuch begründet werden, nicht heterosexuelle Liebe als „natürlich" auszuweisen. Vielmehr muss das Werturteil, das sich hinter dem Begriff „natürlich" verbirgt, zur Sprache kommen: Es geht in einer solchen Diskussion nicht um natürlich/unnatürlich, sondern eine normative Frage.

Mit dem naturalistischen Fehlschluss verwandt ist die Verwechslung von möglich und wünschenswert: „Das neue Verfahren ermöglicht es, Patientinnen und Patienten ..." Wer mit der Begeisterung über technische Möglichkeiten konfrontiert wird, sollte stets prüfen: Ist das, was technisch möglich ist, gesellschaftlich und sozial oder kulturell wünschenswert?

Gefühl, Erfahrung und Betroffenheit als Argument
„Bleib doch bitte sachlich!" Ein nutzloser Appell, beruft sich jemand in Diskussionen auf sein oder ihr *Gefühl*. Das Gefühl ist Wirklichkeit. Gefühle können Halt in einer komplexen Welt geben. Aber haben sie einen argumentativen Status? Ja und nein.

---

86 Im Alltag werden gerne das Alter („Sie sind noch viel zu jung, um" ...), das Geschlecht („Männer können das einfach nicht verstehen") und die (nationale oder regionale) Herkunft („Sie als Wessi/Ossi können ...") ins Feld geführt.

Ja, immer dann, wenn es um Entscheidungen geht, die ausschließlich von individueller Relevanz sind – zum Beispiel um die Entscheidung, ob man trotz Katzenhaarallergie dem Sohn zum Geburtstag den lang gehegten Wunsch nach einer Katze erfüllt.

Nein, wenn das Gefühl nicht von allgemeiner Bedeutung ist – etwa bei der Frage, ob Sterbehilfe erlaubt werden soll. In solchen Fällen geht es um *Verständnis* und *Respekt* – zum Beispiel für jemanden, die vehement für Sterbehilfe plädiert, weil sie hautnah miterlebt, wie der kranke Vater furchtbar leidet. Es geht nicht darum, die Argumente als verallgemeinerbar zu akzeptieren, die sich auf diese Erfahrung und die mit ihr verbundenen Gefühle stützen.

„Ich habe die *Erfahrung* gemacht, dass ..." – Um welche Erfahrung es auch immer geht, entscheidend ist, ob sie einen argumentativen Status hat: „Ihre Erfahrungen in allen Ehren. Empirisch ist jedoch belegt, dass ..."

Ebenso verhält es sich mit der viel diskutierten *Betroffenheit:* Wer noch nie verliebt war, weiß nicht, wie wunderbar sich Liebe anfühlt. Und wer noch nie rassistischen Übergriffen ausgesetzt war, weiß nicht, wie sich das anfühlt.

Betroffenheit ist mit Wissen und Erfahrungen verbunden. Hinweise auf einen Kompetenzzuwachs durch Betroffenheit haben jedoch keinen *argumentativen* Status. Es zählen Argumente.

Scheingegensatz
- Wir müssen uns entscheiden: Wollen wir wettbewerbsfähig bleiben? Oder wollen wir in Klimaschutz investieren?
- Entweder wir führen das Kolleg zum Erfolg, oder wir räumen den Doktorand*innen größere Freiräume und mehr Mitspracherechte ein.

Prüfen Sie: Liegt tatsächlich ein Gegensatz oder Widerspruch vor? Schließen sich Wettbewerbsfähigkeit und Klimaschutz wirklich aus? Welcher Widerspruch besteht zwischen Erfolg und Mitsprache?

Unzulässige Verallgemeinerung
Bratwürste und andere kleine Anreize haben zu einer höheren Impfbereitschaft geführt. Nur wenn wir auch künftig mit Anreizen arbeiten, gelingt es uns, eine hohe Impfbereitschaft zu erreichen.

Vom Erfolg einer Maßnahme kann nicht zwingend auf kommende Maßnahmen geschlossen werden. Zumal die Impfbereitschaft von vielen Faktoren beeinflusst wird.

Scheinargumente hören wir auch deshalb, weil denen, die sie vorbringen, ihr logischer Salto nicht bewusst ist. – Ein Grund mehr, gelassen zu reagieren und nicht vorschnell der Böswilligkeit zuschreiben, was durch Bildungsschwäche hinreichend erklärt ist.

8 Diskussion: Ein gutes Dutzend Hinweise und Empfehlungen

1. Fragen eröffnen Ihnen die Chance, Ihre Kompetenzen unter Beweis zu stellen.
2. Hören Sie Fragen nicht vorschnell als Kritik: Wer fragt, hat meist keine schlechten Absichten.
3. Fragen sind kein Grund zur Hektik. Sie müssen nicht „wie aus der Pistole geschossen" antworten. „Schlagfertigkeit" ist kein Gütekriterium der Wissenschaft.
4. Sie bestimmen, ob und was Sie auf eine Frage antworten: Lassen Sie sich den Antwortraum nicht vorgeben.
5. Nie Fragen unbeantwortet lassen, die mit Kritik verbunden sind. Gehen Sie zunächst auf die Kritik ein.
6. Für Interviews gilt, was für einen guten Vortrag gilt: Prägnante Antworten, anschauliche Beispiele und Vergleiche sind das Ergebnis intensiver Vorbereitung.
7. Beantworten Sie Interview-Fragen kurz und knapp, jedoch immer in ganzen Sätzen. Gliedern Sie Ihre Antwort. Sprechen Sie langsam, ruhig und sachlich.
8. Bereiten Sie sich auf Fragen zur Person in Bewerbungsgesprächen sorgfältig vor: Haben Sie ein stets aktualisiertes Leistungsabstract parat.
9. Verbinden Sie Kritik nicht mit Schuld. Nehmen Sie zutreffende Kritik an. Weisen Sie unzutreffende Kritik bestimmt zurück. Verbitten Sie sich ruhig und entschieden unsachliche Kritik.
10. Stellen Sie in Diskussionen Ihr Licht nicht unter den Scheffel: Vermeiden Sie sprachliche Unsicherheitssignale.
11. Lassen Sie sich von Störer*innen nicht nerven: Stellen Sie freundlich, aber bestimmt ab, was Sie stört.
12. Nie zu Erklärungen drängen und nicht die Deutungshoheit über Rollen und Normen vorgeben lassen.
13. Bestehen Sie auf rationaler Argumentation.

Diskussionen leiten und talkmastern
Kommunikation ermöglichen

Sie haben sie erlebt: Die Diskussionsleiterin, die ausführlich von sich berichtet, den Diskussionsleiter, der die Zeit nicht im Blick hat und übersieht, dass die Diskussionsteilnehmer*innen unruhig geworden sind.

Sie fanden sie irritierend: Die Doktorandin, die im Kolloquium nicht mitdiskutiert, sondern ihr Gemüseaufstrichbrot isst, und den Doktoranden, der nicht den Blick von seinem Laptop hebt.

Sie kennen sie: Die selbstverliebten Promi-Moderator*innen, denen die Einschaltquote wichtiger ist als eine erhellende Diskussion. Der Talk wird zur Show, in der sich durchsetzt, wer am lautesten redet, in der um jeden Preis die vorbereiteten Filmchen eingespielt werden müssen – Diskussionsverlauf hin oder her.

So wollen Sie weder Diskussionen leiten noch moderieren. Worauf kommt es an, soll eine Diskussion inhaltlich zielführend sein und sowohl für die Teilnehmer*innen als auch für die oder den Diskussionsleiter*in atmosphärisch erfreulich? Was macht eine gelungene Moderation aus?

Antworten auf diese Fragen erhalten Sie auf den nächsten Seiten. Ich gehe, räumlich gesprochen, von innen nach außen vor: Zunächst steht die Leitung einer Diskussion ohne Publikum zum Beispiel in einem Doktorandenkolloquium im Mittelpunkt, bei der die leitende Person weniger herausgehoben, gleichwohl aber für das Gelingen wichtig ist. Danach ist der öffentliche Auftritt Thema: die Moderation einer Lesung oder eines Vortrags, einer Podiumsdiskussion oder einer Konferenz.

9 Diskussionen bestimmt und zielgerichtet leiten

Eine *gute* Diskussionsleitung stellt das Thema und die Diskussionsteilnehmerinnen in den Mittelpunkt, achtet auf die Zeit und sorgt dafür, dass alle Teilnehmer*innen die gleiche Chance haben, zu Wort zu kommen. Was trägt darüber hinaus zum Gelingen einer Diskussion bei?

9.1 Das Thema im Blick haben: Diskussionen eröffnen, in Gang halten und beenden

An der Hochschule haben Sie gute Chancen, viele schlechte Beispiele für eine Diskussionsleitung zu erleben. Deshalb weise ich auf eine Selbstverständlichkeit hin: Unvorbereitet mag ein Brainstorming gelingen, eine Diskussion, in der erste Überlegungen zusammengetragen werden sollen. Alle anderen Formen der Diskussion bedürfen der Vorbereitung. Wer die Leitung einer Diskussion übernimmt, sollte folgende Punkte klären:
- Welches *Ziel* wird mit der Diskussion verfolgt?
- *Wer* nimmt teil?
- Welche *Fragen oder Probleme* sollen im Mittelpunkt stehen?
- In welcher *Reihenfolge* sollen diese Fragen und Probleme besprochen werden?
- Wie viel *Zeit* steht zur Verfügung?[87]

Souverän eröffnen
Eröffnen Sie schlicht: *Guten Morgen (Tag, Abend)*. Und stimmen Sie positiv ein. Betonen Sie zum Beispiel die Bedeutung des Themas. Freuen Sie sich auf die Aussicht, einen guten Schritt in der Frage ... voranzukommen.
So misslingt jede Eröffnung:
- „Leider konnten wir nicht pünktlich anfangen."
- „Wieder einmal fehlen zwei Mitglieder."

Genauso peinlich wie der Tadel ist Lob: „Ich freue mich, dass sie alle so pünktlich erschienen sind."
An die Eröffnung schließt sich die Vorstellung (und Besprechung) der Tagesordnung an. Allgemeiner formuliert: Alle Teilnehmer*innen sollten wissen, was in welcher Reihenfolge besprochen wird, wie lange die Diskussion dauern soll und ob

---

[87] Über verschiedene Diskussions*methoden* informiert *Wissenschaft im Dialog*: www.wissenschaft-kontrovers.de/diskussionsformate/

Pausen vorgesehen sind. Es ist ratsam, sich zu vergewissern, dass alle Teilnehmer*innen mit diesem Prozedere einverstanden sind.[88]

In der Überleitung zur Diskussion wird kurz Diskussionsziel erläutert und, falls erforderlich, das Thema in Teilthemen gegliedert. Ein Beispiel:

> „Wir haben beim letzten Mal vereinbart, uns heute mit der Frage beschäftigen ...
> Ziel unserer Diskussion ist ...
> Unser Thema hat verschiedene Aspekte: einen historischen, einen systematischen und einen aktuellen.
> Da diese Aspekte zusammenhängen, sollten wir nicht diskutieren, mit welchem Aspekt wir anfangen, sondern gleich in die Diskussion einsteigen.
> Ich schlage vor, dass wir zunächst ... diskutieren."

Die Diskussion wird mit einer Frage eröffnet. Die Eingangsfrage richtet sich an alle. Sie sollte *kurz* und *verständlich* sein und *offen* formuliert werden. Offene Fragen können nicht mit „ja" oder „nein" beantwortet werden: „Wie beurteilen Sie diese Feststellung?" Statt: „Stimmen Sie dieser Feststellung zu?" Offene Fragen lassen unterschiedliche Antworten zu und geben den Teilnehmer*innen einen Spielraum.

Umsichtig in Gang halten

Während vieler Diskussionen habe ich auf die Uhr geschaut – noch 40, noch 20, noch 10 Minuten, fast geschafft –, weil der Verlauf stockend und unstrukturiert war, weil einige dominierten und andere konsequent schwiegen.
Was hilft, sich und anderen solche Erfahrungen zu ersparen?

Die Diskussion überschaubar machen
Die Teilnehmer*innen können einer Diskussion dann am besten folgen, wenn durch Zwischen-Zusammenfassungen deutlich gemacht wird, in welchen Punkten Übereinstimmung besteht, wo Differenzen liegen, welche Fragen geklärt und welche noch offen sind.
Mit solchen Zusammenfassungen unterstreichen Sie, dass Sie auch fachlich Frau oder Herr des Diskussionsprozesses sind.

Ziel und Thema im Auge behalten
In engagierten Diskussionen werden manchmal wesentliche Gesichtspunkte vergessen. Oder das Diskussionsziel gerät aus dem Blick. Aufgabe der Diskussionsleitung ist es,

---

88 Ich bin sehr dafür, Kommunikationsregeln vorzugeben. Zum Beispiel: keine Benutzung von Smartphone oder Laptop, Störungen haben Vorrang.

- an die Themen- und Zielstellung der Diskussion zu erinnern,
- zum Thema zurückzuführen,
- Fragen auszuklammern, die in der Diskussion nicht geklärt werden können,
- die Diskussion zwischen „Eingeweihten" zu verhindern, die über die Köpfe der übrigen Teilnehmer*innen hinweg reden.

Stockungen überwinden
Gerät eine Diskussion ins Stocken, helfen Fragen, sie wieder in Gang zu bringen. Hilfreich sind: offene und Informationsfragen.

Nicht zweckdienlich sind banale Wissensfragen und Suggestivfragen (Da wir gerade beim Thema Gefahren für die Demokratie sind: Was meinen Sie, sollte die AfD vom Verfassungsschutz überwacht werden?).

Vorsicht ist geboten bei gezielten Fragen, die viele unangenehm an die Schule erinnern (Was ist unter „Nettoneuverschuldung" zu verstehen?).

Vermeiden Sie zudem Warum-Fragen: Sie werden von vielen Menschen als Aufforderung gehört, sich zu rechtfertigen. Fragen Sie stattdessen: „*Woran* ist dieser Forschungsansatz gescheitert?" „*Wie* kam diese Datenpanne zustande?"

Beiträge zurückstellen
Spricht ein*e Teilnehmer*in einen Themenaspekt an, den Sie erst zu einem späteren Zeitpunkt besprechen möchten, sagen Sie es – verbunden mit einer kleinen Schmeicheleinheit: „Das ist ein sehr wichtiger Aspekt. Auf ihn möchte ich später zu sprechen kommen. Jetzt aber erst einmal zur Frage, ob …".

Sachlich und freundlich beenden
Eine Diskussion wird mit einer Zusammenfassung beendet, an die sich eine Beschlussfassung anschließen kann:
- Welche Ergebnisse wurden erzielt?
- Welche Übereinstimmungen und welche Differenzen zeigten sich?
- Welche Fragen wurden geklärt und welche blieben offen?
- Welche Schlussfolgerungen können für die weitere Arbeit gezogen werden?

Die Zusammenfassung muss objektiv und sachlich sein. Vor allem dann, wenn Abstimmungen folgen, Beschlüsse zu fassen oder Entscheidungen zu fällen sind.

Am Ende der Diskussion steht der schlichte *Dank* an alle Beteiligten und ein freundliches Wort: „Vielen Dank für eure rege Beteiligung. Auf Wiedersehen (gute Heimfahrt, vergnügtes Wochenende)."

9.2 Die Teilnehmer*innen im Blick haben und an sich denken: Achtsamkeit und Mindfulness

Seien Sie *achtsam*, wenn Sie eine Diskussion leiten. Ich scheue mich nicht, diesen Begriff zu verwenden, obwohl er inflationär gebraucht wird. *Achtsamkeit* meint schlicht: Es geht auch in Diskussionen nie nur um *die Sache*, sondern immer auch um das Miteinander. Die Auseinandersetzung in der Sache darf hart sein. Der Umgang miteinander sollte fürsorglich sein.

Nehmen Sie alles in den Blick, wenn Sie eine Diskussionsleitung oder Moderation übernehmen: das Thema, die Teilnehmer*innen – und das Wohlergehen der eigenen Person. Das meint *Mindfulness*.

Achtsam leiten
Mit der Leitung einer Diskussion wird Ihnen Autorität übertragen. Nutzen Sie sie. Sorgen Sie für einen fairen Diskussionsstil und dafür, dass alle Teilnehmer*innen die gleichen Chancen haben, sich an der Diskussion zu beteiligen.

Für einen fairen Diskussionsstil sorgen
Es ist nicht die Aufgabe der Diskussionsleitung, Beiträge zu bewerten. Es ist ihre Aufgabe, für einen fairen Diskussionsstil zu sorgen, Unterstellungen oder persönliche Angriffe zurückzuweisen.

Für diese Aufgabe ist es nützlich, ein Ohr für echte und rhetorische Fragen zu haben (vgl. Seite 106) und zwischen zutreffender und einschüchternder Kritik (vgl. Seite 117) zu unterscheiden.

Interventionen sollten kurz, sachlich und freundlich sein: „Herr Schneider, bitte unterlassen Sie persönliche Angriffe." „Karin, bitte unterbrich nicht andere Teilnehmerinnen und Teilnehmer."[89]

Gehen Beiträge am Problem oder der Fragestellung vorbei, sollte freundlich und bestimmt darauf hingewiesen und aufgefordert werden, beim Thema zu bleiben.

Respekt
Ein stiller Teilnehmer kann müde, eine schweigsame Teilnehmerin bedrückt sein. Und es gibt noch mehr Gründe, sich *nicht* an einer Diskussion zu beteiligen. Deshalb sollten Diskussionsleiter*innen zurückhaltend sein mit stillen Typisierungen (der Schüchterne, die Schweigerin) und vor allem mit expliziten Auffor-

---

89 Bei der Leitung einer Online-Diskussion kommt es besonders darauf an, die elementaren Regeln einer Diskussion durchzusetzen: Es spricht immer nur eine Person, es werden keine Monologe gehalten. Es wird nicht unterbrochen und alle müssen die gleiche Chance haben, zu Wort zu kommen.

derungen („Wollen Sie nicht auch was sagen?") oder Spekulationen („Langweilen Sie sich?").

Hilfestellungen geben
Alle sollten die Chance haben, sich gleichberechtigt an der Diskussion zu beteiligen. Das heißt zum einen: niemanden zu bevorzugen.[90] Das kann zum anderen bedeuten: zurückhaltende Teilnehmer*innen durch Ermunterung und Formulierungshilfen zu unterstützen.

Ermunterung: Haben Sie den Eindruck, jemand möchte etwas sagen, zögert aber, sollten Sie die Betreffende ermuntern: „Jared, wolltest Du etwas sagen?" „Frau Bodenstein-Peters, hatten Sie sich gemeldet?"

Formulierungshilfen: Die Diskussionsleiterin sollte helfen, sucht eine Teilnehmerin nach einem treffenden Begriff oder verunglückt einem Teilnehmer ein Satz. Der Diskussionsleiter sollte eine Interpretation anbieten, wenn nicht deutlich wurde, was die betreffende Person meint: „Wenn ich Sie richtig verstanden habe, sind Sie der Auffassung, dass ..."

Unangemessen sind *direkte* Aufforderungen: „Jonas, jetzt sag doch mal etwas." „Frau Petruk, von Ihnen habe ich noch gar nichts gehört."

Wenn es um Entscheidungen geht, von denen allen Teilnehmer*innen betroffen sind, ist es indes sinnvoll, alle aufzufordern, Stellung zu nehmen.

Mindfulness

Achten Sie auch auf sich. Darauf, was Sie stört, weil es Ihre Autorität untergräbt. Wie Sie mit Vielredner*innen und anderen Störquellen in Diskussionen umgehen können, habe ich bereits gezeigt (Seite 127). Ich vertiefe diese Hinweise mit Blick auf die Diskussionsleitung.

In Diskussionen treffen wir auf zwei unterschiedliche Kommunikationsstile. Wird *vertikal* kommuniziert, bestimmt die Rangordnung, wer beachtet und wem zugehört wird. Die Klärung der Rangordnung hat im Gespräch Vorrang, Gesprächsinhalte, Argumente sind – zunächst – zweitrangig. Beim *horizontalen Kommunikationsstil* geht es um Verständigung – inhaltlich und miteinander. Hierarchiefragen sind sekundär.[91]

Rangordnungsspiele können Ihnen – wenn Sie nicht ganz oben auf der Hierarchieleiter stehen – die Leitung einer Diskussion vergällen: Der Kollege, der seinen Status unterstreicht, indem er seit Beginn der Diskussion auf seinem Smartphone

---

90 Vor allem in der Lehre sollten Sie beachten: Bevorzugung kann sehr subtil erfolgen. Aus der Unterrichtsforschung ist bekannt, dass der Status von Mitgliedern einer Lerngruppe aus der Beobachtung ermittelt werden kann, wie häufig sie von anderen anschaut werden. Schauen Sie deshalb alle Teilnehmer*innen an.
91 Mehr dazu bei Deborah Tannen (1991).

bunte Bonbons verschiebt.[92] In Diskussionen ist es für die Leitung eine Zumutung, wenn ihr signalisiert wird: *Deine Rolle nehme ich nicht ernst. Ein Setting, in dem Du leitest, kann ja nicht wichtig sein.*

Es gibt eine Fülle von Varianten dieser nonverbalen Machtspiele. Zum Beispiel die Institutsdirektorin, die den Blick nicht von ihrem Laptop abwendet. Und die eingangs erwähnte Doktorandin, die genüsslich ihr Brot futtert. – Was tun? Zweierlei:

Erstens: Diese unfreundlichen Rangordnungssignale nicht persönlich nehmen.[93] Ein solches Verhalten würden die Betreffenden gegenüber jeder anderen Person an den Tag legen, die nicht eindeutig an der Hierarchiespitze steht. Wenn Ihnen eine solche Einstellung nicht gelingt, sollten Sie Leitung von Diskussionen vermeiden. Sie kennen den Spruch, wem es in der Küche zu heiß wird, sollte nicht Koch werden wollen. Die Wärme beim Kochen und Backen ist ebenso wenig gegen die Köchin gerichtet wie der Platzregen gegen die Spaziergängerin.

Zweitens: Freundlich bleiben. Auch wenn es schwerfällt. Sprechen Sie das Verhalten an, das auch die meisten anderen Diskussionsteilnehmer*innen stört. Dabei ist das *Wie* wichtig:
- *Beschreiben* Sie das Verhalten konkret; bewerten Sie es nicht.
- Sagen Sie, *dass* und *warum* dieses Verhalten *Sie stört*.
- Sagen Sie, welche Verhaltensveränderung *Sie möchten*.

Sind die Angesprochenen nur unhöflich, aber nicht auf Krawall aus, werden sie das Handy zur Seite legen, den Laptop zuklappen und das Brot wegpacken.

Wer belehrt, provoziert Trotzreaktionen:
- „Das ist eine Diskussion über ... *kein Spielenachmittag*. Ich möchte, dass Sie ..."
- „Man wird ja wohl noch ..."
- „Das ist eine ernsthafte Diskussion und *kein Picknick* (nicht ihr Arbeitsplatz). Ich möchte, dass Sie ..."
- „Wo ist das Problem?"[94]

Peter Modler empfiehlt, bei solchen Reaktionen nicht zurückzuweichen:
„Sie essen eine Pizza."
„Genau, ich habe ... Hunger."

---

92 Thüringens Ministerpräsident Ramelow fiel 2021 unangenehm auf, weil er während wichtigen Corona-Krisensitzungen der Ministerpräsidenten Candy Crush auf dem Handy spielte.

93 Bei regelmäßigen, eher formlosen Diskussionsrunden sollten Sie zudem prüfen, ob sich dieses schlechte Benehmen eingeschlichen hat und von allen akzeptiert wird – ohne dass sie sich bewusst sind, dass sie ihre Runde entwerten.

94 In der Transaktionsanalyse (Berne 2003 und 2007) spricht man von einer „gekreuzten" Interaktion: Auf die Belehrung (des „Eltern-Ichs") folgt eine Trotzreaktion (aus dem „Kindheits-Ich").

„Sie essen eine Pizza. Aber das hier ist ein Meeting."
„Irgendwo muss man ja essen."
„Sie können die Pizza gerne essen. Aber nicht jetzt."
„Wo denn sonst?"
„Nicht hier."

Diesen Dialog müssen Sie, ergänzt Modler, durchhalten. „Das läuft auf eine offene Auseinandersetzung heraus. Aber die haben nicht Sie eröffnet ... Im Zweifelsfall müssen Sie ... unterbrechen, bis das mit der oder dem Betroffenen geklärt ist. Es geht hier weder um Hunger noch um schlechte Erziehung, sondern um den Schutz einer produktiven Atmosphäre". Candy Crush, arbeiten, essen sind keine Kleinigkeiten, sondern färben das Klima der Diskussion ein, dessen Niveau die verteidigen, die den Job der Diskussionsleitung übernommen haben (2022, 133).

Wer Modlers Empfehlungen folgt, mag diese Auseinandersetzung gewinnen. Vielleicht gibt die Esserin oder der Candy Crusher nach. Vielleicht wäre die eine oder der andere von dem Beharrungsvermögen der Diskussionsleitung beeindruckt.

Wahrscheinlich intervenieren einige Diskussionsteilnehmer*innen mit dem Hinweis, man möge „zur Sache kommen", statt sich weiter zu streiten. (In jeder Gruppe sind Mitglieder, die Konflikte nicht ertragen.) Sicher jedoch wäre das Diskussionsklima beeinträchtigt.

Zudem rate ich jedem Doktoranden und jeder Habilitandin, die Institutsdirektorin zu *bitten*, ihren Laptop zu schließen.

Szenenwechsel: ein Forschungs- und Nachwuchs-Kolleg. Doktoranden, Habilitandinnen und der Leiter des Kollegs, Prof. A, diskutieren. Eine Doktorandin hat die Diskussionsleitung übernommen. Zehn Minuten gelingt es ihr, für eine gleichberechtigte Diskussion aller Teilnehmerinnen zu sorgen. Dann ist Prof. A nicht mehr zu bremsen: Er unterbricht andere Teilnehmer, hält Monologe – kurz: Er ist *ganz der Chef*. Die Diskussionsleiterin bittet Professor A wiederholt, sich an die Redeliste zu halten und andere nicht zu unterbrechen. Vergeblich. – Was tun?

Das Verhalten von Herrn A nicht persönlich nehmen und keinen Kampf beginnen. Ich habe den Mitgliedern des Kollegs empfohlen, künftig freundlich und mit dezenter Ironie dem Chef die Diskussionsleitung anzutragen: „Herr A, Sie sind Ihrem Engagement heute wieder nicht in zu bremsen. Ich schlage deshalb vor, Sie übernehmen auch noch die Diskussionsleitung."

Investieren Sie Ihre Energie in die Lehre und Forschung oder Ihre Freizeit – nicht in Professor A oder andere Chef*innen.

10 Professionell moderieren: Vortrag und Lesung, Podiumsdiskussion und Konferenz

Ob Lesung, Vortrag, Podiumsdiskussion oder Konferenz: Gute Moderator*innen kümmern sich umsichtig um ihre Gäste, um die Redner*innen und das Publikum. Das englische *Host* bringt diese Rolle gut zum Ausdruck (auch *Facilitator* enthält eine klare Aufgabenbeschreibung).

Umsichtig meint: Die Moderatorin *bereitet sich sorgfältig vor.* Der Moderator rückt die *ins rechte Licht,* die vortragen, lesen oder diskutieren. Und Moderator*innen achten darauf, dass die Zuhörerinnen und Zuhörer *auf ihre Kosten kommen.* Und das heißt auch, findet die Veranstaltung außerhalb der Scientific Community statt: Das Publikum erwartet nicht ausschließlich neue Erkenntnisse, sondern auch Unterhaltung (deshalb wird mittlerweile selbst an manchen Universitäten nicht mehr zu Podiumsdiskussionen eingeladen, sondern zu „Talks").

10.1 Auf die Personen, den Inhalt und die Rolle vorbereiten

Das sehen Sie im Fernsehen nicht: den Teleprompter der Moderatorin und die Regisseurin des Moderators, die diesen über den Knopf im Ohr darauf hinweist, wenn zu lange über ein Thema geredet wird. Und auch nicht den Aufnahmeleiter, der für Ersatz sorgt, wenn in der Sendung des Plasberg-Nachfolgers ein Filmchen ausfällt, das eingespielt werden sollte.

Für die Talk-Runde von Louis Klamroth oder Maybrit Illner arbeitet ein großer Stab. Der steht Ihnen nicht zur Verfügung. Aber die Möglichkeit, sich sorgfältig vorzubereiten.

Die Moderator*innen-Rolle
Wer moderiert, ist Leitperson der Lesung oder Podiumsdiskussionen. Damit daraus kein Leiden erwächst, kommt es darauf an, diese Rolle auch tatsächlich anzunehmen. Deutlicher: Sie *müssen* für andere da sein *wollen:*
- das Publikum wertschätzen,
- Gäste in den Mittelpunkt stellen,
- sich zurücknehmen,
- Gespräche und Diskussionen neutral moderieren.

Moderieren heißt *mäßigen.* Wenn damit gemeint ist, auf Sachlichkeit zu achten und ein Mindestmaß an Höflichkeit sicherzustellen, dann ist *mäßigen* richtig verstanden. Moderieren wird missverstanden, wenn darin die Aufgabe gesehen wird, Widersprüche zu glätten oder Differenzen zu überbrücken.

> **Am Rande:**
>
> **Dresscode II: Ein gutes Bild abgeben**
> Verzichten Sie auf Schwarz und Weiß, wenn in großen Sälen Bilder von der Bühne auf Monitore übertragen werden, damit alle alles gut sehen können, oder Videoaufzeichnungen gemacht werden, die online gehen sollen: Dezente Farben kommen besser, lassen Sie nicht blass erscheinen.
> Schmuck und Frisuren habe ich bereits kommentiert (Seite 47). Schlechter Erfahrungen veranlassen mich zu folgendem Hinweis: Bitte die Brille putzen.

Mäßigen kann zudem bedeuten: Dampfplauder*innen zu stoppen, um Raum für produktive Beiträge zu schaffen. Das gehört zur Moderator*innen-Rolle. Wer sie übernimmt, sollte deshalb keine Scheu haben, auf Regeln zu achten und Grenzen zu setzen, verbale gelbe und rote Karten zu zeigen – ohne Ansehen der Person.

Inhalte und Teilnehmer*innen

Ob Gastvortrag, Lesung oder Podiumsdiskussion: Machen Sie sich, soll die Moderation gelingen, mit der Vita der Gäste, ihren Themen und Veröffentlichungen vertraut.

Es kommt nicht darauf an, den gesamten Lebenslauf des Gastes zu kennen (oder gar vorzutragen), sondern die Lebensstationen oder Leistungen, die ihn zum *interessanten* Gast machen. Hilfreich sind vier Orientierungspunkte (die ich von Anne Will übernehme): Der Gast *ist, war, gilt* und *meint*.

- *Ist* Bestseller-Autorin, ausgezeichnet unter anderem mit dem britischen Frauen-Literaturpreis. – *Ist* Professor an der Humboldt-Universität Berlin und hat sich mit seinen Studien zur Sprache der Querdenker*innen einen Namen gemacht.
- *War* ursprünglich Erzieher und schreibt nicht nur mit erstaunlicher Fantasie und wunderbarem Humor, sondern auch mit intimer Kenntnis über die Welt der Vorschulkinder und ihrer Eltern. – *War* Senior Research Fellow am Wirtschafts- und Sozialwissenschaftlichen Institut der Hans-Böckler-Stiftung, Gastprofessorin an den Universitäten Lund und Malmö.
- *Gilt* als die Stimme arabischer Autorinnen und Autoren in Deutschland. – *Gilt* als einer der einflussreichsten Soziologen Deutschlands.
- *Meint*, der öffentlich-rechtliche Rundfunk setzte zu sehr auf Infotainment. Was wir in gerade in Krisenzeiten bräuchten, seien mehr und verständlich aufbereitete Informationen. – *Meint*, wer über Armut redet, darf vom Reichtum nicht schweigen.

Für die Moderation eines Vortrags ist es unerlässlich, sich mit dem Vortragsthema vertraut zu machen. Andernfalls gelingt weder eine spannende Einführung noch können interessante Fragen gestellt werden.[95]

---

95 Wer sich in einem Thema gut auskennt, brauchen sich nicht intensiv inhaltlich vorzubereiten. Expert*innen sollten jedoch, wenn sie eine Moderation übernehmen, prüfen: Mer-

Schon häufig habe ich mich fremdgeschämt für Moderatoren, die mit dem Hinweis einleiten, sie verstünden nichts von *Grünen Fonds* oder *feministischer Theologie*, von *Medienrecht* oder *Gentechnik*; sie seien deshalb gespannt, „was wir zu hören bekommen".

Zur Vorbereitung gehört die Verständigung mit dem Gast, ob er jede Frage einzeln beantworten will. Oder ob er es bevorzugt, dass zunächst eine Reihe von Fragen gesammelt werden sollen. Und selbst die prominentesten Gäste müssen darauf verpflichtet werden, die vereinbarte Redezeit unbedingt einzuhalten.[96]

Bei Podiumsdiskussionen ist es besonders wichtig, sowohl über das Thema als auch über die Teilnehmer*innen gut informiert zu sein, um sich darauf vorzubereiten, gegensätzliche Positionen herausstellen zu können.

Und Sie müssen ein wenig rechnen: Wie viel Themenaspekte können in 60 Minuten, es dürfen auch 75 sein, bei vier oder fünf Teilnehmer*innen behandelt werden? Mein Tipp: Planen sind bei einer Stunde nicht mehr als vier Aspekte ein, wenn Tiefe vor Masse gehen soll.

Ein Vorgespräch mit den Teilnehmer*innen ist unverzichtbar: Erläutern Sie, wie Sie sich die Diskussion wünschen. Werben Sie für eine faire, lebhafte und verständliche Auseinandersetzung. Ermuntern Sie, miteinander zu reden und nicht darauf zu warten, bis ihnen das Wort erteilt wird.

Es ist legitim, keine Zeit für die inhaltliche Vorbereitung zu haben. Die einzig vertretbare Konsequenz lautet dann jedoch: die Moderation nicht übernehmen.

10.2 Professionell eröffnen und schließen

Sie haben die Standardsätze von Anne Will noch im Ohr: „Das sind heute Abend meine Gäste." Alle Tagesschausprecher*innen begrüßen mit denselben Worten: „Guten Abend, meine Damen und Herren. Ich begrüße sie zur Tagesschau."

Sie sind nicht jeden Abend oder Sonntag auf Sendung. Sie brauchen kein *Personal Branding*. Deshalb haben Sie die Freiheit, abgegriffene Floskeln zu vermeiden, originell zu formulieren.[97]

---

ke ich es, wenn Erläuterungen für *Laien* nicht verständlich sind? Habe ich ein Gespür dafür, dass ein Vortrag für das *Publikum* zu kompliziert ist?
96 In Parteien und Unternehmen werden zunehmend häufiger Vorträge von Interviews abgelöst. Wenn Sie sich der Herausforderungen stellen wollen, vor Publikum Wissenschaftlerinnen, Künstler oder Politiker*innen zu interviewen, finden Sie bei Krieger (2022, 179ff.) nützliche Anregungen.
97 Siehe auch meine Anregungen zur Begrüßung, zum Einstieg und zu Anrede-Etiketten im ersten und zweiten Kapitel.

Begrüßen und vorstellen
Sie können zunächst das Publikum begrüßen und dann den Gast:

> „Guten Abend, meine Damen und Herren!
> Schön, dass sie unsere Einladung angenommen haben, sich näher über die Wildkatze, ihren Lebensraum und ihre Bedrohung zu informieren.
> Ich freue mich, eine ausgewiesene Expertin zu begrüßen. Herzlich willkommen, Dr. Patricia Steinmüller."

Oder Sie begrüßen zunächst das Publikum und leiten dann mit einer kurzen inhaltlichen Aussage zum Gast über:

> „Herzlich willkommen, meine Damen und Herren.
> Ich habe eine gute und eine schlechte Nachricht für sie.
> Die schlechte zuerst: 256 Jahre dauert es noch, so das Ergebnis einer Studie von 2019, bis Frauen an Macht und Wohlstand in der Weltwirtschaft aufgeholt haben, wenn es mit der Gleichstellung im bisherigen Tempo weitergeht.
> Die gute Nachricht: Es ist uns gelungen, eine Expertin zu gewinnen, die dieses Ergebnis, veröffentlicht vom World Economic Forum, nicht nur aufschlüsseln kann, sondern auch Vorschläge hat, wie dieser Prozess beschleunigt werden kann.
> Guten Abend und herzlich willkommen, Nicola Vittorelli.
> Unser Gast ist Professorin für Nachhaltigkeit an der Universität Lüneburg. Sie hat die Bundesregierung mehrfach ..."

Diese inhaltliche Überleitung zum Gast gelingt nur nach einer Absprache, die deshalb sehr ratsam ist.

Sie können sich bei der Begrüßung auch an das Publikum wenden: „Bitte begrüßen Sie mit mir den Staatssekretär Tim Langguth."

Der Gast steht bei der Vorstellung im Mittelpunkt. Vermitteln Sie den Zuhörenden die Gewissheit, es war eine gute Entscheidung, zu diesem Vortrag, zu dieser Lesung zu kommen. Das gelingt am besten mit einer angloamerikanischen Eröffnung. Wird eine Rednerin in den USA vorgestellt, erweckt der „einführende Redner gern den Eindruck", man „habe seit mindestens einem Jahrzehnt sehnsüchtig auf diesen Augenblick gewartet." (Spengler 2009, S. 39f.)

Loben Sie den Redner, freuen Sie sich, dass die Autorin zur Lesung gekommen ist. Aber übertreiben Sie nicht. Übertriebenes Lob ist den meisten Menschen peinlich. Überschwängliche Freude irritiert das Publikum. Zu viele Vorschusslorbeeren steigern die Erwartungshaltung immens.

Weitere Don'ts bei der Vorstellung sind:
- Den Vornamen weglassen. Nennen Sie bei der Vorstellung Vor- und Nachname – ohne Herr oder Frau.
- Titelreihungen: Nennen Sie nur den höchsten Titel (Professor Cem Yücel, nicht Professor Dr. Cem Yücel).

- Die Formulierung „Ich erteile ... das Wort". Diese altbackene Redeerlaubnis sollten Sie sich und den Zuhörer*innen ersparen.

Podiumsdiskussion
Sie sind beliebt: Diskussionen vor Publikum. Eröffnen Sie, wenn Sie eine Podiumsdiskussion moderieren, mit einem Dreischritt: das Publikum begrüßen, die Teilnehmer*innen und vorstellen und die Diskussion eröffnen.

Das Publikum muss nicht im ersten Satz begrüßt werden. Sie können mit einem „Appetizer" beginnen. Zum Beispiel so:

> In 256 Jahre werden Frauen den gleichen Anteil an Macht und Wohlstand haben wie Männer. Wenn es in dem bisherigen Tempo der Gleichstellung weitergeht. Guten Abend, meine Damen und Herren. Herzlich willkommen zu unserer Podiumsdiskussion. Warum ist das so? Warum ist der Gleichstellungsfortschritt eine Schnecke?
> Antworten auf diese Fragen können sie von den Expertinnen und Experten erwarten, die ich ganz herzlich begrüße.

Bei der Vorstellung der Diskussionsteilnehmer*innen können Sie sich an TV-Talkrunden orientieren: Die kurze Vorstellung, die sich auf die aktuelle Tätigkeit und themenbezogene Qualifikationen oder Ämter bezieht, wird um einen Satz ergänzt, in dem die Position der Teilnehmerin zusammengefasst wird:

> Claudia Böhme ist Frauenbeauftragte der Universität Stuttgart, Mitglied des Vorstands des Vereins *Frauen helfen Frauen* und Autorin zahlreicher Bücher über Gewalt gegen Frauen. Sie meint: Gewalt gegen Frauen erhält von der Politik noch immer nicht die Aufmerksamkeit, die notwendig wäre, um spürbare Veränderungen zu erreichen.
> Herzlich willkommen, Frau Böhme.

Die Vorstellung sollte von rechts nach links (oder umgekehrt) erfolgen – nicht nach Hierarchie-Gesichtspunkten und nicht zuerst Frauen, dann Männer.

Wechseln Sie den Begrüßungssatz: Herzlich willkommen, Claudia Rau. Schön, dass Sie bei uns sind, Robert Goldstein. Guten Abend, Dr. Dilara Alef-Sund.

Mit einer anderen Variante der Vorstellung rücken Sie sich und die Teilnehmer stärker ins Licht: Zunächst sind nur Sie auf der Bühne, begrüßen das Publikum und eröffnen die Veranstaltung. Dann bitten Sie jede Teilnehmerin einzeln auf die Bühne. Als Raster für die vorangehende Vorstellung ist der bereits vorgestellte Vierschritt hilfreich: *ist, war, gilt und meint*:

> „Sie *ist* Kommunikationschefin des Verbands der Süßwarenindustrie. Sie *war* Parlamentarische Staatssekretärin im Wirtschaftsministerium. Sie *gilt* als politisch gut vernetzt. Und sie *meint*: Gesunde Ernährung sei ohne Zucker nicht möglich. Guten Abend, Margareta Tomasini."

Es folgt die erste *offene* Frage, die Sie nicht an alle, sondern an eine Teilnehmerin oder einen Teilnehmer richtet. (Sollte es spezielle Vorgaben für die Diskussion geben, zum Beispiel eine zeitliche Beschränkung der Redezeit, sind diese Regeln zuvor kurz zu erläutern.)

Konferenz
Wird es eine Nummer größer, moderieren Sie eine Konferenz, sollten Sie durch die folgenden Moderationstugenden beeindrucken.

Nicht vorlesen: Ihr Publikum kann lesen. Lesen ihm deshalb nicht das Programm vor. Formulieren Sie vielmehr einen Konferenzteaser: Verdeutlichen Sie, dass es gelohnt hat, zur Konferenz zu kommen (vgl. S. 26). Machen Sie neugierig auf das, was folgt.

Gerecht und höflich sein: Behandeln Sie alle Redner*innen gleich – auch bei der Vorstellung. Stellen Sie die Redner so vor, wie diese vorgestellt werden möchten. Sind Sie unsicher, wie ein Name ausgesprochen wird: Fragen Sie die Referentin; schreiben Sie sich den Namen zu Ihrer Entlastung in Lautschrift auf.

Aufmerksam und zurückhaltend sein: Folgen Sie den Redner*innen mit voller Aufmerksamkeit; notieren Sie interessante Aussagen für die Diskussion und Ihr Schlusswort. Halten Sie sich zurück mit langen Kommentaren und Eigenlob.

Umsichtig sein: Alle Präsentationen sollten auf *einem* Medium gespeichert sein. Informieren Sie die Redner*innen, wie sie ihre Datei öffnen können. Zudem sollten Sie klären, wen Sie bei Problemen mit der Technik ansprechen können.

Wie die einzelnen Programmpunkte einer Konferenz oder Tagung anmoderieren? Ich empfehle vier Schritte:

- *Das Wichtigste kurzgefasst:* Die Zufriedenheit mit der Demokratie nimmt ab. Diese Entwicklung geht einher mit einer Rückkehr zu traditionellen Rollenbildern, einem Anstieg des Antifeminismus. Ausländerfeindliche und antisemitische Einstellungen sind konstant hoch. Das ist das Ergebnis der neusten Leipziger Autoritarismusstudie.
- *Die Relevanz herausstellen:* Diese Haltungen sind ein gefährlicher Resonanzboden für autoritäre Bestrebungen.
- *Frage:* Ignorieren die demokratischen Parteien diese Entwicklung? Kommt aus der Zivilgesellschaft zu wenig Widerspruch?
- *Ankündigung:* Antworten auf diese Frage und eine Analyse dieser Entwicklung können Sie von Dr. Annelie Buntenburg erwarten, die ich sehr herzliche begrüße.

Danken und verabschieden

Sind die geplanten 60 oder 90 Minuten um, fordern Sie zur letzten Frage auf. Sie dürfen als Moderator*in bestimmen, wann die Veranstaltung zu Ende ist.

Sagen Sie nicht, die Zeit sei um. Bauen Sie diese Tatsache positiv in den Dank an den Referenten ein: „Das waren spannende 90 Minuten. Und dass die Zeit wie im Fluge verging, ist vielleicht das größte Kompliment, das man machen kann, Frau Krieger. Vielen Dank, dass Sie bei uns waren."

Und so können Sie das Publikum verabschieden: „Ihnen, meine Damen und Herren, wünsche ich weiterhin einen schönen Abend. Kommen sich gut nach Hause. Auf Wiedersehen."

Bei *Podiumsdiskussionen* erhalten die Teilnehmer*innen Gelegenheit zu einem *Schlusswort*. Ich rate wiederum zu einer Anleihe bei TV-Talks: Statt des klassischen Schlussworts wird eine Frage vorgegeben.

Die Moderatorin kann auch bitten, einen themenbezogenen Satz zu vervollständigen. „Bitte beenden sie folgenden Satz: *Bürgergeld statt Hartz 4 ist ...*"

Eine Variante dieser Form des Schlusswortes könnte so lauten: „Bitte formulieren Sie den § 1, der ihrer Meinung nach in jeder Schulordnung stehen sollte."

Bei einer Podiumsdiskussion ist der *Dank* an die Teilnehmer*innen das Signal für das Publikum zu applaudieren. Ein Beispiel: „Wir haben sehr unterschiedliche Analysen gehört. Und die übereinstimmende Auffassung, dass mehr gegen Gewalt in der Schule getan werden muss. Vielen Dank für die erhellenden Beiträge Frau Braun, Herr Bandt ..."

„Sie waren ein wundervolles Publikum." Diesen Satz hat man schon zu oft in Talkshows gehört. Ich rate davon ab, zu schmeicheln und zu danken. Wünschen Sie vielmehr dem Publikum etwas:
- „Kommen sie gut nach Hause, meine Damen und Herren. Tschüss und auf Wiedersehen."
- „Ich wünsche Ihnen noch ein anregendes Gespräch auf dem Nachhauseweg."
- Oder (freitags oder sonntags): „Ich wünsche Ihnen ein vergnügtes Wochenende."
„Kommen Sie, meine Damen und Herren, gut in die neue Woche. Auf Wiedersehen."

Die Herausforderung für den Schluss einer Konferenzmoderation besteht darin, die Beiträge ergebnisorientiert zusammenzubinden. Das kann nur gelingen, wenn die oder der Moderator*in die unterschiedlichen Konferenzbeiträge nicht als Pausenzeit auffasst, sondern diese aufmerksam verfolgt. Ein hartes Stück Arbeit!

Versuchen Sie in jedem Fall zum Schluss positiv zu stimmen – auch dann, wenn Fragen offenblieben.

Danken Sie den Vortragenden und wünschen Sie allen noch einen schönen Tag, Abend oder Nachhauseweg.

10.3 Das Publikum einbeziehen, Störungen beheben

Nach dem Vortrag oder der Lesung und dem Applaus der Zuhörerinnen danken Sie dem Redner. Entweder schlicht: „Vielen Dank, Frau Dr. Deligöz." Oder ein wenig nachdrücklicher: „Herzlichen Dank für diesen aufschlussreichen Vortrag."

> **Am Rande:**
>
> **An Podiumsdiskussionen teilnehmen?**
> Wenn Sie eingeladen werden, an einer Podiumsdiskussion *teilzunehmen*, rate ich zu prüfen: Lohnt der Aufwand für die Vorbereitung (und Anreise)?
> Dauert die Diskussion eine Stunde und sind fünf Teilnehmer*innen vorgesehen, kommen Sie keine zehn Minuten zu Wort. Sind Fragen des Publikums geplant, auch dann nicht, wenn die Veranstaltung neunzig Minuten dauert.
> Bei einem Vortrag entscheiden Sie, wie Sie ein Thema aufbereiten. Bei einer Podiumsdiskussion kennen Sie nur den Themenrahmen. Machen Sie, meine zweite Empfehlung, nicht den Hans Dampf (im Englischen gibt es eine weibliche Variante: „Jill of all trades") auf allen Themenfeldern, sondern nehmen Sie nur Einladungen zu „Ihren" Themen an. Sie ersparen sich Stress und laufen nicht Gefahr, neben Expertinnen und Experten blass auszusehen – ein Phänomen, das Sie sonntags nach dem Krimi und montags vor den *Tagesthemen* immer wieder beobachten können.
> Wenn Sie teilnehmen wollen: Klären Sie so früh und so umfassend wie möglich, was Sie erwarten.
> Bedenken Sie zudem: Sie sind während der Diskussion unter Beobachtung. Achten Sie deshalb darauf, wie Sie sitzen oder – das ist in Mode gekommen – stehen.

„1000 Dank für diesen wunderbaren (berührenden, spannenden) Text."

Sind Fragen des Publikums vorgesehen: „Vielen Dank, Frau Dr. Deligöz. Haben sie, meine Damen und Herren, Fragen an Frau Deligöz?"

Oder Sie machen die Eisbrecherin: „Vielen Dank, Frau Dr. Deligöz. Ich nehme mir, bevor sie dran sind, meine Damen und Herren, das Recht der ersten Frage: Wie gelang es Ihnen, Frau Deligöz, diese ...?"

Dem Publikum verpflichtet
Ich empfehle, vor der Fragerunde Regeln zu nennen: Fragen müssen wirklich Fragen sein und kein Koreferat. Wer fragt, stellt sich bei einer Vortragsveranstaltung kurz vor (je nach Rahmen der Veranstaltung mit Namen und Funktion oder Arbeitszusammenhang).

Haben Sie sich mit dem Gast darauf verständigt, Fragen zu sammeln, sollten Sie nach vier bis fünf Fragen den Gast antworten lassen. Machen Sie sich Notizen, um sicherzustellen, dass keine Frage untergeht.

Ist mit einem großen Auditorium zu rechnen, müssen Sie vorab klären, ob im Saal genügend Mikrofone stehen. Bis hundert Zuhörer*innen können Sie mit einem Mikrofon ins Publikum gehen.[98] *Können* – wenn Sie sich hinreichend sicher fühlen.

Und das sollten Sie nach einem Vortrag und während der Fragerunde vermeiden:

---

[98] Eine belebende Alternative zum Saalmikrofon ist das Wurfmikrofon von *Catchbox*: ein Schaumstoffwürfel mit eingebautem Mikrofon, der, wie der Name sagt, ins Publikum geworfen werden kann. https://catchbox.com/

- Versuchen, den Vortrag zusammenzufassen. *Ihr* Publikum hört aufmerksam zu und braucht keine Nachhilfe.
- Die Fragen des Publikums bewerten. Sowohl Lob („Eine sehr interessante Frage") als auch Tadel („Das hat Frau Mars doch hinreichend deutlich gemacht") kommen nicht gut an.

Für den Stil des Referenten oder der Lesenden sind Sie nicht verantwortlich. Reagiert eine Schriftstellerin genervt auf Fragen, die sie oft hört („Wo tanken Sie Ihre Inspirationen?"), antwortet ein Autor harsch auf die Bemerkung einer Zuhörerin, sie fände sich „als Frau in seinen Texten nicht wieder" – können Sie ihm oder ihr dezent die Hand auf den Unterarm legen. Müssen Sie aber nicht; und auch nicht hektisch werden. Ihre Verantwortung setzt erst dann wieder ein, wenn aus diesen Reaktionen Zwiegespräche entstehen (die Sie im Interesse des Publikums beenden sollten).

Und wenn ...

... keine Fragen kommen?
Wenden Sie es positiv:
- „Sie haben umfassend informiert, Frau Deligöz. Großes Kompliment und noch einmal herzlichen Dank."
- „Ihr Text war so beeindruckend, dass Fragen als trivial erscheinen mögen. Sicher gehe nicht nur ich mit starken Eindrücken nach Hause. Vielen Dank, Herr Lederer."

... der eine oder die andere geht.
Nehmen Sie es kommentarlos hin und nicht persönlich.

... der Gast monologisiert, statt Fragen zu beantworten?
Sie sind dem Publikum verpflichtet. Deshalb sollten Sie – freundlich – unterbrechen. Die Zuhörer*innen werden es Ihnen danken. Sie können eine *Atempause nutzen*, um zu weiteren Fragen aufzufordern. Sie können sich in einen *Satz* Ihrer Gesprächspartnerin *einfädeln* und ihn zu Ende führen. Um dann die nächste Frage anzuschließen. Schließlich können Sie strikter unterbrechen: *Sprechen* Sie Ihr Gegenüber mit dem *Namen an.* Ihr Gesprächspartner wird eine kurze Pause machen. Diese Unterbrechung nutzen Sie und fragen nach oder bitten das Publikum um weitere Fragen.

... in der ersten Reihe jemand E-Mails checkt?
Das mag Sie stören, aber niemanden in der zweiten bis zur letzten Reihe: Ignorieren Sie diese Unhöflichkeit.

... ein Smartphone klingelt?
Siehe Seite 61.

... Teilnehmer*innen sich nicht an die Regeln halten und stören? Darum geht es im Folgenden.

Störungen aus dem Publikum
Das Publikum soll sich wohlfühlen. Der Gast auch. Deshalb sollten Sie, hebt ein Zuhörer nach einem Vortrag zu einem Koreferat an oder will eine Zuhörerin nach einer Lesung über das Wesen der Literatur belehren, freundlich und bestimmt darauf hinweisen, man möge die Chance nutzen, Fragen an den Gast stellen zu können: „Wie lautet Ihre Frage an Frau Dr. Deligöz?"

Sorgen Sie dafür, dass diskutiert und nicht monologisiert wird, wenn eine Diskussion mit dem Publikum vorgesehen ist. Die Hinweise zum Vielredner (S. 127) helfen.

Bei Störungen durch Zwischenrufe kommt es darauf an, ruhig und sachlich zu bleiben. Gelingt Ihnen das, ist das Publikum auf Ihrer Seite. Drei Beispiele:
- „Die lautstarken Bemerkungen des Herrn im gelben Pullover sind ein Hinweis darauf, dass man durchaus unterschiedlicher Meinung sein kann, ob die Polizei hinreichend immun gegen Rechtsextremismus ist. Wir möchten jetzt – bitte ungestört – weiter hören, was unser Gast, was Dr. Hertlein zu dieser Frage herausgefunden hat."
- „Ich höre den Wunsch nach einer Pause. In wenigen Minuten wird dieser Wunsch erfüllt. In wenigen Minuten stehen für sie heiße und kalte Getränke bereit. Bis dahin klären wir mit Dr. Hertleins Hilfe weiter die Frage, ob ...".
- „Empörung hilft nicht weiter. Zuhören schon. Darum bitte ich Sie."

Meinen Sie, bei einem hartnäckigen Störer sei die Unterstützung des Publikums hilfreich, ergänzen Sie: „... Und für diese Bitte hätte ich gerne ihren Applaus, meine Damen und Herren." Den bekommen Sie.

Wird ein Einwand in viel Polemik verpackt, greifen Sie nur den sachlichen Kern auf. Ein Beispiel: „Die Thesen von Frau Böhme sind doch total Banane. Neue Untersuchungen belegen, dass ...".

Die unaufgeregte Antwort: „Vielen Dank für den Hinweis auf neuere Untersuchungen. Frau Böhme, möchten Sie auf die Kritik eingehen?"

Werden Sie nicht polemisch. Sie riskieren, sich beim Publikum unbeliebt zu machen. Sagen Sie lieber kurz und knapp: „So, so", wenn Sie signalisieren wollen, es lohnt nicht, *inhaltlich* auf den Zwischenruf einzugehen.

Last, but not least: Reden Sie, dieser Hinweis gilt für alle Moderationen, phrasenfrei. Frei von A wie „Vielen Dank für Ihre *Aufmerksamkeit*" bis Z wie „... dass sie so *zahlreich erschienen* sind".

11 Diskussionsleitung und Moderation: Ein gutes Dutzend Hinweise und Empfehlungen

1. Gute Vorbereitung ist das A und O einer gekonnten Diskussionsleitung. Bei einer *Podiumsdiskussion* ist es neben der inhaltlichen Vorbereitung erforderlich, sich ausführliche über die Diskussionsteilnehmer*innen zu informieren.
2. Zur inhaltlichen Vorbereitung einer Podiumsdiskussion gehört die Planung, wie viel und welche Themenaspekte in welcher Reihenfolge angesprochen werden sollen.
3. Für die Vorstellung der Teilnehmer*innen einer Podiumsdiskussion haben sich folgende vier Gesichtspunkte bewährt: Er oder sie *ist, war, gilt als, meint*.
4. Einen Vortrag, eine Lesung moderieren, heißt: den Vortragenden, die Lesende ins rechte Licht rücken.
5. Moderator*innen haben stets das Publikum im Blick: Kann es inhaltlich folgen? Wird auf seine Fragen eingegangen?
6. Ob Sie eine Podiumsdiskussion oder eine Konferenz moderieren: Behandeln Sie alle Teilnehmer gleich. Stellen Sie die Teilnehmerinnen so vor, wie diese vorgestellt werden möchten.
7. Bei der Vorstellung haben Sie die Wahl: Sie können zuerst den Gast einer Lesung oder Vortragsveranstaltung begrüßen. Oder Sie heißen zunächst die Zuhörer*innen willkommen und leiten dann mit einer kurzen inhaltlichen Aussage zum Gast über.
8. Vermitteln Sie den Zuhörenden die Gewissheit, dass es eine gute Entscheidung war, zu diesem Vortrag (dieser Lesung oder Podiumsdiskussion) zu kommen.
9. Diskussionen werden mit einer *offenen* Frage eröffnet. Richten Sie bei einer Podiumsdiskussion diese Frage nicht an alle, sondern an eine Person.
10. Offene Fragen sind das Mittel der Wahl, um Stockungen des Diskussionsverlaufs zu überwinden.
11. Binden Sie, wenn Sie eine Konferenz moderieren, am Schluss die Beiträge ergebnisorientiert zusammen. Versuchen Sie auch dann positiv zu stimmen, wenn Fragen unbeantwortet blieben.
12. Reagieren Sie auf Störungen aus dem Publikum gelassen. Bleiben Sie höflich, kontern Sie nicht. Wenn es notwendig ist: Störer freundlich, aber bestimmt zur Ordnung rufen.
13. Begrüßen und verabschieden Sie Gäste und Publikum originell, frei von abgegriffenen Formulierungen und Phrasen.

Ein Dutzend Kommunikationsweisheiten

1. „Man muss etwas zu sagen haben, wenn man reden will." (Johann Wolfgang von Goethe)

2. „Alles, was uns imponieren soll, muss Charakter haben" (Johann Wolfgang von Goethe)

3. „Wer's nicht einfach und klar sagen kann, der soll schweigen und weiterarbeiten, bis er's kann." (Karl Raimund Popper)

4. „Man kann gewiss nicht alles simpel sagen, aber man kann es einfach sagen." (Kurt Tucholsky)

5. „In der Beschränkung zeigt sich der Meister". (Johann Wolfgang von Goethe)

6. „Ungewöhnliche Gedanken in gewöhnlichen Worten, das ist die Sache; nicht umgekehrt." (Arthur Schopenhauer)

7. „Alles sagen zu wollen, ist das Geheimnis der Langeweile." (Voltaire)

8. „Was gestrichen ist, kann nicht durchfallen." (Kurt Tucholsky)

9. „Keine Verbesserung ist zu klein oder geringfügig, als dass man sie nicht durchführen sollte." (Theodor W. Adorno)

10. „Ideen werden leichter aufgenommen und verdaut, wenn sie einzeln kommen, als wenn sie in einem Haufen anrücken. Geistige Speise ist wie jede andere; es ist angenehmer …, sie mit dem Löffel einzunehmen, statt mit einer Schaufel." (Mark Twain)

11. „Je länger aber ein Wort, desto unanschaulicher." (Jean Paul)

12. „Sorge dich um den Beifall der Leute, und du wirst ihr Gefangener sein." (Laotse)

Zum Vertiefen
3 mal 2 Bücher des Autors

Der gelungene Vortrag
Wenn es einmal nicht um Wissenschaft geht, sondern um Reden zu Anlässen wie Eröffnung (eines neuen Institutsgebäudes), Verabschiedung (der Dekanin), Ehrung (eines Kollegen), Jubiläum (der Dekanatssekretärin), um Reden, die Erfreuen oder Einstimmen sollen:
- Schlüsselkompetenzen für den Beruf. Paderborn: Brill Schöningh 2020 (= UTB 5397)

Binnen-I, Unterstrich, Genderstern und Genderpause – mehr zu geschlechtergerechter Sprache:
- Wissenschaftsdeutsch. Paderborn: Brill Schöningh 2022 (= UTB 5887)

In Diskussionen bestehen
Für alle, die eine Disputation, eine Defensio, ein Rigorosum vor sich haben:
- Das Promotionshandbuch. 2. Aufl. Paderborn: Brill Schöningh 2022 (= UTB 5233)

Interviews geben, Fragen von Medien beantworten – allgemeiner: der Umgang mit Medien, wie Wissenschaft der (Medien-)Öffentlichkeit vermittelt werden kann:
- Presse- und Öffentlichkeitsarbeit. Paderborn: Brill Schöningh 2023 (= UTB 5969)

Diskussionen leiten und Talkmastern
Worauf es bei Moderationen als Methode ankommt, in einer Organisation beteiligungsorientiert Probleme zu lösen und Entscheidungen herbeizuführen:
- Praxishandbuch für Referent*innen. Wiesbaden: Springer VS 2023

Welche Kommunikationsblocker zu Konflikten führen können und wie sich Konflikte lösen lassen:
- Handbuch Kommunikation. Paderborn: Brill Schöningh 2021 (= UTB 5695)

Literatur und Links[99]

Adair, Gilbert 2000: Derrida ist nicht gekommen. In: Ders.: Wenn die Postmoderne zweimal klingelt. Zürich: Edition Epoca, S. 192 – 195
Adorno, Theodor 2022: Minima Moralia. Reflexionen aus dem beschädigten Leben. 14. Aufl. Frankfurt/Main: Suhrkamp
Alles gesagt: Podcast der Wochenzeitung Die Zeit. www.zeit.de/serie/alles-gesagt
Arendt, Hannah 1972: Die Lüge in der Politik. In: Wahrheit und Lüge in der Politik. Zwei Essays, München: Piper, S. 7 – 43
Aufenvenne, Philipp u.a. 2021: Participation and communication behaviour at academic conferences – An empirical gender study at the German Congress of Geography 2019. https://doi.org/10.1016/j.geoforum.2021.07.002
Ballstaedt, Steffen-Peter (2023): Wissenschaftliche Bilder: gut gestalten, richtig verwenden. München: UVK Verlag
Barnes, Julian 2022: Elizabeth Finch. Köln: Kiepenheuer & Witsch
Barnes, Julian 2021: Der Mann im roten Rock. Köln: Kiepenheuer & Witsch
Berne, Eric 2007: Was sagen Sie, nachdem Sie „Guten Tag" gesagt haben? Psychologie des menschlichen Verhaltens. 20 Aufl. Frankfurt/Main: Fischer
Berne, Eric 2003: Spiele der Erwachsenen. Psychologie der menschlichen Beziehungen. Reinbek: Rowohlt
Berzbach, Frank 2016: Kreativität aushalten. 6. Aufl. Mainz: Verlag Hermann Schmidt
Boy, Bettina 2020: Audio-visuelle Wissenschaftskommunikation im Internet. Science-Slams in deutschen Wissenschaftsvideos. Wiesbaden: Springer VS
Bremmer, Manfred 2021: Die wichtigsten Videokonferenz-Systeme. computerwoche.de/a/die-wichtigsten-videokonferenz-systeme,3548602
Brinkbäumer, Klaus 2022: Der Kanzler spricht, aber er sagt nichts. Der Tagesspiegel vom 20. Januar. www.tagesspiegel.de/kultur/spiegelstrich-kolumne-ueber-olaf-scholz-der-kanzler-spricht-aber-er-sagt-nichts/27979996.html
Bucher, Hans-Jürgen; Boy, Bettina; Christ, 2022: Audiovisuelle Wissenschaftskommunikation auf YouTube. Wiesbaden: Springer VS
Cohn, Ruth 1975: Von der Psychoanalyse zur Themenzentrierten Interaktion. Stuttgart: Klett-Cotta (20. Aufl. 2021)
Daub, Adrian 2020: Was das Valley denken nennt. Frankfurt am Main: Suhrkamp
De Bruyn, Günter 1982: Preisverleihung. Berlin, Weimar: Aufbau-Verlag
Deutscher Journalisten-Verband 2017: Leitlinien für die Interview-Autorisierung. www.djv.de/startseite/service/mitgliederservice/shop/detail?ai%5Bd_name

---

99 Alle Links wurde am 28.7.2023 überprüft.

%5D=Leitlinien%20f%C3%BCr%20Interview-Autorisierung&ai%5Bd_prodid%5D=267

Edwards, Paul N. 2014: How to Give an Academic Talk. School of Information. University of Michigan. http://pne.people.si.umich.edu/PDF/howtotalk.pdf

Einstein, Albert 1934: On the Method of Theoretical Physics. In: Philosophy of Science. Vol. 1, No. 2, S. 163 – 169. https://www.jstor.org/stable/184387

Föhr, Tanja 2021: Hybride Meetings gestalten: Zwischen Home und Office. In: Digital Leadership. Beilage zu managerSeminare H. 276, März 2021, S. 20 – 27

Franck, Norbert 2023: Presse- und Öffentlichkeitsarbeit. Paderborn: Schöningh (= UTB 5969)

Franck, Norbert 2022: Handbuch wissenschaftliches Schreiben. 2. Aufl. Paderborn: Schöningh (= UTB 5108)

Franck, Norbert 2022a: Wissenschaftsdeutsch. Paderborn: Schöningh (= UTB 5887)

Franck, Norbert 2021: Handbuch Kommunikation. Paderborn: Schöningh (= UTB 5695)

Franck, Norbert 2021a: Das Promotionshandbuch. 2. Aufl. Paderborn: Schöningh (= UTB 5233)

Franck, Norbert 2020: Schlüsselkompetenzen für den Beruf. Paderborn: Schöningh (= UTB 5397)

Geu, Susanne 2019: Sichtbarkeit im Netz – Vom analogen Wissenschaftler zum Online Scientist. www.helmholtz-hzi.de/de/aktuelles/thema/sichtbarkeit-im-netz-vom-analogen-wissenschaftler-zum-online-scientist/

Geimer, Peter; Groebner, Valentin 2006: Einsamer Auftritt. Gehen Sie eigentlich gerne zu Vorträgen? Leipzig: Institut für Buchkunst

Goethe, Johann Wolfgang von: Gedenkausgabe der Werke, Briefe und Gespräche. Hrsg. von Ernst Beutler. Zürich und Stuttgart 1948 ff.

Groebner, Valentin 2014: Wissenschaftssprache digital. Konstanz: University Press

Häusermann, Jürg 2021: Konstruktive Rhetorik in Seminar, Hörsaal und online. München: UKV Verlag

Hegel, Georg Wilhelm Friedrich 1807: Phänomenologie des Geistes. Werke Band 3. Frankfurt a. M: Suhrkamp 1979

Heinrich-Böll-Stiftung (Hrsg.) 2022: Repräsentation von Frauen in der Kommunalpolitik. Das Ranking deutscher Großstädte 2022. Berlin. www.boell.de/sites/default/files/2022-10/boell-frauenrepraesentation-i-d-kommunalpolitik.pdf

Held, Benedikt 2019: Die drei Ebenen. Der Tagesspiegel vom 14. September, S. K4

Hesse, Hermann 1941: Stufen. In: Stufen. Ausgewählte Gedichte. Frankfurt am Main 2011: Insel

Humor in der Lehre 2018: Forschung und Lehre. H. 5. www.forschung-und-lehre.de/lehre/wie-das-curry-im-indischen-gericht-454

Jankowitsch, Regina Maria 2021: Sich besser präsentieren. Wiesbaden: Springer

Johnson, Julia 2022: Math is hard: Biden has 'two words: made in America. Washington Examiner vom 7. Oktober. www.washingtonexaminer.com/news/biden-gaffe-two-words-made-in-america

Käpper, Joachim 2020: Ich glaub, ich steh im Wald. Süddeutsche Zeitung vom 27. Januar. www.sueddeutsche.de/kolumne/wohlleben-und-der-wald-wie-populaer-darf-wissenschaft-sein-1.4779642

Katzenberger, Vera; Keil, Jana; Wild, Michael (Hrsg.) 2022: Podcasts. Perspektiven und Potenziale eines digitalen Mediums. Wiesbaden: Springer VS

Kaufmann, Tim 2020: 7 kostenlose Videokonferenz-Tools – von FaceTime bis Zoom. www.pc-magazin.de/vergleich/videokonferenz-tools-kostenlos-3201411.html

König, Lars; Jucks, Regina 2021: Hot topics in science communication: Aggressive language decreases trustworthiness and credibility in scientific debates. In: Public Understanding of Since Vol. 8, Issue 4, S. 401 – 416. https://journals.sagepub.com/doi/10.1177/0963662519833903

Krieger, Nicole 2022: Die Gastgeber-Methode. 2. Aufl. Weinheim, Basel: Beltz

Lerchenmueller, Marc J. u.a. 2019: Gender differences in how scientists present the importance of their research: observational study. BMJ. www.bmj.com/content/367/bmj.l6573

Lind, Miriam; Nübling, Dagmar 2022: Sprache und Bewusstsein. In: Aus Politik und Zeitgeschichte H. 5 – 7, S. 36 – 42. www.bpb.de/shop/zeitschriften/apuz/geschlechtergerechte-sprache-2022/346093/sprache-und-bewusstsein/

Linger, Michael 2019: Was ist los mit dem akademischen Tagungswesen? www.forschung-und-lehre.de/zeitfragen/was-ist-los-mit-dem-akademischen-tagungswesen-1763

Lodge, David 1996: Kleine Welt. Zürich: Haffmans

Lugger, Beatrice 2020: Klärt uns auf. Die Zeit Nr. 14 vom 26. März. www.zeit.de/2020/14/forschung-wissenschaft-experten-kommunikation-corona-krise

Maar, Michael 2020: Die Schlange im Wolfspelz. Hamburg: Rowohlt

Mai, Lothar; Oehsen, Denis von 2022: Radio- und Audionutzung weiterhin auf hohem Niveau. Media Perspektiven H. 9, S. 439 – 445. www.ard-zdf-massenkommunikation.de/files/Download-Archiv/MK_Trends_2022/2209_Mai_von-Oehsen.pdf

Mehrabian, Albert: Silent Messages. Implicit Communication of Emotions and Attitudes. 2. Aufl. Belmont 1971

Mayrberger, Kerstin 2019: Partizipative Mediendidaktik. Gestaltung der (Hochschul-)Bildung unter den Bedingungen der Digitalisierung. Weinheim, Basel: Beltz

Modler, Peter 2022: Wenn Höflichkeit reinhaut. Frankfurt/New York: Campus

Müller-Spitzer, Carolin 2022: Zumutung, Herausforderung, Notwendigkeit? Zum Stand der Forschung zu geschlechtergerechter Sprache. In: Aus Politik und Zeitgeschichte H. 5 – 7, S. 23 – 29. www.bpb.de/shop/zeitschriften/apuz/geschlechtergerechte-sprache-2022/346089/zumutung-herausforderung-notwendigkeit/

Nadolny, Sten 1990: Selim oder die Gabe der Rede. 3. Aufl. München: Piper
National Co-ordinating Center for Public Engagement 2017: How to start Podcasting. www.publicengagement.ac.uk/sites/default/files/publication/how_to_start_podcasting.pdf
Neumann, Tanja 2020: „Jeder Vierte hört Podcasts". Der Erfolg von Audio-Podcasts. In: Das Archiv. Magazin für Kommunikationsgeschichte. H 31, S. 44 – 45
Niemann, Philipp; Bittner, Laura; Hauser, Christiane (Hrsg.) 2020: Science-Slam: Multidisziplinäre Perspektiven auf eine populäre Form der Wissenschaftskommunikation. Wiesbaden: Springer VS
Niemann, Philipp u.a. 2020: Science Slams as Edutainment: A Reception Study. Media and Communication. Vol. 8, Issue 1, S. 177-190. https://doi.org/10.17645/mac.v8i1.2459
Nimz, Ulrike 2022: CDU und AfD gemeinsam gegen Gendern. Süddeutsche Zeitung vom 11. November. www.sueddeutsche.de/politik/thueringen-cdu-afd-gendern-1.5694595
PCtipp 2018: Das sind bessere Präsentationsprogramme als PowerPoint. www.pctipp.ch/praxis/office/das-sind-bessere-praesentationsprogramme-als-powerpoint-2016618.html
Popper, Karl Raimund 1991: Auf der Suche nach einer besseren Welt. 6. Aufl. München: Piper [20. Aufl. 2019]
Quintana, Daniel S.; Heathers, James A. J. 2021: How Podcasts Can Benefit Scientific Communities. In: Trends in Cognitive Science. Vol. 25, Issue 1, S. 3 – 5. www.sciencedirect.com/science/article/abs/pii/S1364661320302497
Rachow, Axel; Sauer, Johannes 2022: Der Flipchart-Coach. Bonn: Verlag manager-Seminare
Rosenberg, Marshall B. 2016: Gewaltfreie Kommunikation. 12. Aufl. Paderborn: Junfermann
Roß, Jan 2020: Macht mich Bildung zum besseren Menschen? www.zeit.de/2020/04/bildung-einfuehlungsvermoegen-empathie-gesellschaft
Schenz, Viola 2016: Typologie der Redner. www.sueddeutsche.de/karriere/praesentation-typologie-der-redner-1.3185098
Schulz von Thun, Friedemann 2012: Miteinander reden. Fragen und Antworten. 4. Aufl. Reinbek: Rowohlt
Schulz von Thun, Friedemann 2007: Miteinander reden 4. Fragen und Antworten. Reinbek: Rowohlt
Schulz von Thun, Friedemann; Zach, Kathrin; Zoller, Karen 2015: Miteinander reden von A bis Z. Lexikon der Kommunikationspsychologie. 2. Aufl. Reinbek: Rowohlt
Schwanitz, Dietrich 2002: Bildung. München: Goldmann
Spengler, Tilmann 2009: Sind Sie öfter hier? Von der Kunst, ein kluges Gespräch zu führen. 3. Aufl. Berlin: Ulstein

Spiewak, Martin 2023: „Der Raum für Kreativität ist geschrumpft". Interview mit Wilhelm Krull. Die Zeit Nr. 3 vom 12. Januar, S. 35. www.zeit.de/2023/03/wissenschaft-fortschritt-forschung-innovation-durchbruch

Tannen, Deborah 1991: Du kannst mich einfach nicht verstehen. Warum Männer und Frauen aneinander vorbeireden. Gütersloh: Bertelsmann (6. Aufl. München: Goldmann 2012)

The Oxford Handbook of the Science of Science Communication 2017: Herausgegeben von Kathleen Hall Jamieson, Dan Kahan, Dietram A. Scheufele. New York: Oxford University Press

Tucholsky, Kurt 1930: Gesammelte Werke in zehn Bänden. Herausgegeben von Mary Gerold-Tucholsky und Fritz J. Raddatz. Reinbek 1993: Rowohlt

Wallace, David Foster 2017: Das hier ist Wasser. 19. Aufl. Köln: Kiepenheuer & Witsch

Wieland, Kai 2018: Amerika. Stuttgart: Klett-Cotta

Wildenhain, Michael 2017: Das Singen der Sirenen. Stuttgart: Klett-Cotta

Wingen, Klaus 2019: Grußworte und kleine Reden – zehn Tipps fürs Texten. www.wissenschaftskommunikation.de/grussworte-und-kleine-reden-zehn-tipps-fuers-texten-34295/

Winkler, Isabell 2019: Die Zeit auf der eigenen Seite. www.forschung-und-lehre.de/karriere/die-zeit-auf-der-eigenen-seite-2280

Winkler, Maud 2010: Auf die Absichten kommt es an: Über die Relativität von Feedbackregeln. In: Friedemann Schulz von Thun, Dagmar Kumbier (Hrsg.): Impulse für Kommunikation im Alltag. Kommunikationspsychologische Miniaturen 3. 2. Auflage. Reinbek: Rowohlt

Winkler, Maud; Commichau, Anka 2005: Reden. Handbuch der kommunikationspsychologischen Rhetorik. Reinbek: Rowohlt

Wissen[3] 2020: Brief für Hochschule, Wissenschaft, Scientific Community vom 9.11. www.coachingnetz-wissenschaft.de/wp-content/uploads/2020/12/2020_11_9_Jantzen_acad_Sommer.pdf

Wolcott, Thomas G. (o. J.): Mortal Sins in Poster Presentations or How to Give the Poster No One Remembers. https://colinpurrington.com/wp-content/uploads/2011/09/mortalsinsinposter1.pdf

Zeit für WissKomm: Podacst der Wochenzeitung die Zeit. https://kurzelinks.de/kvur

Verzeichnis der Abbildungen

Abbildung 1	Gesichtspunkte, die bei der Vorbereitung von Vorträgen und Präsentationen zu berücksichtigen sind	16
Abbildung 2	Einleitung eines Vortrags, einer Präsentation	27
Abbildung 3	Umfang und Bedeutung von Einleitung, Hauptteil und Schluss eines Vortrags	28
Abbildung 4	Mindmap: Einen Vortrag vorbereiten und halten	39
Abbildung 5	Das Kommunikationsmodell von Shannon und Weaver	79
Abbildung 6	Das menschliche Ohr	79
Abbildung 7	Bild für einen Vortragseinstieg	81
Abbildung 8	Es präsentiert der Laie im großen Hörsaal	81
Abbildung 9	Tipps für eine lesbare Handschrift	83
Abbildung 10	Gestaltete Textfolie	85
Abbildung 11	Kreisdiagramm	88
Abbildung 12	Kurvendiagramm	88
Abbildung 13	Säulendiagramm	89
Abbildung 14	Balkendiagramm	89
Abbildung 15	Daten als Zahlenbild	90
Abbildung 16	Erste Seite eines Handouts mit Themenlandkarte	92
Abbildung 17	Multimediales PowerPoint-Handout	93
Abbildung 18	Beispiel für einen gekonnten und erfolgreichen Blog	96
Abbildung 19	Eine Verwechslung von Poster und Abstract	100
Abbildung 20	Muster für die Gliederung und Gestaltung eines Posters	102
Abbildung 21	Womit Sie bei einer Bewerbung fachlich punkten können	114
Abbildung 22	Die kommunikativen Dimensionen eines Diskussionsbeitrags	122
Abbildung 23	Aussagetypen und Kriterien ihrer Überprüfung	132

Personenregister

Adair, Gilbert 26
Adorno, Theodor W. 35
Arendt, Hannah 35
Aristoteles 12, 49
Astel, Arnfried 21

Barnes, Julian 23, 75
Benjamin, Walter 24
Berne, Eric 143
Biden, Jo 45
Boehm, Omri 24
Böhmermann, Jan 21

Cato, Marcus Porcius 15
Chopin, Frédéric 62
Cicero, Marcus, Tullius 12
Cohn, Ruth 109, 126

De Bruyn, Günter 51
Drosten, Christian 95

Einstein, Albert 10, 22
Eisler, Hans 33

Geißler, Heiner 44
Geißler, Karlheinz 22
Goethe, Johann Wolfgang 15, 19, 34,
Gramsci, Antonio 53
Groebner, Valentin 17, 25, 105

Hegel, Georg Wilhelm Friedrich 11, 21
Hesse, Hermann 49
Horizon, Kim de l' 25

Knigge, Adolf Freiherr von 72
Koch, Robert 108

Laotse 64
Lennon, John 62
Lessing, Gotthold Ephraim 40
Lichtenberg, Georg Christoph 21
Lindner, Christian 115
Lodge, David 32

Maar, Michael 32
Marcuse, Ludwig 29, 48, 128
Marx, Karl 36
Merkel, Angela 107
Mills, Charles Wright 13

Nadolny, Sten 59
Nietzsche. Friedrich Wilhelm 58, 66

Papst Franziskus (Jorge Mario
    Borgoglio) 61
Paul, Jean (Johann Paul Friedrich
    Richter) 156
Popper, Karl Raimund 13
Pugh, Emerson W. 21

Ramelow, Bodo 143

Schmidt, Jochen 24
Scholz, Olaf 61
Schopenhauer, Arthur 156
Schulz von Thun, Friedemann 12, 129
Seneca, Lucius Annaeus 17
Spengler, Tilmann 49, 148
Stevenson, Robert Louis 42
Streep, Meryl 62
Streisand, Barbra 62

Tannen, Deborah 142
Thunberg, Greta 36

Truffaut, Francois 24
Tucholsky, Kurt 15, 20, 24, 29, 41, 48, 51ff.
Tufte, Edward R.
Twain, Mark 24, 29, 62, 156

Voltaire 48

Wallace, David Foster 21
Watzlawick, Paul 21
Wieland, Kai 25
Wildenhain, Michael 34

Sachregister

Anthropomorphismen 32
Ausstrahlung 65

Bewerbungsgespräch 113
Bildrechte 86
Blog, bloggen 96

Deutsche Forschungs-
 gemeinschaft 10, 93
Diskussion 105ff.
– Argumente, argumentieren 131
– Aussagetypen 132
– Dauerkritiker*in 128
– Definitionsverliebte 128
– Einschüchterungsversuche 128
– Oberhandtechnik 129
– Scheinargumente 133
– Störungen 126
– Vielredner*in 127
siehe auch Unsicherheitssignale
Diskussion leiten 137ff.
– Achtsamkeit 141
– Beenden 140
– Eröffnen 138
– in Gang halten 139
– Mindfulness 142
– Online-Diskussion 141
Disputation 106

Feedback 63
Flipchart 82
Foliengestaltung 84
siehe auch Visualisieren
Fragen beantworten 106ff.

Gedanken-Landkarte 38
Gendern 61

Halo-Effekt 55
Handout 90f.

Instagram 96
Interview 109ff.
– autorisieren 113
– Fernsehen 112
– Rundfunk 111

Körpersprache
siehe nonverbale Kommunikation
Kritik 117ff.
– Imperative 121
– kränkende 119
– Scheinstandards 120
– Unklare 117
Kritisieren 119

Lampenfieber 62
Lindner-Sprech 115

Manuskript 37
Medien einsetzen 80
Medien in Lehre und Unterricht 83
Moderation 145ff.
– Dresscode 146
– Eröffnen 147
– Konferenz 150
– Moderator*innen-Rolle 145
– Publikum einbeziehen 151
– Schließen 150
– Störungen beheben 154
– Vorbereitung 145
– Vorstellung der Teilnehmer*innen 148
siehe auch Podiumsdiskussion

Sachregister

Nationales Institut für Wissenschaftskommunikation 74
Nonverbale Kommunikation 53ff.
– Blickkontakt 55
– geschlechtsspezifische Prägung 54
– Gestik 56
– Körperhaltung 57
– kulturelle Unterschiede 56
– Männer-Haltung 56
– Mimik 57

Online-Vortrag 91
Open-Space-Konferenz 70

Podcast 95
Podiumsdiskussion 145
Posterpräsentation 98ff.
– Druck 101
– Inhalt 99
– Gestaltung 99
– Präsentation 101
PowerPoint 77ff.
Präsentationssoftware 77

Schlagfertigkeit 107
Schreiben fürs Reden 40ff.
– Abkürzungen 45
– Anglizismen 44
– Fachjargon 44
– Pronomen 44
– Satzbau 41
– Statistiken 45
– Zahlen 45
Science Slam 75

Tafel 82
Take-Home-Message 28
Themenzentrierte Interaktion 126
TikTok 98
Transaktionsanalyse 143

Unsicherheitssignale 122

Visualisieren 84ff.
– Bilder 80, 86
– Diagramme 86
– Handschrift 83
– Infografiken 87
– Piktogramme 87
– Textfolien 85
– Zahlenbilder 90
siehe auch Foliengestaltung
Vortrag, Präsentation vorbereiten 16ff.
– Analogien 30
– Anfang 20
– Aufmerksamkeitswecker 20
– Beispiele 31, 73
– Bilder 31
– Cliffhänger 30
– Dank für die Aufmerksamkeit 28
– Dauer 48
– Einleitung 28
– Fragen 32
– Hauptteil 29
– Humor 34
– Metaphern 31
– proben 46
– rhetorische Stilfiguren 35
– Schluss 28
– Struktur 29
– Take-Home-Message 28
– Vergleiche 32
– Wegweiser 30
– Ziel 16
– Zitate 33
– Zuhörer*innen 17
– Zusammenfassung 28
siehe auch Online-Vortrag
Vortrag halten 49ff.
– Anrede 51
– begrüßen 68
– Dialektfärbung 58
– Dresscode 47
– Fehlstarts 49
– Lautstärke 58

– Pausen 58
– Schluss 53
– Sprechtempo 58
– Versprecher 59
– Vorstellung 70
– Zitieren 33
Vortragsalternativen 70

Vortragsanlässe 68ff.
– Bewerbung 71
– Kongress, Tagung 68
– Lehrvortrag 72
– Populärwissenschaftlicher Vortrag 74

World-Café 70